Histoire du droit

Les mémentos DALLOZ

série droit public
sous la direction de Yves Jégouzo
professeur émérite de l'Université Paris 1 Panthéon-Sorbonne

Histoire du droit

Introduction historique au droit et Histoire des institutions publiques

Jean Hilaire
Professeur émérite de l'Université Panthéon-Assas (Paris II)

13e édition - 2013

DALLOZ

DALLOZ

31-35 rue Froidevaux, 75685 Paris cedex 14

ISBN 978-2-247-12999-7

Plan détaillé

Seconde partie
Histoire des institutions publiques (xie-xixe siècle)

Titre préliminaire
Unité politique et structure sociale

Les programmes comprennent deux cours fondamentaux d'histoire en première année du diplôme de licence : l'un est une ***Introduction historique à l'étude du droit****, l'autre est un cours d'****Histoire du droit*** *dans lequel on étudie traditionnellement l'****histoire des institutions.*** *Le but est de préparer les étudiants à l'étude du droit contemporain par une réflexion sur la dimension historique de notre droit qui est le produit d'un long passé, plongeant ses racines bien au-delà de la Révolution jusque dans l'Antiquité. Mais la compréhension de l'un et l'autre de ces enseignements réunis dans ce Mémento suppose un minimum de connaissances historiques que les étudiants n'ont reçu que de manière trop incomplète au cours de leurs études antérieures. Le titre préliminaire* ***Unité politique et structure sociale*** *a donc pour objet de les aider à combler cette lacune en leur apportant les éléments indispensables d'histoire générale.*

Chapitre 1
La formation de l'unité française

L'essentiel

L'unité française s'est dessinée, après le partage de l'empire de Charlemagne, à travers l'œuvre de la royauté capétienne au cours du Moyen Âge. Mais, d'une part, cette unité s'est construite sur des bases de civilisation déjà acquises dans ces territoires sous l'Empire romain et avec l'influence du christianisme, l'Église ayant eu alors un rôle essentiel ; d'autre part, la consolidation de l'unité française s'est poursuivie après la Révolution de 1789.

Section 1 – De l'Empire romain aux Capétiens

§ 1 – La Gaule romaine

La Gaule a été incorporée au monde romain par la conquête des régions méridionales (Provincia) au second siècle av. J.-C., puis par les campagnes de César (58-51 av. J.-C.). Cette **intégration au monde romain** place la Gaule sous la **Paix romaine** du Principat, et lui permet de participer à la prospérité du Haut-Empire, tandis qu'elle est touchée par l'influence du christianisme. Les provinces gauloises subiront la décadence du Bas-Empire, les invasions Germaniques et la rencontre de deux civilisations.

Divisée en **royaumes barbares** (Wisigoths, Burgondes, Francs), la Gaule sera réunifiée sous Clovis et formera une partie essentielle de **l'Empire carolingien.** Cet Empire continental, aux structures médiocres, connaît la décadence dès la mort de Charlemagne (malgré la « renaissance carolingienne ») avec le développement de la vassalité et l'effondrement devant l'invasion.

§ 2 – Le rôle de l'Église

Le rôle de l'**Église** a été déterminant. Elle tire sa puissance à la fois de ses institutions, d'un nombreux clergé, de son autorité morale et de sa culture, de son caractère universel et enfin de son immense patrimoine. L'Église a été le véritable **trait d'union** entre les deux civilisations romaine et germanique : elle a largement contribué à la formation et à l'éclosion d'une nouvelle civilisation médiévale à partir du XIe siècle. L'effondrement du pouvoir central et le développement de la **féodalité** aboutissent au changement de dynastie, avec l'élection de Hugues Capet à la couronne de France, en 987.

Section 2 - L'œuvre des Capétiens à la fin du Moyen Âge (an mille-fin XVe siècle)

Les débuts de la dynastie capétienne sont difficiles : l'autorité du roi ne s'exerce, d'ailleurs mal, que sur le petit domaine royal, la royauté demeure très effacée et ne s'éveille qu'avec l'actif Louis VI le Gros (1108-1137) ; la grande politique royale ne commence qu'à la fin du XIIe siècle.

§ 1 - La grande politique capétienne au XIIIe siècle

• En **trois règnes** (Philippe-Auguste, 1180-1223 ; saint Louis, 1226-1270 ; Philippe le Bel, 1285-1314), la royauté étend considérablement son **domaine** et fait d'immenses progrès.

• Philippe-Auguste atteint la ligne de la Somme, pousse son influence en Champagne et Bourgogne, se rapproche de la féodalité méridionale, ébranle l'Empire angevin des Plantagenêts (conquête de la Normandie) et écarte à Bouvines (1214) le danger d'une coalition anglo-allemande.

• Cette politique d'**extension du domaine royal** (par la **guerre**, la **négociation** et les **mariages**), s'accompagne d'un effort tenace **d'organisation interne** : lutte contre la féodalité qui aura déjà perdu de son influence politique au début du XIVe siècle, développement de l'organisation administrative et des institutions de gouvernement ; la politique royale tend à affirmer à l'extérieur la **souveraineté** du roi de France à l'égard tant de l'Empire que de la Papauté.

§ 2 - La crise de la guerre de Cent Ans

Dès le milieu du XIVe siècle, le roi de France est un souverain puissant en Europe et le grand rêve d'**universalisme** chrétien (qui avait opposé Empire germanique et Papauté) est dépassé ; mais la royauté doit affronter le très long conflit avec l'Angleterre.

I - La guerre

Les premiers Valois, encore très attachés à la mentalité féodale, abordent le conflit en infériorité, d'où des revers importants. **Deux cycles** apparaissent dans le conflit séculaire :

• revers sous Philippe VI et Jean II le Bon (prisonnier en Angleterre en 1356) et rétablissement par la politique avisée de Charles V (1364-1380) ;

• situation catastrophique sous Charles VI (1380-1422), dont l'aliénation mentale laisse libre cours aux querelles des princes et à la domination anglaise ; rétablissement, à la suite de l'intervention de Jeanne d'Arc, entraînant Charles VII de Bourges à Reims où il est sacré en 1429 : Paris est reconquis en 1436, la Normandie et la Guyenne le sont entre 1449 et 1452.

II - La liquidation de la guerre et les transformations du royaume

Le royaume sort affaibli de la guerre, du point de vue démographique, comme du point de vue économique ; la royauté en revanche en sort **politiquement renforcée** : la fin du règne de Charles VII (1422-1461) est consacrée à la réorganisation institutionnelle, au **relèvement économique** et à la poursuite de l'unité française. Louis XI (1461-1483) liquide la guerre en profitant de l'**effondrement de l'État bourguignon**. Seule la Bretagne, désormais, échappe à l'emprise royale.

Section 3 - Les Temps modernes et l'absolutisme

Le XVIe siècle marque un changement profond dans la vie du royaume, avec les conséquences politiques et économiques des nouvelles relations internationales et de la colonisation, de la Renaissance (révolution intellectuelle en rupture avec la tradition médiévale) et de la Réforme protestante. À **travers des crises répétées**, la royauté, en constant accroissement de puissance, développe les structures d'un État moderne, évolue vers un absolutisme culminant sous Louis XV.

§ 1 - Les nouvelles orientations extérieures et l'achèvement de l'unité territoriale

• Après les guerres d'Italie, commence la longue **lutte contre la maison d'Autriche**, tandis que les ambitions coloniales ramèneront un antagonisme avec l'Angleterre ; en revanche, la **politique continentale** nuira aux **entreprises coloniales**.

• Henri II inaugura la nouvelle politique en occupant en 1552 les Trois Évêchés (Metz, Toul, Verdun). La Bretagne rentrait dans le domaine royal. L'Alsace fut acquise aux termes des traités de Westphalie (1648). Louis XIV ajouta le Roussillon, l'Artois, la Franche-Comté, la partie méridionale de la Flandre, Louis XV la Lorraine (1738) et la Corse (1768).

§ 2 - Le développement de l'État et du pouvoir absolu du roi

François Ier aurait été le premier à parler de « **son État** », de sa « **Nation** » ; le courant absolutiste est déjà fort sous son règne, comme il le sera sous Henri II.

• Les pouvoirs du roi connaissent d'importants accroissements dans la première moitié du XVIe siècle, par une organisation plus **centralisée** et un fonctionnement plus administratif et bureaucratique ; mais la monarchie, reste « **tempérée** » dans la mesure où des forces tendant à l'indépendance font encore contrepoids au pouvoir royal (résurgences féodales, corps constitués, États généraux, assemblées du clergé, parlements et autres cours de justice souveraines) ; les progrès de l'absolutisme seront arrêtés par la longue crise des **guerres de Religion** de 1560 à la fin du siècle, jusqu'à la politique de pacification de Henri IV.

• L'absolutisme s'affirme sous Henri IV (soutenu d'ailleurs par une population soucieuse d'ordre), se développe sous Louis XIII et Louis XIV (non sans **crises répétées** pendant les **minorités royales**, en particulier la Fronde de 1649 à 1652) : Louis XIV précise les structures du gouvernement, étend dans tout le royaume une administration centralisée ; mais il tend à **subordonner** la gestion intérieure à une **politique extérieure** ambitieuse et dispendieuse sans en organiser les moyens financiers.

§ 3 - L'affirmation de l'absolutisme et les tentatives de réforme

• Après une régence difficile, le règne de Louis XV (1715-1774) associe une gestion prudente et le développement de l'administration de l'État dont le poids devient plus sensible aux populations ; la royauté est amenée à affirmer avec vigueur l'absolutisme monarchique.

• Tandis que l'expansion économique entraîne l'amélioration du niveau de vie d'une partie de la population, la monarchie est directement atteinte à partir du XVIIIe siècle, dans un mouvement de **remise en cause** générale de la société traditionnelle (idées nouvelles, tensions sociales…), mouvement dont elle entrevoit les conséquences, mais qu'elle est **impuissante** à satisfaire devant les oppositions multiples, d'où l'échec des **nombreuses tentatives de réforme** (particulièrement de la réforme fiscale).

• Le déclin se précipite sous Louis XVI ; les projets de réforme se multiplient sans aboutir et, après les disgrâces de Turgot et Necker, la **conjonction** de la **crise financière** de l'État et de la **crise économique** contraint la monarchie à accepter la réunion des États généraux (qui mettront fin à l'absolutisme) en 1789.

Section 4 - La Révolution et l'Empire

Cette période d'un quart de siècle, aux **apparences de rupture brutale** est d'abord marquée par le bouleversement de la société traditionnelle et la fondation d'une nouvelle tradition constitutionnelle dans l'organisation de l'État. Cependant, par rapport aux ambitions révolutionnaires les plus extrêmes le bilan, à la fin de l'Empire, demeure **singulièrement nuancé**.

§ 1 - La Révolution

I - Le mouvement révolutionnaire

Il s'affirme très tôt après la réunion des États généraux à Versailles (5 mai 1789) : ceux-ci se transforment en **Assemblée nationale** (17 juin) qui deviendra constituante (9 juillet) :

• la **Constituante**, en se séparant (30 sept. 1791), laissera une œuvre réformatrice importante ;

• la **Législative** (1er oct. 1791-20 sept. 1792), soumise aux pressions révolutionnaires et aux conséquences de la guerre, s'en remettra à une Convention pour revoir la Constitution ;

• la **Convention**, aussitôt dominée par les Montagnards, proclame la République (21 sept. 1792) et se soumet, au début de 1793, à l'ascendant de son **Comité de salut public** ;

• le **Directoire** tente vainement de stabiliser la république et disparaît par le coup d'État de Bonaparte le 18 brumaire an VIII.

II - L'œuvre révolutionnaire

Très vaste, elle est menée dans le trouble intérieur, les difficultés économiques et financières, les guerres, et est fondée sur l'instauration de nouveaux principes constitutionnels (souveraineté nationale, séparation des pouvoirs). De la **monarchie constitutionnelle** à la **démocratie autoritaire**, la Révolution passe de la décentralisation et du libéralisme, à la centralisation rigoureuse pendant la **période terroriste**. Sous le Directoire, on tente de stabiliser la révolution, selon les tendances modérées de 1791, dans la crainte du régime d'assemblée.

§ 2 - Le Consulat et l'Empire

Bonaparte proclame que « **la Révolution est finie** », et reçoit par la Constitution du 22 frimaire an VIII en tant que Premier consul, la charge d'un exécutif très puissant, le **Consulat à vie** (thermidor an X, 1802) et l'**Empire héréditaire** (floréal an XII, 1804).

• La politique intérieure de Napoléon consistera essentiellement : à maintenir, du point de vue social, l'acquis de la Révolution dans sa **part modérée** (aménagée dans le Code civil) ; à assurer les **bases de l'État** par la réorganisation de l'administration, le perfectionnement de ses méthodes et l'exactitude de son fonctionnement. Les principes révolutionnaires n'ont pas été fondamentalement remis en cause, mais une grande part de l'acquis technique de l'Ancien Régime est reparue dans la réorganisation administrative.

• Des conquêtes militaires, il ne restera rien du point de vue territorial ; en revanche, au-delà de l'unité territoriale achevée sous la royauté, les épreuves et les guerres de la Révolution et de l'Empire ont consolidé l'unité nationale et développé les sentiments nationalistes.

Section 5 - Le XIXe siècle, de la Restauration à la IIIe République

À travers la Restauration apparaît une volonté de **stabilisation**. Cependant, en 1814, commence une période de plus d'un demi-siècle, d'**instabilité politique** (jusqu'en 1875), liée aux transformations profondes qui s'opèrent dans le pays.

§ 1 - La fragilité des régimes politiques

• La **Restauration**, fondée sur la Charte royale, commence en 1814 sous Louis XVIII (1811-1824) ; Charles X, tendant à restaurer l'Ancien Régime, est contraint d'abdiquer par la Révolution de 1830.

• **Louis-Philippe** (1830-1848), octroie une nouvelle Charte mais les tendances, plus libérales, du régime ne suffisent à éviter une nouvelle Révolution en 1848.

• La **Seconde République** ne réussit ni à dominer les problèmes économiques, ni à stabiliser le nouveau régime ; l'élection de Louis-Napoléon (neveu de Napoléon Ier) à la présidence de la République, annonce le retour au système impérial de pouvoir personnel.

• Le coup d'État du 2 décembre 1851 aboutit au **rétablissement de l'Empire** (21 nov. 1852). Le régime de Napoléon III, autoritaire puis libéral, s'effondre (après une ultime tentative d'Empire parlementaire) devant les revers militaires (conflit franco-allemand de 1870). La IIIe République naîtra d'une période d'incertitude et de désarroi, marquée par la liquidation des séquelles de la guerre.

§ 2 - L'instabilité politique et les problèmes sociaux

Il y a apparemment d'importants éléments de stabilité :

• La solidité des **cadres administratifs** réorganisés sous le Consulat et le Ier Empire ; la nouvelle organisation sociale issue de la Révolution est consacrée par le **Code civil** (dont la longévité est à opposer à l'instabilité constitutionnelle...).

• À travers l'instabilité politique, une lente mais réelle progression vers un régime démocratique (**parlementarisme** dont les premiers signes apparaissent dès la Restauration ; passage du suffrage censitaire au **suffrage universel** en 1848) régime qui se développera sous la IIIe République.

• Mais l'instabilité politique est étroitement liée aux préoccupations sociales suscitées par les transformations économiques :

- **Conséquences de l'industrialisation** ; formation d'une classe ouvrière dont la condition **morale** et **matérielle** s'aggrave avec l'extension du capitalisme industriel et du machinisme.
- L'opposition grandit, entre les aspirations des **classes dirigeantes** et celles du **prolétariat** ; la bourgeoisie d'affaires impose peu à peu, dans la vie sociale, les principes individualistes et pousse à l'instauration d'un parlementarisme pour se prémunir contre les aventures politiques. Le prolétariat reste essentiellement préoccupé d'un changement social. Les **révolutions** sont **détournées** au profit des classes dirigeantes ; les **tentatives libérales ne suffisent pas** à éviter les révolutions. Après la crise de 1870 et la Commune, la IIIe République s'engagera, non sans difficulté, dans la voie de réformes plus profondes.

Chapitre 2
La société féodale

L'essentiel

La société féodale est une société chrétienne, organisée en fonction d'une économie de subsistance, à des fins militaires, avec une grande dispersion du pouvoir de commandement lié à la propriété du sol. Il en résulte l'établissement de hiérarchies parallèles des personnes et des terres.
Les transformations économiques, élargissant le circuit monétaire, développant les corps de métiers, confèrent aux villes une force politique nouvelle fondée sur le nombre et la puissance économique des bourgeois. Mais l'esprit communautaire, lié à l'économie de subsistance, continue à dominer la vie sociale.

Section 1 – Économie de subsistance et relations commerciales

La régression qui a accompagné la fin du monde antique, a limité la vie économique quasiment aux seules activités rurales organisées dans le cadre des **grands domaines** dispersés et autarciques.

§ 1 – L'économie domaniale

Sur une unité foncière relativement vaste (de quelques centaines à quelques milliers d'hectares), toute la population dépendant du grand propriétaire assure l'exploitation des ressources locales et la **subsistance** de tous (à la fois : du grand propriétaire, de sa famille ou de sa suite, ou encore, de la communauté religieuse s'il s'agit de propriété ecclésiastique, et de toute la population) ; d'où l'effort pour produire tout ce qui était nécessaire à la subsistance générale (sans souci de rendement ni de coût) et l'absence de grand commerce.

§ 2 – L'essor économique et ses conséquences sur le système domanial

• Au cours du XIe siècle, des progrès techniques dans la vie agricole et l'artisanat, par un **processus cumulatif**, entraînent un nouvel essor économique ; le réveil urbain développe les **échanges** entre ville et campagne, ce qui reconstitue le **circuit monétaire.**

• Au cours des XIIe et XIIIe siècle, les progrès se multiplient dans les techniques et dans la vie des échanges à partir de régions du nord et du sud de l'Europe de l'Ouest (Flandre, Italie du Nord) ; les échanges et les **besoins publics** (princes, Papauté) provoquent le développement du commerce de l'argent et du **crédit** malgré la **prohibition de l'usure** par le droit canonique.

§ 3 - La crise économique de la fin du Moyen Âge

• Les **causes de la crise** (1350-1450) : mauvaises récoltes, grandes épidémies et fléchissement démographique (peste au milieu du XIVe siècle), perturbations dues à la guerre de Cent Ans ; difficultés monétaires (insuffisance du métal précieux par rapport au volume des échanges).

• La **reprise de l'expansion**, après la fin de la guerre de Cent Ans, s'accompagne d'une nouvelle orientation des mentalités, d'acquisitions techniques importantes et des préliminaires de l'expansion extérieure (grands voyages maritimes : les Découvertes) ; d'où un **affaiblissement du système domanial** (appauvrissement des seigneurs, affranchissement des paysans), de la doctrine économique de l'Église (à propos du profit, de l'usure), au moment où l'État commence à dominer la vie du royaume.

Section 2 - La hiérarchie des personnes

Les hommes du Moyen Âge ont cru reconnaître dans leur société un ordre social harmonieux – selon une volonté divine – où chaque groupe avait sa fonction pour la réalisation du bien commun, où chaque individu trouvait sa place, avec ses **charges** et ses **privilèges**, d'après ses origines et son activité.

§ 1 - Le clergé

Dans une société qui est, d'abord, une chrétienté, les activités trouvaient naturellement un ordre hiérarchique d'après une **échelle de valeurs** qui mettait en première place la **prière**, et donc au premier rang social ceux qui prient.

Le recrutement du clergé intervenant nécessairement parmi les laïcs, le clergé, par l'origine sociale de ses membres, puise dans toutes les autres classes sociales ; mais les clercs, par leur appartenance à l'Église, ont un **statut uniforme et privilégié** (en particulier, privilège de juridiction ou **privilège du for**) ; ils échappent nécessairement à la servitude, l'Église ne pouvant tolérer un conflit d'autorité sur la personne du clerc.

§ 2 - La noblesse

• Second ordre de la société, voué au **métier des armes**, la noblesse s'est dégagée, en conséquence des conditions politiques des Xe et XIe siècle (de la vassalité militaire et de la constitution des seigneuries), à partir d'une **supériorité de fait** que la coutume a transposée dans un **statut juridique** précis ; de là, la noblesse a eu tendance à se transformer en une caste fermée et héréditaire, à partir de la **Chevalerie** (devenue un Ordre).

• Statut des nobles : tout noble possède, en tant que tel, des **privilèges** (droits et avantages, utiles ou honorifiques, assurant à leur titulaire un sort plus favorable que le sort commun) ; ces privilèges sont d'ordre **judiciaire, fiscal, militaire** (droit de guerre, port d'armes), de **droit privé**. Mais ce statut est lié à un genre de vie (« **vivre noblement** ») et se perd par l'exercice d'une activité réputée vile (dérogeance).

§ 3 – Les serfs

Au dernier échelon de la hiérarchie sociale le servage est une institution proprement médiévale caractérisée par la **privation de liberté**, l'**attache à la seigneurie**, un ensemble de **charges** et des **incapacités** de droit privé.

I – Statut servile

Il comporte de nombreuses **charges** et **incapacités** : dépendance à l'égard du seigneur, entraînant au profit de ce dernier des droits sur la personne (droit de **poursuite, formariage**) et sur le patrimoine (**cens** ou **chevage, taille** et **corvée « à merci », mainmorte** c'est-à-dire le droit pour le seigneur de prendre les biens laissés par son serf à sa mort) incapacité servile d'ester en justice. C'est **l'ensemble** de ces charges et incapacités qui constitue le servage.

II – Extension du servage et affranchissement

• Lorsque des redevances comme le chevage seront devenues des marques serviles, des **populations entières** tomberont en servitude (Champagne, Nivernais, Vermandois) au XIe siècle.

• L'affranchissement (vu avec faveur par l'Église, favorisé par le développement urbain) a très tôt **diminué considérablement** la servitude dans d'autres régions (Ouest, Île-de-France, Normandie, Midi) ; mais le servage, demeurant lié au régime féodal ne disparaîtra totalement qu'à la Révolution.

§ 4 – Les roturiers

Ce sont, en somme, ceux qui sont **libres** mais **ne jouissent pas des privilèges** propres aux clercs et aux nobles, ce qui correspond en fait à une gamme très large de situations diverses entre lesquelles on peut relever deux **lignes de clivage** différentes :

• D'après la **fortune** avec le développement urbain (distinguant nettement les ruraux et les populations urbaines). Les maîtres des métiers, les bourgeois commerçants, détiennent une réelle puissance économique. Le roturier, libre, est soumis au service militaire dû au seigneur, à l'imposition et à la justice seigneuriales.

• Clivage d'après le **rattachement à la société** : parmi les roturiers il existe des situations inférieures (entraînant de véritables incapacités) faute de rattachement à la seigneurie (l'**aubain**, né ailleurs), à la communauté chrétienne (**les juifs**), à la famille telle que l'Église la définit (**les bâtards**).

Section 3 – La hiérarchie des terres

Jusqu'à la fin du Moyen Âge, les biens mobiliers ont peu d'importance et la terre demeure la base des fortunes comme la source essentielle de puissance ; aussi les terres sont-elles **incorporées**, pour la plus grande part, **au système féodal** sous forme de tenures, tandis que la propriété libre (telle que la concevait le droit romain) est rare.

La tenure est une **concession**, faite par un seigneur à un tenancier (vassal, roturier ou serf), à des fins militaires ou économiques, moyennant certains services ou certaines redevances ; elle comporte donc un **démembrement** des attributs de la propriété et une **superposition** de droits sur la terre : par là, la hiérarchie des terres correspond, à peu près, à la hiérarchie des personnes.

§ 1 - La tenure noble : le fief

Le fief (concession d'un bien par le seigneur à son vassal à charge de services nobles) apparaît vers la fin du xe siècle. Les revenus du fief permettront au vassal d'être **toujours disponible** pour rendre le service militaire dû au seigneur concédant.

• Le fief est concédé à charge de **foi** et d'**hommage** par le vassal au seigneur. Cette concession repose sur l'idée de **fidélité** (foi) totale et **réciproque**. La rupture de la foi est sanctionnée par la rupture du lien créé par la concession de fief, d'où : **commise** (confiscation) du seigneur sur le fief en cas de faute du vassal.

• L'évolution du système féodal a suscité la **primauté du lien réel** (dominant le lien personnel) : les obligations du vassal sont désormais limitées en coutume ; enfin, et surtout, patrimonialité et hérédité du fief entraînent la construction de tout un système juridique destiné à préserver les droits du seigneur : droits de mutation, garde en cas de minorité du vassal.

§ 2 - Tenure roturière et tenure servile

Ces tenures, à la différence du fief, n'ont qu'un but économique et représentent un procédé d'exploitation du sol ; elles sont concédées à charge de redevances en argent ou en nature, mais elles diffèrent en raison de la condition du tenancier.

• **Tenure roturière (vilenage)** : concession perpétuelle d'un immeuble, faite à charge de redevances annuelles, de type féodal (marquant la supériorité du concédant, apparaissant en particulier dans la justice foncière exercée par ce dernier). Elle comporte un simple **ensaisinement** (correspondant à l'investiture pour le fief) ; elle entraîne des **obligations réciproques** : le concédant est seulement tenu de garantir le concessionnaire contre un éventuel trouble de jouissance de la tenure ; le tenancier doit s'acquitter des redevances, d'ailleurs très variables.

• **La tenure servile** se distingue de la tenure roturière en ce qu'elle ne dérive pas d'un contrat, le concédant pouvant fixer, à son gré, les redevances ; là encore, intervient une **atténuation sensible** des obligations du tenancier (fixation coutumière des redevances).

§ 3 - Les alleux

Les alleux sont des terres demeurées **en marge** de la hiérarchie féodale et sur lesquelles existe encore une **pleine propriété** ; l'alleutier **ne dépend de personne**, ne doit donc ni hommage ni redevances. La hiérarchie des terres présentée ici ne retenant que les traits essentiels, il faut **en atténuer la rigueur** par trois remarques :

• les **terres de l'Église** ont tantôt pris place dans la hiérarchie du monde féodal, tantôt gardé le statut allodial ;

• les alleux restent indépendants, mais peuvent être le support d'une **hiérarchie féodale** (à partir des concessions faites par le titulaire de l'alleu) ;

• dans le système féodal, les **variations régionales** sont sensibles et il faut surtout retenir la situation particulière du Midi qui n'a pas connu un développement aussi rigide des institutions féodales.

Section 4 – Mouvement urbain et corps de métiers

§ 1 – La renaissance des villes

Après des siècles de léthargie, les centres urbains reprennent vie au cours du XIe siècle, bénéficiant de la **sécurité** apportée par la stabilisation de l'ordre féodal et des **progrès économiques** ; de nombreux seigneurs en ont compris l'intérêt (fiscal notamment) et s'efforcent même de provoquer la formation d'agglomérations nouvelles sur leurs terres. Bien des créations ambitieuses ne connaîtront pas le succès ; mais de nombreuses villes, anciennes ou nouvelles, **s'étendent rapidement** hors de leurs enceintes (les **faubourgs**).

§ 2 – Les corps de métiers

Le développement économique fait à nouveau de chaque ville un centre d'artisanat ; certaines activités dominent jouant le rôle d'industrie (ex. **textile**), les artisans se groupent dans la ville **par métier** (une même rue ou un même quartier) et s'organisent **en corps** très structurés :

• Le corps de métier (artisanat ou commerce) s'efforce d'acquérir le **monopole** de la profession, surtout les métiers **jurés** (pour pouvoir exercer le métier nécessité d'entrer dans la corporation en prononçant un serment) ; cependant certains métiers demeurent **libres** ; tous sont sous la **surveillance du seigneur.**

• Le métier comporte une **hiérarchie** rigoureuse (maîtres, compagnons, apprentis) ; il est doté de **statuts** : réglementant l'entrée dans la corporation, les conditions de travail, la qualité des produits et les prix.

Chapitre 3
Les Ordres et la société privilégiée

L'essentiel

> *La société des **Temps modernes** présente un **contraste**, de plus en plus manifeste, entre la **tradition** (société chrétienne, division en Ordres, féodalité foncière) qui maintient assez fermement les cadres juridiques, et un faisceau de faits nouveaux libérant des **forces corrosives** de cette tradition (expansion économique et apparition de clivages nouveaux à travers les Ordres, évolution des mentalités et philosophie des Lumières).*

Section 1 - Les transformations économiques (XVIe-XVIIIe siècle)

À partir du XVIe siècle, se produisent en Europe, spécialement en Angleterre, puis en France mais avec un certain retard, des modifications importantes dans la vie économique (extension des échanges, structures nouvelles) ; de nouveaux secteurs économiques, en expansion, apparaissent à côté des activités traditionnelles, en relative stagnation, agriculture et artisanat.

§ 1 - Facteurs et processus d'évolution

• Ces facteurs sont essentiellement : la croissance **démographique** (portant la population aux environs de 20 millions d'habitants) ; les progrès **techniques** (textile, industries d'extraction et sidérurgie, transports maritimes, etc.) ; l'injection de quantités importantes de **métal précieux** en conséquence de la colonisation et l'accumulation de capital ; l'évolution des **mentalités** (bourgeois affairiste) liée au mouvement religieux (Réforme) et intellectuel (philosophie, doctrines économiques, particulièrement la physiocratie) ; la **croissance de l'État** (demande liée à ses propres besoins et tentative d'intervention par une politique économique : Colbert, Turgot).

• Le processus d'évolution à partir de ces différents facteurs est plus difficile à déterminer et a donné lieu à des **analyses diverses** ; en revanche, il est certain que ce processus n'intervient pas au même rythme dans tous les secteurs, développant des secteurs nouveaux **en dehors des contraintes traditionnelles** mais freiné aussi par des **résistances nombreuses** (corporations et paysannerie face aux réformes libérales des physiocrates) et par le désordre des finances de l'État.

§ 2 - Capitalisme et révolution industrielle

• Les secteurs nouveaux sont apparus avec le développement du commerce international et de la colonisation, avec celui des industries (charbon, coton, imprimerie, verre, etc.) ; ils suscitent la formation de **structures différentes**, entreprises fondées sur les manufactures et organisées en sociétés en commandite ou de capitaux.

• La **révolution industrielle** commence vraiment dans la seconde moitié du XVIIIe siècle. Le **machinisme** est introduit en France tardivement, à l'imitation de l'industrie anglaise et en partie sous l'impulsion de l'État (mesures de soutien et d'incitation à l'innovation). **Quelques grosses entreprises** sont constituées (ex. Le Creusot) malgré les **risques financiers** de la mise en œuvre de procédés nouveaux.

• Ces transformations économiques ont un retentissement important sur la société, en modifiant profondément l'équilibre et troublant l'organisation traditionnelle en Ordres par la formation, sous-jacente, de **nouveaux clivages sociaux.**

Section 2 - Les Ordres privilégiés

La société d'Ancien Régime demeure dominée par la tradition médiévale à laquelle s'attache la royauté ; mais le maintien des privilèges pose des problèmes dans les rapports sociaux, tant à la royauté qu'aux privilégiés eux-mêmes.

§ 1 - Les privilèges

Les privilèges **fiscaux** sont parmi les plus importants pour les nobles ; si le clergé fait au roi des **dons** sur les revenus du patrimoine ecclésiastique, le **clerc**, en tant que tel, est personnellement exempt de toute imposition. La liste des **autres privilèges** est fort longue : **pour les clercs** (privilège de juridiction, dispense de service militaire, de corvées) ; **pour les nobles** (outre l'exemption des corvées, privilèges judiciaires, privilège du port d'armes, privilège de chasse particulièrement mal supporté par les paysans).

§ 2 - Les privilèges et les rapports sociaux

I - L'équilibre entre les groupes sociaux et les ordres

La royauté se préoccupe de maintenir une apparence d'**équilibre entre les ordres** ; le clergé se recrute dans l'ensemble de la population, mais une première discrimination apparaît entre le **haut** et le **bas clergé**, la royauté ayant pratiquement à partir du Concordat de 1516 la mainmise sur le recrutement du haut clergé auquel noblesse et bourgeoisie prétendent. L'ambition des classes les plus riches du tiers état étant d'accéder à la noblesse, la royauté **laisse des possibilités d'accès** par le système des **lettres d'anoblissement**, par certaines **fonctions** voire par le grand commerce et l'industrie.

II - La défense des privilèges

Elle concerne d'abord les intéressés eux-mêmes, mais aussi le roi, qui n'a pas intérêt, en raison des privilèges fiscaux, à l'extension de la population privilégiée.

• Les privilèges sont attachés à la **noblesse** et à son **genre de vie** (« vivre noblement » astreint au service du roi et à renoncer aux activités rémunératrices, sous peine de perte des privilèges).

• La défense des privilèges reste surtout l'**œuvre des privilégiés eux-mêmes**, et l'**esprit de privilège** a été très virulent dans la haute noblesse et dans la noblesse récente (particulièrement la noblesse de robe) ; cela mène notamment à l'**opposition** victorieuse aux projets de **réforme fiscale** (destinés à promouvoir une imposition sur le revenu atteignant l'ensemble de la population). Le maintien des privilèges, les oppositions à l'intérieur des ordres privilégiés, figurent en bonne place dans les causes de la Révolution.

Section 3 - Le tiers état

Le **troisième état** ou **commun état** représente presque l'ensemble de la population du royaume et supporte la quasi-totalité des charges ; très étendu, il est également très diversifié en groupes sociaux plus ou moins homogènes.

§ 1 - Les bourgeois

• Le terme lui-même, bourgeois, dépasse ici son **sens technique** d'habitant **juridiquement rattaché à un bourg** et jouissant des droits que cette qualité confère, pour désigner un ensemble de situations elles-mêmes très variées (commerçants ou artisans, propriétaires ou rentiers, entrepreneurs ou financiers, et la plupart des officiers royaux).

• Mais il y a un **genre d'activité et de vie** qui forme le lien essentiel entre les bourgeois (qui en fait les éléments les plus dynamiques de la population, du point de vue économique) ; l'ambition des grandes familles bourgeoises est d'assurer la permanence de leur situation sociale par la **possession de la terre**. Elles ont toujours été attirées par les **offices** vénaux en tant que moyen d'ascension sociale vers la noblesse et ses privilèges.

• Bien que les bourgeois constituent plutôt des **groupes aux intérêts divers** qu'une classe homogène, ils représentent incontestablement **force économique**, stabilité et **besoin d'ordre**. La royauté a constamment trouvé, parmi les bourgeois, des **conseillers** et des **serviteurs sûrs** ; mais, s'appuyant seulement sur des **individualités**, elle a laissé insatisfaite l'aspiration des familles bourgeoises les plus élevées à une plus large association à l'exercice du pouvoir.

§ 2 - Les paysans

L'agriculture occupe, jusqu'à la fin du XVIIIe siècle, la **plus grosse part** de la population du royaume ; là encore, la **diversité de condition** doit être soulignée, même si le servage a considérablement diminué.

• Dès le XVIe siècle, en effet, la quasi-totalité de la masse paysanne est **libre** : il reste quelques **îlots de servage** dans certaines provinces (Louis XVI abolit le servage sur les domaines royaux, mais, respectueux des situations acquises, invite seulement les seigneurs à suivre cet exemple).

• Il y a, dans l'ensemble de la population paysanne, une grande **diversité de condition matérielle**, allant des gros **fermiers** et intendants de domaines seigneuriaux aux simples **journaliers**, fort nombreux et dont la situation est très précaire. En revanche, le niveau de vie des fermiers s'élève notablement au cours du XVIIIe siècle, et ils supportent de plus en plus mal les **structures féodales** (redevances, banalités, privilèges seigneuriaux).

§ 3 – Les compagnons, ouvriers et journaliers agricoles

Des **oppositions latentes** se manifestent dans les structures anciennes et traditionnelles, comme dans les nouvelles : entre maîtres marchands et maîtres artisans, entre maîtres et compagnons, entre manufacturiers et ouvriers. Les compagnons et ouvriers sont plus ou moins **groupés** dans des associations de soutien et de secours, précisées aux XVIIe et XVIIIe siècle : **compagnonnages** s'étendant à tout le royaume (à partir de la coutume du tour de France, par ex. les Compagnons du devoir de Liberté).

• Si compagnons et ouvriers n'ont guère conscience de la similitude de leur condition, la **méfiance** populaire à l'égard de leurs associations s'accompagne de **l'hostilité** des pouvoirs publics ; les **grèves** (du nom de la place de Paris où se réunissaient les ouvriers sans travail) sont considérées comme mouvements séditieux et réprimées comme tels.

• La précarité du sort des journaliers agricoles, des compagnons et ouvriers, est la cause essentielle du maintien d'une **masse importante** de déracinés, rejetée dans le vagabondage et la mendicité : population errante, comportant un nombre considérable d'**enfants**, attirée par les villes, plus ou moins traquée par la maréchaussée (surtout à partir du milieu du XVIIIe siècle).

Section 4 – La famille

• L'organisation familiale demeure essentielle et, depuis le XVIe siècle (Jean Bodin), elle est considérée comme un des **fondements de l'État** ; aussi, la puissance souveraine s'efforce, par son intervention législative, de maintenir la **rigidité** des structures familiales malgré le **mouvement individualiste** apparu au cours du XVIe siècle qui entraîne une régression des usages communautaires.

• Le droit matrimonial se modifie sensiblement : d'une part, la **législation** royale intervient pour sanctionner le défaut de consentement des parents (ce que le concile de Trente avait refusé) pour **préserver les familles** des mariages clandestins et des mésalliances ; l'autorité maritale est renforcée dans la mesure où la femme mariée est désormais rangée parmi les personnes incapables, tandis que, dans la communauté conjugale, le mari devient « **seigneur et maître de la communauté** ».

Section 5 - Expansion économique et malaise social au cours du XVIIIe siècle

§ 1 - Un siècle d'expansion

Le XVIIIe siècle, entre la stabilisation qui suit l'effondrement du système de Law et la crise qui débute en 1786, a été un **siècle d'expansion**.

• Il en est résulté un accroissement des profits et une élévation du niveau de vie ; mais les bénéfices de l'expansion se répartissent de façon **très inégale**, tandis que l'organisation sociale traditionnelle maintient le déséquilibre des charges fiscales.

• De même, les modifications structurelles entraînées par le développement d'entreprises industrielles ou l'introduction de nouvelles méthodes de culture modifient les conditions de vie de certaines catégories dans la seconde moitié du XVIIIe siècle.

• Enfin, le mouvement philosophique multiplie les critiques dans toutes les directions et aboutit à une **remise en cause globale** de l'**ordre social traditionnel** (privilèges du clergé, féodalité, structures familiales et rigueur de la puissance paternelle, archaïsme du système judiciaire particulièrement du point de vue **pénal**, etc.).

§ 2 - La crise économique

• La **crise économique**, à partir de 1786, aggrave le **malaise social**. La crise intervient dans l'industrie textile, provoquant diminution de production et chômage, et s'étend à d'autres secteurs. On y voit tantôt les conséquences de l'introduction des machines nouvelles, tantôt une conséquence du traité de commerce avec l'Angleterre.

• Le mécontentement se développe, d'une part, à l'égard du **gouvernement** considéré comme responsable de la crise ; d'autre part, dans les relations sociales, contre les **abus des privilégiés**.

Chapitre 4
La Révolution et la société individualiste

L'essentiel

À la fin de l'Ancien Régime, l'opposition s'affirmait à la fois contre les inégalités sociales (contre les privilèges et les Ordres qui les maintenaient) et contre la persistance des droits féodaux et seigneuriaux essentiellement. La Révolution a aboli les privilèges et posé les principes d'une nouvelle organisation sociale, individualiste et égalitaire.

Mais ces principes n'ont pas reçu immédiatement une application complète et la stabilisation sociale, sous la Restauration, en a encore retardé la mise en œuvre. Or, les transformations économiques, et particulièrement le développement industriel, ***accroissent les inégalités*** *; si bien que, vers le milieu du XIXe siècle, la question sociale est à nouveau posée sous une autre forme non moins aiguë, en France, que dans les autres pays européens.*

Section 1 – Expansion économique et industrialisation

§ 1 – Libéralisme et économie de guerre (1789-1815)

• La Révolution a tenté de définir les principes du libéralisme économique, en quelque sorte comme **complément de la liberté individuelle** : abolition des droits féodaux, des corporations et du régime des manufactures privilégiées, **loi Le Chapelier** écartant les associations de métiers ou associations ouvrières, libération du commerce intérieur et du système financier (abolition de la réglementation des banques, sociétés financières et bourses de valeurs).

• Mais l'orientation, pour longtemps, vers une **économie de guerre** apporte de **sérieuses perturbations** : certaines activités sont stimulées (textiles, métallurgie), des instruments solides ont été mis en place par Napoléon (franc, Banque de France) ; l'économie subit vers la fin de l'Empire, la désorganisation des transports, l'arrêt du commerce extérieur avec le **blocus continental**.

§ 2 – Économie libérale et développement au cours du XIXe siècle

• Stabilisation et lente progression jusqu'en 1830, il y a peu de transformations dans l'économie ; mais le retour de la paix permet la stabilisation et sous la monarchie de Juillet, particulièrement à partir de 1840, des **conditions favorables** sont réunies pour un développement plus important. L'économie devient effectivement libérale, le **capitalisme industriel** prend corps et de **grandes banques** apparaissent, tandis que l'État consacre le **protectionnisme douanier**.

• L'accélération de l'expansion se précise sous le **Second Empire**, à partir de 1860 : par l'apport d'une technologie nouvelle qui suscite une profonde transformation **industrielle** et atteint aussi l'**agriculture** (engrais, machinisme), favorisant une augmentation rapide de la production. Le marché financier change de dimension, le grand capitalisme ayant trouvé, dans la **société anonyme par actions**, le moyen d'atteindre l'**épargne.**

• Le volume des échanges croît rapidement ; l'accroissement du commerce extérieur a été préparé dès 1860 (traité de commerce avec l'Angleterre). Une nouvelle orientation de la politique coloniale a également contribué à développer les courants d'échange.

Section 2 - La Révolution et les principes d'une nouvelle organisation sociale

§ 1 - Les libertés individuelles et l'égalité civile

Les libertés individuelles sont proclamées dans la **Déclaration des droits de l'homme et du citoyen** et ont pour corollaire l'égalité entre les citoyens du point de vue civil, pénal ou fiscal :

• **L'égalité se traduit** par la **suppression des privilèges**, l'abolition de la noblesse héréditaire et du servage, l'admission des protestants à tous les emplois (1790), la reconnaissance des droits de citoyen aux Juifs de l'Est (1791). De même, liberté individuelle et égalité conduisent à affirmer le principe de la **liberté du travail** à l'encontre du système corporatif et même à interdire les associations entre patrons ou entre ouvriers (loi Le Chapelier).

• Mais l'égalité **n'est pas sans limite** : les assemblées discutent longuement avant de prendre les mesures en faveur des protestants et, surtout, des juifs ; elles admettent pour les femmes l'égalité civile mais non les droits politiques. De plus, la recherche de la liberté individuelle et de la stricte égalité civile cache, en réalité, l'aspect économique du problème et laisse l'individu **isolé et sans protection** devant ceux qui détiennent ou détiendront la puissance économique.

§ 2 - La nouvelle répartition du sol

Sous l'Ancien Régime, l'**Église**, par la mainmorte, était devenue le **plus gros propriétaire foncier** ; la **noblesse** disposait également d'un vaste patrimoine foncier sur lequel étaient installés de nombreux tenanciers.

• L'abolition des droits féodaux a porté sur la féodalité dominante (relevant du domaine éminent du seigneur), puis, non sans hésitation, sur les droits résultant de la féodalité contractante (relevant du domaine utile du tenancier) : il en résultait un **changement de condition juridique**, les dernières traces des concessions féodales étant effacées.

• La **vente des Biens nationaux** liée au système des assignats dont ils formaient la garantie, conduit à une **certaine redistribution des terres** qui profite surtout à ceux (bourgeois ou gros fermiers) qui disposaient déjà de quelques capitaux ; **redistribution désordonnée**, elle eut cependant pour résultat de rendre de vastes terres à une meilleure exploitation et d'accroître le nombre des exploitants.

Section 3 - Le régime napoléonien et la société du Code civil

§ 1 - Les classes sociales et la nouvelle hiérarchie

I - La politique napoléonienne

Napoléon ne remet pas totalement en cause l'organisation sociale résultant de la Révolution et la disparition des ordres ; mais il critique la **société individualiste** dans laquelle l'individu se trouve isolé. D'où deux conséquences : la disparition des ordres juridiques souligne les **classes sociales** (reposant sur des différences de situation économique, de mentalité etc.) ; l'État s'efforce d'intégrer les individus dans une **hiérarchie nouvelle** de **corps sociaux** (les collèges électoraux, les corps de fonctionnaires, les chambres de commerce et de manufactures).

II - La nouvelle hiérarchie sociale

• **Une nouvelle classe dirigeante** est ainsi consacrée et utilisée par l'État : une partie de la bourgeoisie, à travers les notables ; hiérarchie fondée sur la **richesse foncière** essentiellement (système censitaire) et la **notoriété** qui en résulte. Napoléon tente de reformer une **noblesse attachée au régime**.

• Dans le peuple, si les classes rurales ont peu évolué depuis la Révolution, la condition des ouvriers préoccupe le régime napoléonien en fonction des **besoins de l'Économie de guerre** (interdiction des coalitions ouvrières, livret ouvrier).

§ 2 - La consécration de la nouvelle organisation sociale par le Code civil

Le Code consacre, en partie, les conséquences de la Révolution (une société sans Ordre, l'ascension de la bourgeoisie et des notables) mais aussi les résultats de la stabilisation et de la structure établie par le régime napoléonien.

• Dans la famille, le libéralisme du droit révolutionnaire est délaissé pour la **cohésion** de la **famille légitime**, la protection du patrimoine familial et la consolidation de **l'autorité du chef de famille**.

• Le Code est encore, et surtout, de tendance **bourgeoise** dans la conception et la protection de la **propriété** : droit personnel et individuel, conférant une maîtrise complète du bien sur lequel il porte, dans les limites fixées par l'État. En contrepartie de cette tendance générale, le Code présente d'importantes **lacunes** : il se préoccupe peu des mutations monétaires et de la propriété mobilière, et surtout du contrat de travail.

• Par là, le Code civil de 1804 a renoué avec l'**éthique** et les **intérêts de la partie de la société d'Ancien Régime directement bénéficiaire de la Révolution, c'est-à-dire les classes possédantes de l'ancien tiers état**, tant urbaines que rurales ; ses aspects économiques (essentiellement terriens) le rattachent encore au XVIIIe siècle.

Section 4 - Développement et problème social au XIXe siècle

Les **principes individualistes** dominent les cadres juridiques et entrent dans les mœurs ; croissance démographique et développement économique créent un **phénomène de masse**, modifiant les conditions de vie et les rapports entre les classes, d'autant que le monde ouvrier reste tenu à l'écart des bénéfices du développement.

§ 1 - Développement et phénomène de masse

• Le phénomène est lié à la **croissance démographique** et à l'**industrialisation** : de 1801 à 1870, la population française passe de 27 à 38 millions d'individus (la natalité la plus élevée se situant dans la population ouvrière) ; l'industrialisation provoque l'**urbanisation** et la **concentration ouvrière** ; mais l'aménagement des conditions de vie et de l'habitat urbain ne répond pas à cet accroissement rapide.

• Le phénomène est aussi une conséquence de l'**individualisme** ; dès lors, l'individu, isolé face à l'État et, parfois, **déraciné**, devient l'élément constitutif de la masse et ne retrouve de dénominateur commun qu'à travers la **similitude de conditions de vie**, de situation économique ou de mentalité, éléments de « **classe** » dont la conscience apparaîtra, peu à peu, à partir de 1830.

§ 2 - Bourgeoisie et classe moyenne

• Les familles bourgeoises les plus puissantes achèvent d'**évincer l'aristocratie** sous la monarchie de Juillet par leur puissance économique, avec l'importance croissante de la richesse mobilière, et leur installation dans les structures de l'État.

• Mais la bourgeoisie, difficile à définir, n'est pas une classe homogène et ses limites sont imprécises ; d'**autres groupes** apparaissent (employés, fonctionnaires, petits commerçants détaillants et artisans) qui atteignent l'aisance par le travail et l'épargne, guidés par le **style de vie bourgeois** : petite bourgeoisie déjà distincte après les journées de 1830 et appelée à former (par sa progression à partir du Second Empire) une **classe moyenne**.

§ 3 - Les paysans

• Les paysans demeurent **les plus nombreux** dans la population du début du XIXe siècle : la diffusion de la propriété a apporté une plus grande **stabilité** dans le milieu rural ; cependant, les conditions de vie évoluent peu. Le milieu rural n'est pas très homogène ; hostile à la bourgeoisie mais aussi aux ouvriers, il constitue une **réserve humaine** alimentant le **développement urbain**.

• **La famille paysanne** subit aussi les conséquences du **mouvement individualiste** ; toutefois des **usages communautaires** demeurent dans de nombreuses régions à partir de la transmission du patrimoine foncier à l'un des héritiers (on « **fait un aîné** ») malgré les principes successoraux égalitaires du Code civil et pour éviter le morcellement excessif des terres.

§ 4 – Le problème ouvrier

I – Rigueur de la condition ouvrière au début du XIXe siècle

Considérable durée et mauvaises conditions du travail (machinisme), tant pour les hommes que pour les femmes et les enfants ; faibles salaires ; mauvaises conditions de logement. Il en résulte un **genre de vie** qui **distingue** de plus en plus le monde ouvrier des autres classes sociales (**forte natalité ; absence de scolarisation**).

II – Formation d'une classe et mouvement ouvrier

Il y a de grandes différences de condition : suivant les métiers, des manœuvres et ouvriers des grands centres industriels aux ouvriers qualifiés. Aussi n'y a-t-il pas d'unité ; mais, après la Révolution de 1830 le **sentiment** d'appartenir à une classe sociale, **victime** du mouvement industriel, se développe lentement ; les conséquences sont l'organisation des mouvements ouvriers et l'expression d'une pensée à la recherche d'une **doctrine commune** (à partir de 1848, la **lutte de classes** menée par le monde ouvrier contre le capitalisme).

III – Évolution de l'intervention de l'État

• Jusqu'en 1840, l'attitude est surtout celle d'une **neutralité** qui joue, en réalité, **contre les ouvriers** dont les grèves sont toujours considérées comme mouvements séditieux ; puis, la monarchie de Juillet adopte une attitude plus nuancée (enquête de Villermé, 1839) mais **indécise** : loi de 1840, sur le travail des enfants, agence de placement, d'un côté ; interdiction des associations, répression des grèves, maintien du livret ouvrier, d'un autre côté.

• La République de 1848 commence par élaborer une **législation sociale** ; puis, elle revient à la répression et maintient le livret ouvrier ; après 1860, Napoléon III tentera d'orienter le monde ouvrier français vers le modèle anglais : les associations ouvrières ou syndicats seront tolérés et les grèves moins sévèrement réprimées.

• Enfin, le premier grand **mouvement législatif** en faveur de la condition ouvrière n'interviendra qu'**après 1880**.

Première partie

Introduction historique au droit

Les raisons du recours à l'histoire

• Pourquoi interroger l'histoire pour comprendre le droit actuel ? Si l'on ne peut dégager des lois historiques (dont on pourrait prévoir le déclenchement ou l'application avec une certitude absolue dans des conditions déterminées, par référence aux sciences exactes) et si l'on ne peut davantage tirer de l'histoire des leçons fournissant des recettes de comportement pour le futur, en revanche l'histoire apporte un enseignement beaucoup plus subtil et général. Elle offre d'abord une approche des réactions individuelles ou collectives qui tiennent à une nature humaine qui évolue certainement moins vite actuellement que les conditions de vie. Elle porte à mieux analyser l'évolution des idées. Elle fournit d'autres dimensions de pensée à ceux qui l'abordent : à la fois par l'effet d'une vision globale et par un sens plus grand de la relativité. Par là elle prépare une approche utile pour dominer la complexité des problèmes de la vie contemporaine et pour balancer les excès de l'esprit de rigueur engendré par la technique. Ainsi l'histoire peut apporter aux futurs juristes un élément essentiel de culture juridique, une ouverture d'esprit et l'armature d'un nouvel humanisme donnant le sens profond du droit qui a pour raison d'être et mission première de protéger les hommes auxquels il s'applique.

• L'essentiel en effet n'est pas de transmettre une érudition superflue ni même seulement de remplir un programme pour la seule accumulation de connaissances détaillées mais bien d'entraîner les étudiants à la réflexion pour pénétrer l'esprit du système juridique dans lequel ils sont appelés à vivre, pour en percevoir les ambitions et les grandeurs comme les servitudes humaines et historiques. Il n'y a de bon juriste qui ne soit technicien, mais sans une réflexion humaniste un pur technicien risquerait d'être une vivante négation du droit.

• Le présent étant un produit du passé, par la référence au passé à la fois proche et lointain, l'histoire éclaire l'agencement du droit positif actuel. Elle aide à mieux en comprendre l'esprit en présentant à la fois les apports initiaux et la lente construction d'un système juridique. Elle montre d'abord combien la construction d'un tel système demande de tâtonnements et de temps, réclame d'efforts ; elle montre en même temps combien la cohérence entre les institutions qui constituent un système juridique est fragile. Ainsi l'histoire des réformes du droit de la famille depuis plusieurs décennies en est une parfaite illustration. De même l'étude de la formation de l'État et de son administration montre qu'un système étatique est nécessairement un mécanisme lourd et complexe, mais aussi sensible et vulnérable, que toute son efficacité et sa valeur dépendent largement du comportement des hommes en tant que citoyens, administrés ou justiciables et pas seulement en tant qu'administrateurs ou juges ou, d'une manière générale, en tant que juristes professionnels.

• Pour autant la référence à l'histoire n'exclut pas une critique du droit actuel : bien au contraire, elle en prépare éventuellement les voies et en assure les moyens. En révélant le poids de la tradition – qui n'est pas en elle-même une cause de légitimité – dans le droit contemporain l'histoire peut contribuer au renouvellement nécessaire. Une approche historique de certains problèmes présents peut aider à leur solution ; par exemple en droit public, les données du problème de la régionalisation seront certainement mieux maîtrisées à partir de l'histoire à la fois dans leurs termes immédiats et dans les moyens éventuels pour susciter l'évolution nécessaire ; il en est de même des institutions municipales et d'une manière générale des collectivités locales. La question est ouvertement posée, surtout de nos jours : un législateur sans mémoire peut-il réformer valablement et efficacement ?

• L'histoire suggère ainsi une réflexion sur les modes de formation du droit. D'où vient le droit ? De la base ou du sommet ? Bien sûr les principes constitutionnels fournissent une réponse théorique ; mais l'historien sera bien placé pour montrer que même dans un système légaliste (fondé sur la prééminence de la loi comme source essentielle du droit) le législateur est attentif aux réactions des populations, de certains organismes, de certains intérêts, etc. Il les subit souvent lorsqu'il se décide à intervenir ; actions et réactions s'enchevêtrent et ces mouvements corrigent singulièrement l'apparente rigueur du principe constitutionnel. S'il y a un enseignement à tirer ici, il est d'humanité, de relativité et il faudrait ajouter de modestie pour le législateur et pour ceux qui appliquent le droit.

• Il faut s'interroger avec la profondeur de champ qu'offre l'histoire sur les rapports entre la règle juridique abstraite et les faits : la règle est-elle appliquée ? Comment et dans quelle mesure ? Combien de temps a pu être nécessaire pour parvenir à un commencement d'application ? Par là est entamée une réflexion sur le rôle du droit par rapport à la vie sociale et économique : le droit peut-il se contenter de constater ou doit-il précéder ? Est-il un frein ou un moteur ? C'est, entre autres, le problème fondamental pour des pays en voie de développement mais on ne saurait limiter ce débat à ces seuls pays. Ainsi l'histoire pousse à la réflexion sur les grands problèmes que posent la formation et la vie du droit et sur le sens profond du droit. Cela est d'autant plus important pour de futurs juristes qui vont, par profession, appliquer le droit, lui donner vie et, par leur comportement dans la vie quotidienne et dans la pratique juridique, infléchir son destin tout en pesant sur celui des personnes auxquelles il s'applique.

Le cadre historique de l'initiation au droit

Le juriste ne peut introduire l'étude du droit français contemporain tel qu'il est constitué sans se faire historien, ne serait-ce que pour rappeler les différents apports et leurs origines. Le droit applicable en France est en effet stratifié ; même la strate la plus récente, celle du droit européen développé au cours des dernières décennies, appelle déjà un minimum d'éclairage historique d'autant qu'elle vient se greffer sur un système longuement élaboré ayant son originalité et ses structures propres. Déjà le bicentenaire de la promulgation du Code civil de 1804 a incité les juristes contemporains à une profonde réflexion sur l'avenir de la codification au regard de l'évolution récente. Mais à mesure que l'on remonte dans le temps il apparaît que notre droit plonge ses racines jusqu'à l'Antiquité gréco-romaine qui révèle la strate la plus ancienne. Dans la grande division du droit en droit public et droit privé on retrouve, à des rythmes différents, de semblables processus.

• ***En matière de droit privé***, *les grands codes du début du* XIX*e siècle promulgués par Napoléon Ier, véritables monuments qui avaient renouvelé notre droit et ont longtemps été des éléments fondamentaux, ont été : ou remanié ponctuellement (Code civil) ou l'objet d'une refonte récente qui a donné lieu à une nouvelle promulgation (Code de procédure civile, Code pénal, Code de commerce). Or ces codes eux-mêmes n'avaient pas fait table rase du passé et avaient au contraire repris une partie de l'héritage du droit antérieur. Le Code civil de 1804 surtout avait réalisé une synthèse très équilibrée entre une partie des réformes de la Révolution et une large part du droit en vigueur sous l'Ancien Régime ; ce dernier droit s'était déjà lui-même construit à partir de deux apports, celui de principes de droit coutumier lentement dégagés depuis le haut Moyen Âge et celui de principes reçus du droit romain donc un héritage antique. Dans le domaine des obligations et des contrats notamment, notre droit actuel doit encore beaucoup au génie des romains, véritables inventeurs du droit tel que nous le concevons encore aujourd'hui.*

• ***Le droit public*** *appelle des remarques semblables. Les préfets instaurés par Napoléon Ier, ont été créés sur le modèle des Intendants d'Ancien Régime ; le Conseil d'État est encore de nos jours l'héritier du Conseil d'État du roi. Le droit administratif, d'ailleurs demeuré en dehors de la grande codification du début du* XIX*e siècle, s'est développé très lentement depuis le Moyen Âge ; ainsi en est-il de la tutelle administrative sur les villes. Enfin, on ne saurait oublier que le concept de citoyenneté en honneur au moment de la Révolution de 1789 est un héritage de l'antiquité romaine.*

Le droit n'est pas la création d'un seul législateur imaginant dans l'instant tout un système, ni même l'œuvre d'un seul siècle. Il résulte au contraire d'une lente maturation en fonction de la nécessité de constante adaptation à la vie économique, sociale, politique. La question a été largement débattue tout particulièrement au moment de la codification de 1804 et les rédacteurs du Code civil ont en quelque sorte fait la théorie de ce processus en présentant leur projet. Il faut donc aborder la matière juridique en premier lieu dans ses perspectives historiques les plus larges, dans une approche générale de la nature du droit (titre 1). Il conviendra en second lieu de décrire la formation d'un système juridique particulier (titre 2), en l'occurrence celui dont héritent les étudiants français et dans lequel ils auront à vivre tout au long de leur carrière.

Titre 1
Perspectives historiques du droit

C'est encore à l'histoire que l'on peut faire appel pour dégager la spécificité du droit car celle-ci s'est précisée peu à peu (chap. 1) ; de la même manière les institutions se sont lentement organisées en systèmes ayant leur originalité propre, éventuellement à partir des mêmes racines (chap. 2). Le droit est matière vivante en constante évolution, même derrière l'apparente fixité des textes dans un système de droit écrit et légaliste comme le système français (chap. 3). Il convient désormais au moment où demeure la question des structures juridiques de l'Union européenne de situer l'histoire du droit français dans l'histoire du droit en Europe (chap. 4).

Chapitre 1
Définition et domaine du droit

L'essentiel

> *Le premier mouvement d'une démarche abstraite consisterait à tenter de* ***définir*** *le droit de manière intemporelle. Une approche historique rappelle cependant que les définitions – peut-être les premières et certainement les plus célèbres – n'ont été proposées par les juristes romains qu'avec l'expérience venant d'un développement du droit plusieurs fois séculaire.*

Section 1 - Définir le droit

§ 1 - La question doctrinale

• Donner une définition générale du droit est un exercice particulièrement difficile. Les jurisconsultes romains s'y essayaient déjà. Ainsi la définition du droit *(Jus)* donnée par Celse, au IIe siècle ap. J.-C., est sans doute la plus célèbre parmi celles des Anciens ; pour définir l'art du droit elle associe les deux notions de bien commun et d'équité : le droit est l'art du bon et du juste *(Jus est ars boni et aequi)*. Un autre jurisconsulte romain, Ulpien, aborde le droit par la justice qu'il définit comme la volonté de rendre à chacun ce qui lui est dû, à chacun le sien *(suum cuique tribuere)*.

• Définir le droit est cependant une tentation qui a pu hanter tous les grands juristes. Les problèmes contemporains et l'apparence de dérèglements du droit depuis la fin du XIXe siècle – la crise du droit selon l'expression courante – ont entraîné un nouvel effort de réflexion : un juriste du début du XXe siècle (Lévy Ullmann, *La définition du droit*) a dénombré une quinzaine de définitions mais n'a pu trouver d'autre parti que de substituer sa propre définition à celles qui avaient déjà été élaborées. En réalité les définitions proposées privilégient l'un ou l'autre des caractères du droit ou des éléments qui le composent, par exemple ses sources, tandis que le droit est complexité et ne saurait se laisser enfermer dans les termes d'une définition simple. Cela vient aussi de ce que cette complexité s'est forgée au cours des siècles d'où l'utilité et l'intérêt de compléter les tentatives de définition du droit par une mise en perspective historique.

§ 2 - Les acceptions du terme droit

• Le terme *droit* lui-même peut d'ailleurs prendre des acceptions différentes ; les distinguer pour délimiter le domaine du droit peut constituer une approche sinon plus sûre que l'élaboration d'une définition générale en tout cas largement complémentaire. Le terme *droit* d'après son **objet** (sens objectif) recouvre en premier lieu l'ensemble des éléments normatifs (règles) et même **l'ensemble des phénomènes juridiques primaires** (à la fois règles et actes d'application) : c'est le **droit objectif**.

• Mais le terme *droit* a aussi un autre sens que les individus connaissent bien et emploient fréquemment (sens qui d'ailleurs entraîne l'utilisation du pluriel) : un droit appartenant à un individu, par exemple le droit de propriété, à partir de la notion de **sujet de droit** (un droit individuel, les **droits individuels** sont des **droits subjectifs**). Les droits subjectifs ne peuvent s'exercer que sous le contrôle du droit objectif qui en précise les limites et le contenu grâce au concours qu'il leur apporte ; ils comportent une des notions premières du droit particulièrement difficile à analyser comme le montre encore l'évolution du droit romain, où dans la Cité romaine au début de notre ère des magistrats, les préteurs, en accordant une action en justice pour étendre la reconnaissance juridique à des situations nouvelles ont ainsi créé de nouveaux droits.

§ 3 - La délimitation du droit

Enfin, pour **délimiter le droit** il faut aussi le considérer en rapport avec la morale (comme y engageaient déjà les définitions romaines faisant appel aux notions du juste et du bon, héritage de la philosophie grecque) et aussi avec la religion, l'une et l'autre ayant leurs règles et leurs principes correspondant à leurs finalités particulières. Notre système juridique actuel s'en distingue. Encore l'évolution a-t-elle été lente et complexe et faut-il apporter ici des nuances importantes.

I - Les rapports entre droit et religion

En ce qui concerne la **religion** la question a reçu une première réponse à Rome où le droit a été assez tôt laïcisé, peut-être dès les débuts de la république (VIe siècle av. J.-C.). Jusque-là les règles de droit n'étaient en quelque sorte qu'une partie des devoirs qui s'imposaient au citoyen dans l'observation de sa religion et un collège de prêtres, les pontifes, avait le monopole de la connaissance des règles juridiques et du calendrier judiciaire censés venir des dieux eux-mêmes. Mais à partir du moment où les pontifes ont perdu ce privilège l'expression des règles de droit n'était plus réservée à une autorité religieuse et cela a eu pour conséquence le **développement indépendant du droit** et d'une **science du droit en tant que connaissance raisonnée**.

En revanche à partir du moment où le christianisme est devenu la religion officielle de l'Empire romain (début du IVe siècle ap. J.-C.) l'influence des idées et de la morale chrétiennes sur l'évolution du droit est certaine d'autant que l'Église elle-même s'est organisée dans l'Empire en se dotant d'un corps de droit, le droit canonique.

Cette influence s'est prolongée dans la chrétienté médiévale et notre droit actuel en a également reçu l'héritage tandis que le droit canonique est un système juridique dont l'évolution se poursuit à l'époque actuelle.

II - Les rapports entre droit et morale

Quant aux rapports entre **droit** et **morale**, les deux domaines en effet ne coïncident pas complètement. La morale envisage avant tout la **justice** tandis que le droit est en même temps préoccupé de la sécurité et de la paix dans les relations entre les hommes. **Le but premier du droit est de protéger les hommes**.

• Là encore le droit romain en fournit un bon exemple. Les règles morales n'ont pas le caractère obligatoire des règles juridiques dont le non respect est l'objet d'une sanction. Mais on relève aussi en droit romain des lois qui n'avaient qu'un caractère incitatif et ne prévoyaient pas de sanction. À cause de cela elles étaient désignées comme lois imparfaites. Inversement les juristes romains ont dû s'attacher à la question que soulevaient des règles juridiques destinées au premier chef à assurer la paix publique et qui pouvaient cependant aboutir dans certains cas par leur rigueur à des conséquences contestables du point de vue moral. Pour y remédier l'**équité** a également trouvé sa place dans le droit romain. Or à son tour le maniement de l'équité par le juge n'est pas sans risque ; il peut avoir aussi des conséquences contestables. Pour écarter le danger d'arbitraire la législation de l'époque impériale a limité le recours à l'équité dans des conditions bien déterminées.

• On peut ajouter l'exemple des cours de justice les plus élevées de l'Ancien Régime, les Parlements, qui usaient et abusaient de l'équité pour corriger ce que les magistrats qui en étaient membres considéraient éventuellement comme une rigueur excessive du droit ; mais les juges créaient par là-même une incertitude pour les justiciables sur le sens de leur jurisprudence, donc une insécurité par le risque d'arbitraire. Aussi à la suite de ces longs errements, le Code civil de 1804, entendant retirer au juge la tentation de s'opposer à la loi sous couvert d'équité, a également limité le recours à l'équité par des dispositions précises.

• Ainsi l'écart éventuel entre la notion morale du juste et le droit pose un problème fondamental et permanent, inhérent à la **nature du droit** lui-même en tant qu'il est, entre autres caractères, système de normes lié à une civilisation. Chaque époque cherche alors à diminuer le plus possible les conséquences de cet écart en fonction de ses conceptions et de l'évolution des mentalités. Or il reste que si le droit a pour but premier de protéger les hommes encore faut-il que ceux-ci s'imposent d'en respecter l'esprit et n'en viennent pas à *en saper eux-mêmes les fondations* par un foisonnement de *comportements individuels déviants*. Inventeurs du droit dont nous tirons notre tradition les romains l'avaient bien compris et étaient allés au bout de cette idée.

• Les œuvres des jurisconsultes de l'époque classique (second siècle ap. J.-C.) énonçaient ainsi des principes qui méritent d'être rappelés ici. On y trouve la définition du droit, *Jus est ars boni et aequi* (le droit est l'art du bien et de l'équitable), et celle de la justice *Justicia est voluntas jus suum cuique tribuere* (la justice est la volonté de faire à chacun son droit). Mais à ces claires définitions viennent s'ajouter des réserves très lucides sur le droit et ses limites : d'abord sur l'éventuel excès de rigueur des règles de droit et de leur application *Summum jus summa injuria* (le droit porté à l'extrême peut engendrer la suprême injustice) mais en même temps et implicitement sur le risque de paralysie du droit par les excès d'abus humains *Juris praecepta sunt haec : honeste vivere neminem laedere suum cuique tribuere* (les préceptes du droit sont les suivants : vivre honnêtement, ne léser personne, rendre à chacun ce qui lui est dû). En définitive, nous enseignaient les juristes romains, le droit, pilier de la vie en société, n'en est pas moins fragile et dépendra toujours de la sagesse des hommes.

Section 2 - Droit, philosophie et science

§ 1 - Droit et philosophie

• Entre le droit et la philosophie, les connexions sont importantes et apparues très tôt, peut-être même avant que puissent être distingués les premiers signes d'une science du droit (en effet les premiers signes d'une prise de **conscience** du droit en tant que tel, en tant qu'ensemble, relèvent peut-être de la pensée philosophique).

• Les règles juridiques ont fondamentalement l'ambition de maintenir un certain état social considéré comme un « mieux-être », voire d'en susciter l'évolution ; elles reposent sur des **valeurs.** Les philosophes qui essaient de découvrir et d'analyser ces valeurs, de comprendre l'agencement des règles comme ils étudient les êtres, rencontrent le droit sur leur route : tous les grands philosophes se sont préoccupés du droit à commencer par les philosophes de la **Grèce antique** qui ont exercé une grande influence sur les juristes romains. Pour certains d'entre eux la philosophie incluait même le droit.

• Les juristes de leur côté, dès qu'ils deviennent des savants c'est-à-dire aspirant à une connaissance raisonnée et menant une réflexion sur le droit, sont portés par là même à la rencontre de la philosophie. La réflexion sur les fondements du droit, particulièrement riche au XIXe siècle, en liaison avec le positivisme et la sociologie, s'est trouvée alimentée encore par l'idée couramment admise au milieu du XXe siècle d'une crise du droit. La philosophie du droit est aujourd'hui une discipline suscitant de nombreux travaux de recherche à partir des différents systèmes juridiques.

§ 2 - Le droit, objet de science

• Le droit peut être en effet l'objet d'une science mais il faut bien préciser dans quelles limites cette conception doit être retenue. L'existence d'un système juridique constitué par un ensemble de règles et la vie de ce système qui vient d'une multitude d'applications appellent l'étude méthodique et le **travail scientifique** pour parvenir à une connaissance approfondie. On a longuement débattu le point de savoir si le droit est une science ou un art, ce dernier ajoutant à la connaissance l'exercice en vue de la création. D'une part, si l'on s'en tient à la définition étroite des sciences exactes (fondées sur le déterminisme) le droit ne peut être une science ; en revanche la définition plus large de la science, ensemble de connaissances raisonnées et coordonnées, peut parfaitement conférer au droit les caractères d'une **science**. D'autre part, le savoir-faire des juristes versés dans la pratique relève effectivement de la définition d'un **art**. Les juristes romains considéraient le droit comme un art, comprenant le savoir-faire et l'habileté d'un métier, ce qui partait d'une grande sagesse tant la pratique y tient un rôle important.

• Précisément aborder dans le cadre de notre système juridique actuel la question des origines d'une science du droit (ainsi définie) conduit à faire référence immédiatement au droit romain. On peut même dire de ce point de vue que les débuts d'une science du droit remontant à l'Antiquité **se confondent** avec l'histoire du droit romain, précisément à partir de l'ample travail d'interprétation qui a alors été effectué. Dès les origines de la Rome royale (milieu du VIIIe siècle av. J.-C.) les romains ont manifesté plus que tout autre peuple de l'Antiquité un **sens aigu du droit ;** dans les premiers siècles de la République, alors que Rome n'était encore qu'une modeste cité, la vie de la Cité et celle des citoyens rentraient dans des cadres juridiques de plus en plus précis. En même temps la Cité romaine étendait peu à peu son **hégémonie** autour du bassin méditerranéen à l'ensemble du monde alors connu de l'Occident. Or cette conquête a eu deux conséquences essentielles : les rapports avec les peuples soumis ont suscité le **développement du droit romain** tandis qu'après avoir soumis le monde grec à leur domination les romains sont tombés à leur tour sous l'influence de la **civilisation hellénique**.

• Le développement du droit romain s'est effectué alors en deux phases assez distinctes. La première, sous la République, a été essentiellement pragmatique ; mises à part quelques lois, c'est donc l'œuvre d'un magistrat de la cité, le *préteur*, qui a permis aux plaideurs d'exercer une action en justice dans des hypothèses nouvelles de plus en plus nombreuses. La seconde phase est liée directement à l'évolution des structures politiques de la Cité et à l'influence de la philosophie grecque qui a guidé les juristes romains sur la voie d'une construction théorique. Sous l'Empire (particulièrement dans les deux premiers siècles après J.-C.) ce sont en effet des juristes utilisant l'héritage méthodologique des philosophes grecs très soucieux de définitions et de classements qui ont développé une science du droit. Ces juristes se distinguaient par leurs connaissances et étaient appelés à cause de cela les prudents (du latin *prudentia*, à la fois connaissance et sagesse) d'où le nom de **jurisprudence** attaché à leurs œuvres (*de nos jours* le terme jurisprudence est pris dans un sens différent, un sens **judiciaire**, et désigne un ensemble de décisions de justice allant dans le même sens).

• Or après la fin de la civilisation antique et l'entrée dans le Moyen Âge le développement de cette science du droit partant de la jurisprudence romaine s'est poursuivi jusqu'à notre doctrine contemporaine en passant par les romanistes et les canonistes médiévaux. Son objet premier est constitué par les phénomènes qui sont les formes sensibles du droit : règles juridiques, jugements, etc. L'**analyse** de ces phénomènes, la **précision** des concepts, la recherche de **principes généraux**, tout cela offre un vaste champ d'action qui s'étend à la pratique du droit par la fonction de conseil remplie traditionnellement par les juristes savants. Au-delà encore, par la réflexion sur les fondements du droit les juristes élaborent une doctrine qui va des problèmes de technique juridique aux questions de philosophie du droit.

Chapitre 2
Droit, institutions et systèmes juridiques

L'essentiel

Dès lors que les juristes ont commencé à approfondir leur connaissance du droit, par exemple pour pénétrer l'esprit de certaines règles et dégager des principes généraux, ils ont été conduits à opérer des ***distinctions*** *et des* ***classements*** *aidant à délimiter les cadres d'application de ces règles et de ces principes.*

- *Ces classements ont été lentement établis et gardent aussi la trace de différentes étapes de l'évolution du droit : le concept d'****institution*** *est un instrument fort ancien de ces classements ; les juristes romains composaient des Institutiones (Institutes), ouvrages de droit élémentaires destinés à l'enseignement où les matières étaient groupées selon un plan logique et ces plans ont longtemps servi de cadre à la pensée juridique.*
- *En revanche le développement considérable des relations juridiques par-delà les frontières surtout depuis le XIXe siècle, rapports suscitant éventuellement des influences croisées entre droits de différentes nations, a conduit à chercher des repères et des cadres plus vastes à partir du concept de* ***système juridique****. Or le poids de l'histoire n'apparaît pas moins considérable quand on considère le droit de ce point de vue.*

Section 1 - Des institutions au système

§ 1 - Institutions

Le terme *institution* est employé dans différents sens. En premier lieu dans le sens le plus étroit on désignera comme une institution un **ensemble de règles juridiques** concernant un **même objet**, par exemple le mariage, l'autorité parentale, la société de commerce ou encore la propriété. À partir de là on fera référence de manière plus large à un **ensemble d'institutions**, par exemple concernant la justice et le monde judiciaire (les institutions judiciaires) ou représentant une branche du droit (les institutions commerciales, ensemble des institutions propres au commerce). Le groupement en institutions peut être considéré de manière encore plus large : « **l'ensemble des mécanismes et structures juridiques** encadrant les conduites sociales au sein d'une collectivité » faisant ainsi appel à la notion de système juridique ; de ce point de vue le droit français constitue un système qui a son originalité.

- À titre d'exemple, la fonction judiciaire relève essentiellement dans notre système d'un **service public de Justice** (acception particulière du terme *justice*). Cette fonction, précisée par un certain nombre de règles, est remplie par des organes : les juridictions ou tribunaux (composés de magistrats) auxquels sont attachés des auxiliaires de justice (avocats, huissiers) ; il faut y ajouter l'administration pénitentiaire. Telles sont les institutions judiciaires. Dans notre système actuel la fonction de justice est divisée suivant les domaines dans lesquels elle s'exerce : il y a ainsi un ensemble de juridictions **civiles** (l'ordre civil), un ensemble de juridictions **répressives** (l'ordre criminel ou pénal), un ensemble de juridictions **administratives** (l'ordre administratif : tribunaux administratifs et Conseil d'État).

• Là encore seule l'histoire peut pleinement rendre compte des particularités de cette organisation. En fait les deux ordres civil et répressif ont des points de jonction à travers une certaine communauté d'organes et de personnel tandis que la dénomination *d'ordre judiciaire* s'attache par excellence à l'ordre civil. De plus, l'organisation de juridictions administratives ne s'est constituée que très tardivement par rapport à l'ordre judiciaire, la tradition la plus ancienne depuis la royauté préférant laisser à l'administration elle-même le soin de régler son propre contentieux ; les derniers aménagements datent seulement du milieu du xxe siècle. L'histoire souligne là la **relativité** de cette conception et de cette organisation par rapport à d'autres systèmes juridiques relevant de cadres de pensée différents.

§ 2 – Droit objectif

• Ainsi le droit objectif est formé d'un immense ensemble composé de règles qui s'articulent entre elles pour former des institutions, lesquelles à leur tour peuvent être groupées en un enchaînement plus ou moins cohérent constituant une branche du droit, par exemple le droit civil (branche du droit privé) ou le droit administratif (branche du droit public). Tout le droit peut se résoudre en une **division traditionnelle,** au moins depuis le Moyen Âge, en droit privé et droit public. Mais si l'on recherche les **fondements** de tout cet ensemble l'histoire montre que l'élément le plus ancien parmi les différentes branches – dont il est à la fois l'âme et le tronc commun ayant, entre autres, fourni des concepts et une technique – est le droit civil. En revanche, pour des causes diverses mais particulièrement *économiques* l'évolution de notre système juridique surtout depuis un siècle a quelque peu brouillé cette division en droit public et droit privé dont les **critères** sont de plus en plus **relatifs**.

• Il faut donc bien faire la différence entre **le droit objectif**, ensemble de règles, et **un droit subjectif** (par exemple, le droit de propriété) qui appartient à un sujet de droit qui en est le support : c'est-à-dire une personne, physique ou morale, qui peut l'exercer ou le transmettre. Il y a ainsi de nombreux droits subjectifs qui sont régis par des règles dont l'ensemble forme le droit objectif. L'histoire montre encore que le concept de *capacité juridique* de la *personne physique* ne s'est dégagé que lentement et que le concept de personnalité morale dotée d'une capacité juridique n'a été construit que plus laborieusement encore.

§ 3 – Système juridique

• On considère volontiers actuellement les différentes branches du droit comme les éléments d'un tout organique, d'un **système**. Il a été fait appel à cette notion de système juridique qui est d'utilisation récente chez les juristes pour rendre compte d'une réalité : la cohérence relative et l'esprit qui rapprochent et lient les institutions d'un même droit. Le sens retenu ici est celui de système de droit d'un pays et fait référence directement à ses **caractéristiques nationales**, ainsi le **système juridique français** qui sera au centre de cette réflexion.

• À partir surtout du milieu du XIXe siècle les juristes ont commencé à faire des comparaisons entre les droits des différentes nations et le **comparatisme** a conduit à distinguer de grandes **familles** de systèmes juridiques qui étaient d'évolution plus ou moins convergente au-delà de leur diversité parce qu'ils avaient puisé aux mêmes sources et subi les mêmes influences. Là encore l'apport du comparatisme ne devient vraiment significatif qu'à travers la profondeur du champ historique qui fournit les **repères fondamentaux**. Les systèmes juridiques que l'on reconnaît aujourd'hui et parmi lesquels on peut ranger le système français ne se sont construits en général qu'en longue perspective, construction dans laquelle entraient de multiples facteurs aussi bien politiques que sociaux ou économiques. En ce sens ils sont des **produits de l'histoire.**

Section 2 - Évolution et influences réciproques entre systèmes

• Un système juridique est le produit d'une construction lentement élaborée au cours des siècles ; c'est même tout le contraire d'une création *ex abrupto*. De plus, les systèmes juridiques **évoluent** sous la pression sociale en particulier. De même, ils ne sont pas isolés et déjà à l'intérieur d'un même groupe de systèmes jouent des influences réciproques. Mais en même temps, si un système juridique évolue pour suivre la vie des populations pour lesquelles il est fait, il n'en demeure pas moins un ensemble complexe, lourd et fragile, d'une complexité croissante, qui ne peut être remanié facilement sans risquer d'en compromettre la cohérence et le rôle premier de protection qui est celui du droit.

• Le but essentiel restera ici de donner quelques repères en rapport avec le système français (l'histoire de la *formation* de ce système faisant l'objet du *titre 2)* en laissant de côté les systèmes répondant à des cadres de pensée trop différents. Ce système français peut être classé en Europe dans la famille des **droits continentaux** très influencés par le droit romain, tandis que se distinguaient de cette famille, tout en ayant initialement puisé aux mêmes sources en particulier le droit romain, les **droits anglo-saxons** issus du ***common law* d'Angleterre**. Mais le droit français ne subit pas moins l'influence de ces derniers très directement et de plus en plus, particulièrement depuis le milieu du XIXe siècle.

§ 1 - L'évolution des systèmes juridiques

• De l'évolution d'un système juridique les **compilations du droit romain** donnent sans doute *l'exemple le plus saisissant* puisque cette évolution elle-même a posé problème au moment de réunir les textes en un recueil complet et cohérent. En effet après la chute de l'Empire romain en Occident à la fin du IVe siècle ap. J.-C. la tradition juridique romaine a été en principe poursuivie dans l'Empire romain qui s'était maintenu en Orient, la moitié dont la Grèce était le centre et qui était donc de civilisation hellénique dominante. Lorsque l'empereur Justinien, au début du VIe siècle ap. J.-C., a voulu faire compiler le droit romain en partant des premières lois qui remontaient quant à elles à un millénaire, aux premiers temps de Rome, il a fallu aussi donner mission aux compilateurs **d'harmoniser tous les textes** pour tenir compte d'une évolution millénaire : d'où la présence dans ces compilations *(Corpus juris civilis)* d'une partie constituant une sorte de manuel *(Institutes)* pour faciliter l'utilisation de ce nouveau droit.

• En revanche un épisode de l'histoire du système français durant la période de la Révolution de 1789 montre que si l'évolution d'un système juridique appelle tôt ou tard des mises à jour en quelque sorte, provoquer une *transformation brutale et générale* est fort difficile. Le **programme révolutionnaire** comportait en effet le projet de transformer la société en créant un **nouveau droit civil** qui devait être mis en forme par l'élaboration de codes. Un code civil devait même être conçu comme une loi qui par son caractère très général et succinct serait susceptible de s'appliquer à l'humanité tout entière le jour où, croyait-on, les autres peuples dépassant leurs préventions reconnaîtraient les progrès réalisés grâce à la Révolution. La commission de rédaction tardant à présenter un projet, la Convention l'a devancée en votant des lois particulières pour introduire de nouveaux principes préjugeant du contenu de la future codification. Mais, le temps passant, la commission de rédaction revenait progressivement vers une **synthèse entre innovation et tradition**, donc avec le droit antérieur ; à l'avènement du régime napoléonien ce travail d'ailleurs très avancé était enlisé faute de volonté politique d'aboutir. Napoléon ayant fait immédiatement de la promulgation d'un code civil une pièce maîtresse de son programme, c'est cette synthèse qui a été reprise et développée dans le **Code de 1804** (le **Code civil des Français** ou **Code Napoléon**).

§ 2 – Les rapprochements et interactions entre systèmes

• L'influence du droit romain a été prolongée par l'expansion européenne à partir du XVIe siècle dans le monde : par l'Espagne et le Portugal vers les Amériques ; par la France vers le Canada ; plus tard par la Hollande vers l'Afrique du Sud. Enfin le **mouvement de codification** qui atteint au XIXe siècle les pays européens après la codification française imprime aussi une nouvelle diffusion à l'influence romaine en particulier à travers la colonisation en Afrique. Au Japon, à l'ère Meiji (1868-1912), le gouvernement a fait rédiger des législations modernes en forme de codes par des juristes européens (français, code civil ; allemands, codes de commerce et de procédure civile).

• Les **interactions** entre systèmes juridiques sont plus ou moins importantes suivant les branches du droit mais le phénomène est le plus marquant dans le domaine du *droit des affaires* où l'énorme développement des échanges mondiaux depuis le milieu du XIXe siècle a suscité l'amorce d'un **droit transnational**. Ainsi dans le système français les voies de pénétration ont été à la fois : les emprunts aux *droits étrangers* (aux droits anglo-saxons, anglais et américain ; éventuellement aussi au droit allemand), et surtout le jeu des conventions et *traités internationaux*.

• Pour autant les différences d'**esprit**, de **concepts** et de **technique juridique** entre systèmes continentaux romano-germaniques et droits anglo-saxons demeurent essentielles. Par exemple, le droit anglais ne connaît pas le concept de droit civil ; l'idée de codification n'a guère été reçue en Angleterre et encore moins la technique de codification telle qu'elle a été pratiquée sur le continent. Cependant, le recours à la technique législative s'y est affirmé au cours de la seconde moitié du XXe siècle pour adapter le droit tandis que les juristes ayant reçu une formation universitaire étaient de plus en plus nombreux. C'est un phénomène de rapprochement sinon d'influence directe dont les limites n'ont peut-être pas encore été atteintes.

• On pourrait faire de semblables remarques sur les limites d'une réception d'éléments extérieurs au droit autochtone, particulièrement en droit privé, à propos des pays colonisés d'Afrique noire francophone ayant accédé à l'indépendance à partir de 1960. Par le mécanisme de la *succession d'État* ces nouveaux États ont recueilli en grande partie le droit moderne de la puissance colonisatrice dans le domaine du **droit public** sans difficulté, ce qui correspondait à un réel besoin. En revanche, dès les premières années d'indépendance, les nouveaux pouvoirs ont manifesté aussi leur volonté de « moderniser » le **droit de la famille** par référence au modèle européen pour des raisons *d'efficacité économique*. Le but était en effet d'imposer par des lois la réception dans le domaine de la famille d'un système d'esprit fort différent de celui des coutumes des populations qui devaient le recevoir. Une **conciliation** avec le *droit traditionnel coutumier* a dû être recherchée. Cette sorte d'acculturation par voie législative n'a guère eu de résultat immédiat dès lors qu'elle était trop rapide ou trop rigide.

Chapitre 3
Sources et vie du droit

L'essentiel

La vie du droit suscite actions et réactions entre sources créatrices de droit et pratique. Le système français actuel repose sur la prépondérance de la loi et de la réglementation, ne laissant que peu de place à la coutume. En revanche est alors posée la question essentielle de la place de la jurisprudence au regard de ces sources.

Section 1 – Phénomènes juridiques et sources du droit

§ 1 – Les phénomènes juridiques

Le droit se manifeste par des phénomènes qui en sont les formes sensibles. Cela comprend en premier lieu la règle, mais aussi tout ce qui découle de son application : le jugement et très largement tous les actes ayant un contenu et une forme juridiques. Parmi ces phénomènes juridiques existe une **hiérarchie** dans la mesure précisément où de nombreux phénomènes ont un lien de causalité directe avec des règles dont ils ne sont que des applications ; en revanche à l'évidence les règles représentent l'élément le moins nombreux dans l'ensemble des phénomènes juridiques tandis que la pratique courante et journalière comporte au contraire une masse énorme d'actes qui pourrait alors peser sur l'évolution du système juridique. Ainsi pour la majeure partie de la doctrine juridique actuelle le seul élément normatif ne constitue pas tout le droit ; ce dernier s'entend au contraire d'un ensemble beaucoup plus vaste.

§ 2 – Les sources du droit

L'élément normatif est évidemment le plus facilement repérable parmi les phénomènes juridiques. C'est à lui que les juristes appliquent traditionnellement le terme de **source du droit** en reprenant l'image concrète d'une fontaine d'où découlerait le droit ; ce sont des sources créatrices de droit. Dans notre système actuel la loi est la source essentielle tandis que la coutume qui fut longtemps la source la plus importante dans l'ancien droit n'est plus qu'une source secondaire depuis la codification du début du XIXe siècle. Encore la coutume n'a-t-elle pu être totalement éliminée, même par les rédacteurs du Code civil ; plus encore elle tend actuellement à retrouver une aire d'application plus large. Ces deux sources formelles du droit, loi et coutume, se distinguent – avant tout autre critère – par leur **mode d'élaboration** : la loi émanant d'une autorité investie du pouvoir de légiférer ; la coutume tirant son autorité et sa force contraignante de la reconnaissance d'un long usage. Il faut faire appel à l'histoire pour expliquer la nature de chacune de ces sources et pour rendre complètement compte d'une évolution aussi radicale mais récente dans notre système juridique, du moins au regard de l'ancienneté de ce système.

§ 3 - Les rapports entre sources créatrices de droit et actes d'application

Dans un système juridique fondamentalement légaliste comme le nôtre depuis le début du XIXe siècle, la loi se présente comme un **texte écrit** empreint de rigidité par sa forme même alors que le législateur ne saurait tout prévoir et a de plus en plus tendance à légiférer dans l'urgence pour des besoins immédiats ; les actes d'application de la norme, découlant de la vie pratique (actes très divers dont on ne retiendra ici que le jugement et l'acte notarié en raison de leur importance), devront alors répondre aux situations nouvelles auxquelles il faudra faire face parce que la loi n'avait pu les prévoir.

• En effet, dès que se fait sentir la nécessité de réaliser l'indispensable adaptation du droit à l'évolution de la société et de son économie ces actes sont fondés quasi inévitablement sur une **interprétation des textes législatifs**. Les acteurs de la pratique, judiciaire ou notariale, non seulement ne peuvent plus les appliquer rigoureusement mais seront même amenés dans certains cas à les tourner systématiquement, suscitant à leur tour une nouvelle intervention législative. La question est alors posée de savoir si la frontière abstraite à laquelle s'attache encore parfois la doctrine entre sources formelles du droit et actes d'application n'est pas quelque peu brouillée et si la pratique à partir des actes d'application cités ci-dessus ne peut pas à son tour devenir créatrice de droit. Il en résulterait que la loi serait certes au cœur de la normativité mais que cette dernière s'étendrait bien au-delà. En doctrine le débat n'est pas clos mais l'histoire peut là encore en éclairer les données fondamentales.

Section 2 - La loi et la coutume

Parmi les sources du droit la législation est un cadre de pensée fondamental dans le système juridique français actuel. Encore faut-il en éclairer la signification profonde ; mais on ne peut le faire sans la référence historique indispensable remontant à l'Ancien Régime où la coutume avait au contraire une large place et une grande importance.

§ 1 - Les sources législatives

I - La prépondérance de la loi

• En effet la coutume qui avait été au Moyen Âge la principale source de droit était encore une source importante à la veille de la Révolution ; elle occupait toujours un large domaine, particulièrement en droit privé mais aussi en droit public à commencer par les « lois fondamentales du royaume » qui étaient en réalité les règles coutumières de succession à la couronne. Par principe le législateur royal se reconnaissait encore tenu de respecter les diverses coutumes mais déjà l'idée d'une unification du droit coutumier pour parachever l'unité politique du royaume était répandue ; cela avait même été réclamé à plusieurs reprises et la royauté avait promulgué des lois de codification, embryon d'une **législation uniforme** pour tout le royaume. Surtout la royauté avait affirmé sa fonction législative et entamé la construction d'un État dès le

XIIIe siècle : non seulement légiférer était une part immédiate de la souveraineté royale mais la loi était devenue en même temps le signe majeur de l'intervention étatique. La législation royale était en expansion, la technique des lois royales s'était affinée, tandis que la rédaction officielle des coutumes décidée par la royauté et réalisée au cours du XVIe siècle avait en quelque sorte figé le droit coutumier. Insensiblement une **inversion** du rapport d'importance entre les deux sources de droit, la loi et la coutume, était déjà en cours.

• Or la Révolution en adoptant de nouveaux principes conférant la souveraineté à la nation et en proclamant la séparation des pouvoirs a entendu généraliser l'expression législative du droit à partir de la loi **votée** par les représentants de la nation et donc expression de la **volonté souveraine de la nation**. Ainsi comprise la loi ne supportait même pas l'interprétation par le juge ; de même le projet d'une codification générale devait faire rentrer l'ensemble du droit dans le cadre législatif. Le projet ne fut pas réalisé dans toute son ampleur mais on peut en retenir deux éléments essentiels : l'expression législative des règles fondamentales de l'État (les Constitutions) et, sous le Consulat, celle des cadres juridiques de la nouvelle structure de la société (affirmés dans le Code civil de 1804).

II – La loi et les sources législatives

Dans leur ensemble elles posent par leur nature de nombreux problèmes d'ailleurs amplifiés par l'inflation considérable qu'elles connaissent actuellement.

• Le terme *loi* peut être entendu plus ou moins largement. D'après l'étymologie latine (*lex* du verbe *legere* : recueillir, lire) il désigne d'une manière générale une **règle juridique** formulée par **écrit** et promulguée par la **puissance publique**. La loi a un caractère permanent tant qu'elle n'est pas l'objet de modification ou abrogation par le législateur. La coutume dans le droit médiéval était au contraire, dans sa forme la plus ancienne, un usage auquel une **longue pratique** avait attaché une force contraignante et qui avait donc été ainsi reconnu en tant que **règle de droit**. La coutume, demeurait **orale** et **susceptible d'évolution** par l'usage, de la même manière qu'elle s'était dégagée. Cependant au XVIIIe siècle un *Dictionnaire juridique* définissait ainsi les lois : « des règles établies par le Souverain pour le gouvernement et la police des peuples soumis à son autorité (« police » étant pris ici au sens général d'administration). Dans l'état actuel des lois, nous en avons en France de quatre différentes espèces : 1) les Ordonnances ; 2) les Coutumes qui sont nos lois propres ; 3) ce que nous observons du droit romain ; 4) le droit canonique. » Toutes les sources indiquées ici comme répondant à la définition de la loi, à commencer par les ordonnances royales, étaient écrites ; les coutumes visées dans cette énumération avaient été rédigées officiellement au cours du XVIe siècle sur l'ordre du roi et leur texte promulgué sous la forme d'une loi royale. Les lois étaient donc déjà comprises dans un sens très large et la Révolution, sur le fondement de la souveraineté nationale, a entendu faire de la loi la source essentielle voire unique du droit.

• Non seulement le domaine de la loi a été très élargi à la Révolution mais depuis deux siècles, dès l'instauration d'un régime parlementaire et spécialement dans la seconde moitié du XXe siècle, l'intervention législative a pris des **formes diverses** ; dès lors le concept de loi peut être entendu en différents sens et le débat doctrinal est ample sur ce sujet. Au sens étroit la loi est d'abord l'acte parlementaire, loi **votée** par la représentation nationale. Mais l'action gouvernementale, tout particulièrement en période de crise, risque d'être entravée par la lenteur du travail parlementaire pour le vote de lois. Malgré la séparation des pouvoirs la compétence parlementaire subit le poids de l'exécutif et ce dernier légifère par voie d'ordonnance ou de décret ayant force de loi ; ou encore, ainsi sous l'empire de la Constitution de 1875, le parlement a donné une délégation de pouvoir au gouvernement pour légiférer : sont apparus alors formellement des décrets-lois. Enfin on a aussi compris la loi comme un terme générique qui engloberait toute règle de droit formulée par un organe étatique compétent (donc également le règlement administratif) et considéré que plutôt que de lois il serait préférable de parler des *textes* dans leur opposition à la coutume. Mais dans la pratique on réserve plus volontiers le terme loi pour les actes émanant d'autorités disposant du pouvoir législatif.

• Le foisonnement des textes dans notre système actuel rend parfois difficile la détermination du texte applicable et impose pour cela une méthode précise fondée d'abord sur une **hiérarchie d'autorité** entre les textes d'autant que l'évolution récente du système juridique a conduit à préciser également la place des traités et accords internationaux par rapport aux lois ordinaires. C'est pourquoi les rédacteurs de la loi fondamentale, la Constitution, ont pris soin en 1958 d'y inclure des principes en ce sens. Cette hiérarchie prévoit d'abord au-dessous de la Constitution la loi au sens strict (organique, ordinaire) puis les règlements administratifs (décrets, arrêtés). Cette nécessité d'une hiérarchie avait aussi suscité traditionnellement la distinction entre lois générales et lois spéciales.

• La **force obligatoire** de la loi réclame d'abord une information de ceux auxquels elle va s'appliquer ; la mise en œuvre est complexe et repose en définitive sur le système de la présomption à partir d'une procédure rigoureuse comportant : authentification du texte (promulgation), publication (insertion au *Journal officiel*), délai légal d'information (avant l'entrée en vigueur de la loi). Cette question, posée de manière permanente, a une dimension historique : après de longs tâtonnements sous la royauté la procédure actuelle est le résultat d'une évolution relativement récente, c'est-à-dire depuis le début du XIXe siècle (développement des moyens de publication et de communication). Cette force obligatoire demeure attachée à la loi tant qu'un nouvel acte législatif n'est pas venu la lui retirer soit par une abrogation expresse soit par une nouvelle disposition contraire (abrogation tacite). En revanche, l'abrogation par désuétude ou usage contraire, reconnue par les juridictions d'Ancien Régime familières de la coutume, n'est pas admise par la doctrine courante en ce qui concerne la loi ; l'abrogation est considérée comme contraire au système légaliste actuel.

§ 2 - La coutume

I - Ancienneté de la coutume

La coutume est du point de vue historique une source très ancienne de droit, peut-être la plus ancienne chez les peuples de l'Antiquité. On peut dire qu'en l'absence d'un pouvoir public en mesure d'édicter des lois et en même temps d'en imposer le respect, c'est la coutume qui assure **l'encadrement juridique** dont toute société éprouve le besoin ; ainsi s'explique dans l'histoire de notre système juridique la place de la coutume dans la société médiévale. Des usages, comportements habituels, en arrivent à être reconnus comme ayant une force obligatoire, contraignante pour tous, et entrent alors formellement dans la catégorie des règles juridiques ; il en est ainsi particulièrement lorsque cette reconnaissance intervient dans le cadre d'une **instance judiciaire**. Un des éléments essentiels mettant un tel processus en œuvre est la répétition : l'expression encore utilisée dans le langage courant de nos jours « une fois n'est pas coutume » avait un sens juridique précis et témoigne encore, comme un lointain souvenir, de la place considérable tenue par la coutume dans notre ancien droit.

II – Nature de la coutume

• La doctrine très légaliste après la codification du début du XIXe siècle a longtemps considéré la coutume comme une source de peu d'importance et de **médiocre valeur technique**. Les caractères inhérents au mode de formation de la coutume (venant en fait de sa nature) étaient retenus comme de **graves inconvénients** marquant son infériorité technique par rapport à la loi en tant que source de droit : difficulté à en établir l'existence, éventuel manque de netteté quant à son contenu, diversité suivant les lieux (autant de caractères opposés par principe à ceux de la loi votée et promulguée, précisée par un texte, unitaire).

• Cependant deux siècles après l'instauration du système légaliste la doctrine a dans l'ensemble abandonné une position aussi restrictive, en mettant aussi en balance la souplesse de la coutume par définition **évolutive** face à la rigidité de la loi écrite et cette sorte d'harmonie entre la société et son droit qui peut être considérée favorablement. Néanmoins, à cause des inconvénients de la coutume et tout en lui reconnaissant une place certaine dans notre système actuel, la doctrine s'efforce de délimiter ce champ coutumier en posant selon l'opinion dominante la question essentielle de savoir quel rôle pourrait avoir éventuellement la coutume dans l'application de la loi en doutant de la validité d'une coutume contraire à une loi impérative. Or cette interrogation met en cause la nature même de la coutume et la détermination des critères d'existence de cette source du droit en tant qu'usage auquel le corps social attache une **force obligatoire**. Dès lors le regard sur notre ancien droit *(v. titre 2, chap. 2)* où le domaine coutumier était encore considérable à la veille de la Révolution prend ici tout son sens en offrant au juriste un substantiel sujet de réflexion dans une longue perspective historique.

III – Domaine de la coutume

En effet, il faut considérer largement le domaine de la coutume en distinguant bien ce qui est de droit interne et propre à notre système contemporain. Ainsi faut-il rappeler qu'en droit international public la coutume *s'impose aux États* et est pour eux une source d'*obligations*. Si elle a relativement peu de place en droit interne, dans le système français, du moins par rapport à la loi, toutefois le légalisme adopté au début du XIXe siècle ne l'a pas complètement écartée. La loi n'est intervenue à l'encontre de la coutume qu'en matière civile et seulement pour *abolir les anciennes coutumes* au moment de la promulgation du **Code en 1804**. La question de la place de la coutume demeure donc posée dans toutes les branches du droit y compris en droit civil. Ainsi la coutume conserve-t-elle une place importante en *matière commerciale*. De même on discute aussi de sa place en *droit constitutionnel* comme en *droit administratif*.

Section 3 - La vie pratique

L'histoire montre qu'un système juridique n'est pas un ensemble immuable. Non seulement les lois et les règlements peuvent toujours être modifiés ou abrogés par les autorités qui en détiennent le pouvoir mais le destin des éléments normatifs dépend aussi en partie de la manière dont ils sont appliqués ; il arrive même qu'ils ne reçoivent aucune application. C'est l'effectivité ou l'ineffectivité de la norme. La **pratique** est en effet d'un poids considérable dans la vie du système juridique à la fois par la **masse des actes** qu'elle représente et par les possibilités d'**adaptation** dont elle peut disposer par rapport aux normes. En ce sens la pratique est un vaste sous-ensemble où l'on retiendra, entre autres, deux parts distinctes et complémentaires : **l'activité judiciaire** donnant lieu à la jurisprudence et **l'activité notariale**.

§ 1 - Les décisions judiciaires dans l'ensemble de la vie pratique

Parmi les **actes d'application des normes**, actes de la vie pratique du droit, apparaît en première ligne le **jugement** que l'on peut définir, dans notre système juridique actuel, comme « un acte de volonté par lequel un personnage investi de cette fonction par l'État dit le droit pour un cas particulier ». La différence est donc essentielle entre la **règle** de droit, générale et abstraite, et le jugement qui est une **solution** valant pour un cas concret et unique. Toutefois une telle définition est elle-même relative et correspond d'abord à notre système contemporain ou à des systèmes reposant sur un certain nombre de principes semblables.

• L'activité des juridictions accumule chaque année des milliers de décisions judiciaires appliquant la loi, en partant de sa formulation abstraite, à la solution d'un cas concret et unique. Les tribunaux ayant le plus souvent à se prononcer pour régler des **litiges**, leur activité représente en quelque sorte le règlement des « aspects pathologiques » – par là exceptionnels – dans la vie du droit ; pour cette raison la pratique judiciaire reste peu volumineuse en particulier par rapport à l'énorme masse de la pratique notariale.

• Le jugement sert la règle de droit dans la mesure où il est destiné à en assurer le **respect** et la correcte application. Mais il peut aussi introduire par rapport à la loi une part plus ou moins importante d'adaptation aux particularités du cas jugé. Cela peut même devenir nécessaire en fonction de l'évolution constante de la vie sociale d'autant plus que le législateur ne saurait tout prévoir dans un texte écrit donc rigide et promulgué le plus souvent sans limite de temps dans son application. De la continuité dans l'adaptation judiciaire peut sortir la **jurisprudence**, un terme remontant à l'époque romaine mais dont le sens a considérablement évolué. (Notons d'ailleurs que dans la tradition anglaise le terme jurisprudence se rapporte à la théorie générale du droit et à la philosophie du droit ; de cette manière il est resté plus proche du sens romain.)

§ 2 - La jurisprudence, source créatrice de droit

La question de savoir si **la jurisprudence** peut être considérée comme une **source du droit**, donc jouant un rôle créateur de droit, a été longuement débattue depuis le début du XIXe siècle. Le Code civil de 1804 (art. 5) en effet **interdit** en principe au juge de poser une règle de droit dans un jugement ; en conséquence, d'un point de vue formel, la jurisprudence ne peut être rangée parmi les sources de droit.

• L'activité de juridiction ne permet pas toujours, et de loin, une application facile de la loi au cas particulier présenté au juge. Ce fait permanent a pris à l'époque actuelle un caractère plus aigu car non seulement la loi ne peut prévoir toutes les situations et tous les comportements mais encore la qualité de rédaction des textes législatifs baisse constamment. D'une part, le juge est amené inévitablement à **interpréter la loi** dans l'application qu'il doit en faire ; d'autre part la loi elle-même autorise dans certains cas le juge à juger en équité (chercher une solution adaptée au cas en dehors des règles de droit). Enfin le juge pourra le cas échéant devant certaines conséquences de la loi justifier d'un point de vue légaliste (dans les attendus de sa décision qu'il a **l'obligation de motiver**) une solution s'appuyant en réalité plutôt sur l'équité. En ce sens la doctrine a toujours reconnu à la jurisprudence au moins une **autorité importante** en droit civil.

• Or la jurisprudence a été amenée à poser des principes d'interprétation dans certains arrêts et est en quelque sorte en charge des lacunes de la loi. De plus elle a ressenti très directement depuis un siècle le vieillissement du code civil et les éventuelles insuffisances, parfois le manque de cohérence, des lois d'adaptation. La jurisprudence apparaît donc pour le moins comme une autorité privilégiée et une partie de la doctrine lui reconnaît, **de fait**, le rôle d'une **source créatrice** de droit. De ce point de vue la jurisprudence de la Cour de cassation est fondamentale ; mais si cette juridiction trouve son origine directe dans la création d'un Tribunal de cassation sous la Révolution le concept de cassation remonte beaucoup plus haut dans l'histoire de notre système juridique.

• Enfin, l'établissement d'une jurisprudence suppose plusieurs conditions : non seulement que les décisions judiciaires soient motivées (expliquant et précisant sur quelles bases juridiques se fonde le juge dans sa décision) mais encore qu'elles soient connues et diffusées. Actuellement la jurisprudence est l'objet d'une publication au moins partielle et relativement rapide ; cela en permet l'étude à la fois aux auteurs de **doctrine** (science du droit) et aux **praticiens** (qui doivent en avoir une bonne connaissance dans l'intérêt même de leurs clients). Mais ce système ne remonte encore qu'à la Révolution qui a posé le principe de la **motivation en droit** (les attendus visant les textes et principes sur lesquels s'appuie la décision) des jugements et arrêts ; de plus cette innovation a coïncidé avec un important développement des moyens de publication ; l'importance de la jurisprudence en a été alors considérablement renforcée.

§ 3 - La pratique notariale

Il faut ajouter, à côté du jugement, d'autres phénomènes juridiques qui sont liés également à l'application des règles de droit, en particulier tous les actes qui ont un contenu et une forme juridiques au premier rang desquels apparaissent les actes passés par des particuliers **par-devant notaire**. Tous ces actes ont toujours représenté une masse considérable d'actes de la pratique à côté des actes judiciaires. Or ce qui est en jeu à travers tous ces actes est capital puisqu'il s'agit non seulement du degré d'effectivité des normes mais également du poids que cette pratique notariale a pu avoir dans l'évolution du système juridique puisque le notariat public est une institution fort ancienne.

• La fonction notariale essentielle est l'authentification des actes. Le notaire, officier ministériel, reçoit de l'autorité publique qui le nomme (ministère de la Justice) le pouvoir d'authentifier par sa signature les actes qu'il a construits et rédigés. Non seulement la loi impose la **forme authentique** pour certains actes en fonction de leur nature, mais également les parties intéressées peuvent chercher à donner plus de force à leurs actes en en faisant établir le texte par un notaire qui leur conférera la forme authentique. La pratique notariale produit journellement une quantité énorme d'actes. De plus pour la sécurité des parties et la complète exécution des actes le notaire est chargé d'assurer la **conservation** des actes passés par-devant lui et d'en délivrer des **copies** (*expéditions*) éventuellement revêtues de la **formule exécutoire** (*grosses*).

• Mais le rôle de conseil a également une importance capitale dans la pratique notariale. En effet le poids de la pratique notariale vient non seulement de la masse des actes reçus par les notaires mais également, et en premier lieu, du rôle des notaires dans l'établissement des actes. La rédaction d'un acte suppose que le notaire a préalablement apporté son aide aux parties : d'abord en suscitant l'expression claire de leurs **volontés**, ensuite en les éclairant sur le contenu et la portée des règles juridiques qui s'imposent, qu'elles doivent respecter dans le cas particulier, avant qu'elles arrêtent leur décision. En ce sens les notaires ajoutent au pouvoir d'authentification un rôle considérable de **conseil** (même si actuellement d'autres juristes exercent effectivement une activité de conseil).

• Enfin la part du notariat dans l'évolution du système juridique doit être soulignée. La fonction notariale est en effet un élément ancien de notre système juridique et se rattache à une culture latine à partir de la **tradition italienne**. Au milieu du XIIe siècle, venant d'Italie du nord où cette tradition était demeurée très vivante, le notariat public s'est introduit dans le Midi de la France et a par la suite lentement gagné l'ensemble du royaume. Conseil, rédaction et authentification des actes ont toujours été de la nature même de l'institution ; c'est particulièrement à travers cette activité de conseil, même si les usages du notariat **n'échappent pas** au contrôle judiciaire (puisque l'acte notarié peut toujours être soumis par les parties à l'examen de la justice à propos de son contenu même ou de son exécution), que la pratique notariale pèse d'un poids non négligeable dans l'évolution du système juridique. Car les notaires sont les premiers au contact des populations et à devoir ainsi aborder les situations nouvelles et les usages suscités par l'évolution sociale avant même que leur évolution pousse le législateur à élaborer de nouvelles normes. C'est pourquoi au milieu du XXe siècle des auteurs de doctrine reconnaissaient également à la pratique notariale, à côté de la jurisprudence, le rôle d'une source créatrice de droit.

Chapitre 4
L'héritage romain : l'invention du droit

L'essentiel

• *On ne peut pénétrer l'esprit d'un système juridique sans en rechercher les origines et en étudier les grandes phases de développement. Or qu'il s'agisse d'une définition du droit, des institutions ou de l'évolution du système juridique, pour aborder encore aujourd'hui l'histoire du droit français il faut nécessairement remonter au droit romain. Comme les droits nationaux des pays européens qui se rattachent à ce tronc commun, le droit français est largement tributaire d'une* ***technique juridique*** *dont les romains ont été les* ***inventeurs*** *dans l'Antiquité. Le moment est alors venu de présenter rapidement l'invention du droit par les romains et le développement d'un système juridique dans une civilisation qui a elle-même beaucoup évolué durant des siècles.*

• *À Rome, de la royauté primitive et des débuts de la République à la fin de l'Empire, les sources du droit se sont développées en fonction de l'évolution politique tandis que des juristes ont mené une réflexion sur le droit et ont été ainsi les pionniers d'une* ***science du droit****. Toutefois le droit romain n'est actuellement connu, pour l'essentiel, qu'à travers les compilations réalisées à l'époque impériale et surtout celles effectuées en Grèce dans l'Empire romain d'Orient sur l'ordre de l'empereur Justinien entre 530 et 540 ap. J.-C. Ces compilations qui forment le Corpus juris civilis, représentent à la fois un bilan et une mise à jour d'un matériel juridique amassé en une* ***expérience plus que millénaire*** *(milieu du VIIIe siècle av. J.-C. – milieu du VIe siècle ap. J.-C.). Savantes et volumineuses, elles constituent un aboutissement dans la mesure où elles peuvent être considérées comme le plus grand monument législatif, et pratiquement le dernier, dans l'histoire du droit romain.*

Section 1 – Le droit romain, de la royauté primitive à la fin de la République

Des origines de la Rome royale (milieu du VIIIe siècle av. J.-C.) à la fin de la République (27 av. J.-C.) la domination romaine s'est étendue peu à peu à l'ensemble du monde alors connu de l'Occident ; société et régime politique ont connu de profondes modifications. Mais très tôt les romains ont manifesté un **sens aigu du droit** et l'ont eu plus que tout autre peuple de l'Antiquité. La vie de la Cité et celle des citoyens, dès les premiers siècles, rentrent déjà dans des cadres juridiques précis ; l'idéal du citoyen romain, d'ailleurs, réunit les qualités du guerrier, de l'administrateur et de l'homme d'affaires. Dès la fin de la République l'évolution du droit a été marquée par la rencontre des deux civilisations **romaine** et **grecque**.

§ 1 – La Cité romaine et l'invention du droit

• La **petite Cité romaine**, fondée selon la légende en 753 av. J.-C., a été gouvernée par des rois jusqu'en 509 où une révolution aristocratique a suscité l'organisation d'une **république** (régime politique où le gouvernement est la chose publique, *res publica*, la chose de tous les citoyens). La République romaine a duré jusqu'en 27 av. J.-C. La République romaine est organisée selon les principes des cités indépendantes de la même époque, spécialement les cités grecques. Elle présente un régime politique mixte dans lequel trois pouvoirs sont censés s'équilibrer : le **Sénat**, conseil aristocratique ; les **Comices** et **assemblées de la plèbe** qui votent les lois et élisent les magistrats ; enfin les **magistratures** qui assurent la permanence du gouvernement (les deux *consuls*) ou encore le contrôle judiciaire (le *préteur* chargé des litiges entre les citoyens).

• L'évolution majeure dans l'histoire de Rome a été le passage de la **Cité à l'Empire**. Installée sur un site défensif remarquable et dans une position stratégique au centre du bassin méditerranéen, la petite cité de Rome a dominé le Latium au centre de la péninsule, puis toute l'Italie et enfin tous les rivages de la Méditerranée c'est-à-dire presque tout le monde antique. Mais la Cité a conservé son organisation politique primitive **sans faire évoluer** ses institutions en fonction de ses conquêtes, ne distribuant entre autres la citoyenneté romaine qu'avec parcimonie. Pour le contentieux concernant les nombreux marchands non citoyens qui n'avaient pas le bénéfice du droit civil il a fallu créer une autre magistrature prétorienne (le préteur pérégrin). Surtout les institutions de la république **n'ont pas résisté** à la surcharge que représentait l'administration des conquêtes.

• La république s'est abîmée dans les guerres civiles au cours d'une longue crise qui a occupé une grande partie du dernier siècle av. J.-C. La tradition constitutionnelle prévoyait de confier en cas de grand danger selon des règles précises et pour un temps limité (six mois) la charge de la République à une magistrature exceptionnelle, la **dictature**. Celle-ci sera utilisée de manière illégitime à plusieurs reprises ; César en a été le plus célèbre titulaire après la conquête des Gaules mais il n'a exercé que peu de temps ce pouvoir absolu et a été assassiné en 44 av. J.-C. Son neveu et fils adoptif, Octave, a mis fin à l'instabilité et devenant le *princeps* (le premier dans la République) a fondé un nouveau régime, le **régime impérial** (27 av. J.-C.).

§ 2 – La formation d'un système juridique

I – L'ancien droit

• Il s'est formé avant tout par la pratique. La loi y tient très peu de place (la plus célèbre : Loi des XII Tables) ; l'élément législatif ne comporte que quelques règles énoncées sans esprit de système. La justice est fondée sur une procédure privée **seulement contrôlée** par le magistrat représentant de la cité (préteur) ; le plaideur agit lui-même mais doit soumettre son action au contrôle du magistrat et celui-ci n'accorde son concours qu'aux prétentions qui peuvent être exprimées par l'une des formules orales en usage. Un citoyen désigné comme arbitre (juge) vérifie les faits et prononce la sentence.

• Cette procédure est légale (fondée sur la loi) mais elle limite l'ensemble des droits reconnus (que l'on appelle aujourd'hui droits subjectifs) à la liste des formules. Ce droit est celui applicable aux citoyens de Rome (droit civil). Il a d'abord eu un caractère sacré et occulte ; son formalisme en maintenait la rigueur. Mais vers la fin du IVe siècle av. J.-C. les formules, réunies en recueil, ont été divulguées et commentées par des juristes ; le droit civil est alors laïcisé.

II – Droit civil et droit prétorien

• Pour répondre aux **besoins juridiques nouveaux** à la suite des conquêtes, au moins dans les rapports divers entre citoyens et non citoyens, les magistrats de la cité contrôlant la justice, les **préteurs**, ont été appelés, à partir de leur pouvoir de commandement, à créer un nouveau droit (le **droit prétorien**) en quelque sorte parallèlement au droit des citoyens et subvenant à sa carence à l'égard des non citoyens.

• Cette œuvre est liée étroitement à la procédure et son processus de développement est encore essentiellement **pratique**. Les anciennes formules orales sont abandonnées et on utilise des formules écrites ; peu à peu les préteurs acceptent des modifications aux formules ou en admettent de nouvelles. Les innovations en faveur des pérégrins (non-citoyens) apportent de telles commodités que, à leur tour, des citoyens les utilisent pour leur propre compte : le catalogue des droits reconnus et sanctionnés en justice s'étend alors considérablement. Le préteur à son entrée en charge (charge annuelle) présente par une proclamation au peuple, dans son **édit**, le catalogue des actions qu'il accordera (c'est-à-dire en fait la liste des droits subjectifs qui seront ainsi reconnus) ; tout en reprenant l'œuvre de ses prédécesseurs il annonce ses propres innovations. Ainsi se développe le droit prétorien.

III – Les origines d'une science du droit

• La publication des formules a entraîné tout un mouvement d'étude de la pratique judiciaire. Des particuliers étudient la procédure, conseillent les parties, rédigent pour elles des formules qui seront présentées au préteur. Ce travail d'**interprétation** est l'œuvre de juristes que leurs connaissances et leur sagesse distinguent, les *prudents*, d'où le nom de **jurisprudence** : la jurisprudence romaine est la forme naissante de la science du droit. Influencée considérablement par la culture et la philosophie grecques elle contribua par là à l'humanisation du droit romain et en assouplit l'esprit en introduisant la notion d'**équité** qui s'attaque aux conséquences rigides d'une logique excessive : *Summum jus, summa injuria* selon la maxime rapportée par Cicéron.

• Souvenir de la culture romaniste des juristes français du XIXe siècle, en considération de ce processus d'interprétation – adjonction du droit prétorien au vieux tronc du droit civil et enrichissement apporté par l'œuvre des prudents – on emploie encore couramment de nos jours l'image d'une « œuvre prétorienne » pour qualifier l'apport de la pratique judiciaire dans l'évolution du droit contemporain en système légaliste.

Section 2 - La science du droit et son développement à l'époque impériale

Si l'on peut dire que les romains ont été les pionniers d'une science du droit, il faut encore souligner que le développement de cette science a été favorisé par l'évolution politique, particulièrement dans le cadre du régime impérial.

§ 1 - L'Évolution politique : de la Cité à l'État

I - La construction d'un État unitaire

Octave (qui prendra le titre d'Auguste en 27 av. J.-C.) fonde en réalité un **pouvoir personnel** sous la fiction de la continuité de la République dont il est le premier des citoyens (*princeps populi* et *princeps senatus*) . En charge de la République il **concentre** entre ses seules mains tous les anciens pouvoirs républicains dont l'*imperium* consulaire : le prince est empereur. Après Octave Auguste (mort en 14 ap. J.-C.) des dynasties d'empereurs se succèdent. Ce régime politique nouveau, le **Principat**, a duré un peu plus de deux siècles et a marqué l'apogée de l'Empire romain (**Haut Empire**, fermement administré, solide et en paix) et de la civilisation romaine *(pax romana)*. Sur tout le monde méditerranéen et sur la partie occidentale du continent européen, s'étendent peu à peu les signes de l'appartenance au monde romain.

II - Le développement des institutions de l'État

En réalité, grâce à la fiction du maintien des institutions de la République les empereurs ont assuré la **transition** de l'antique Cité à un État s'efforçant d'intégrer les vastes conquêtes dans une structure politique unitaire (la citoyenneté romaine est conférée à la quasi totalité des habitants de l'Empire). Les anciennes institutions perdent la réalité de leurs pouvoirs tandis que sont créés des cadres administratifs de **fonctionnaires** placés sous l'autorité impériale, rémunérés sur le trésor impérial (fisc). Cette administration était destinée à recouvrir peu à peu l'ensemble des provinces ; les administrateurs rendaient également la justice au nom de l'Empereur selon une procédure administrative et les justiciables se sont alors progressivement orientés vers ce *service public de justice*.

III - La crise et la fin de l'Empire romain d'Occident

Au milieu du IIIe siècle ap. J.-C., l'Empire connaît en effet une grave **crise** aux aspects multiples (politiques, sociaux, économiques, religieux et même militaires avec les invasions de peuples venus de l'est). Au sortir de la crise le régime impérial s'est durci en une sorte de monarchie absolue face à ses sujets sans que cette évolution ralentisse le **déclin** de l'Empire en Occident. Les fonctions publiques constituent alors une **bureaucratie** s'efforçant de tout diriger y compris l'économie pour assurer tant bien que mal la subsistance des populations.

• Pour une plus grande efficacité sous Dioclétien (fin du IIIe siècle) est instauré un système de gouvernement impérial à quatre têtes, la **tétrarchie** (deux parties de l'Empire, occidentale et orientale, avec chacune un empereur et son adjoint). Mais la fiction de collégialité entre les souverains laisse apparaître l'ancienne réalité d'un monde latin et d'un monde grec ; d'où le partage en deux Empires : un empire d'Occident (latin, capitale Rome) et un empire d'Orient (grec, capitale Constantinople). L'Empire disparaîtra en Occident au ve siècle (476 ap. J.-C.) tandis que l'empire d'Orient subsistera jusqu'au xve siècle sans avoir pu rétablir l'ancienne unité de l'Empire romain.

• Enfin, à partir du début du ive siècle, avec Constantin et ses successeurs, la reconnaissance officielle de l'Église et l'adhésion des empereurs au christianisme ont **d'importantes conséquences** dans la vie de l'Empire : il en ressort une nouvelle analyse du pouvoir impérial (l'origine du pouvoir est divine mais elle fait aussi un devoir à l'Empereur de faire régner la justice et la loi de Dieu) ; de même la morale chrétienne influence partiellement l'évolution juridique.

§ 2 - Les sources du droit

Cette nouvelle phase du développement du droit romain est **capitale** : elle s'élève au-dessus des aspects pratiques et contingents pour dégager et exprimer des principes ; au-delà de l'art de régler les procès, apparaissent les éléments d'une **théorie du droit** : c'est à cause de cet ultime développement et à travers lui que le droit romain restera utilisable en dehors de la civilisation romaine et sera si largement reçu par le monde moderne.

I - Le régime impérial et le développement du droit

• Les changements intervenus dans les institutions avec le Principat et l'Empire ont précipité cette évolution. Les anciennes sources du droit s'éteignent dès lors que le **pouvoir législatif** est exercé par l'Empereur. Désormais la **procédure** suivie pour la justice rendue par les agents impériaux est **administrative** : procédure unitaire dans laquelle l'État ne se contente plus de contrôler la procédure mais rend la justice directement par l'intermédiaire des agents impériaux qui suivent toute l'instance jusqu'à la décision et disposent de la force publique pour son application. Dès lors la **loi** (les *constitutions impériales*) devient la source **unique** et **vivante** du droit.

• Les plus grands jurisconsultes font éventuellement carrière dans l'administration impériale et surtout au Conseil de l'Empereur ; ils sont davantage portés (à la fois par la culture grecque et par l'effet du nouveau système de procédure) à prolonger l'activité de conseil aux praticiens par la rédaction de **traités** et l'**enseignement**. La démarche est assez simple ; il s'agit d'aider ceux qui doivent appliquer le droit en présentant l'art du droit de manière cohérente et claire. En utilisant les **cadres de pensée** reçus des philosophes grecs (**définitions, distinctions**) et l'art du **classement** qui, à travers les comparaisons, aident le juriste à mieux apercevoir les règles. On classe les biens, les actions ; on utilise la **logique** pour établir un **plan d'exposition du droit civil** : une véritable tradition du manuel est née ainsi qui se retrouve dans les *Institutes* (manuel élémentaire) en usage dans les écoles romaines de droit. En même temps les jurisconsultes poursuivent leur activité de conseil très féconde.

• À travers ces commentaires et traités de toutes sortes les juristes romains ont produit une **immense littérature juridique**. De plus la crise de l'Empire a provoqué une **activité législative considérable**. Le besoin d'un *bilan* et d'une *mise à jour* se fait sentir dès le début du Vᵉ siècle ap. J.-C. Après l'effondrement de l'Empire en Occident l'empereur Justinien réalisera dans l'empire d'Orient à partir de 530 une grande compilation du droit romain (sur laquelle vivra plus tard l'Occident médiéval à partir du XIIᵉ siècle). Cette législation comprend : le *Code* (constitutions impériales), le *Digeste* (extraits des œuvres des jurisconsultes), les *Institutes* (exposé général des principes du nouveau droit en forme de petit traité).

II - Le legs de la théorie juridique romaine

La fin de l'empire d'Occident (fin du Vᵉ siècle), puis celle de l'empire d'Orient (milieu du XVᵉ siècle) n'ont *pas arrêté* le développement du droit romain. Il n'en est que plus nécessaire de rappeler l'importance et la valeur de l'*effort théorique* des juristes de l'Antiquité pour expliquer l'influence du droit romain sur le droit du monde moderne. L'expression moderne « théorie juridique romaine » employée ici doit être prise dans un *sens relatif*. Même le droit romain classique garde encore à travers le Digeste de Justinien un **caractère pratique** et *beaucoup moins systématique* que le sera le droit moderne. Mais, par rapport aux *autres droits de l'Antiquité*, tenter d'exposer le droit sous une forme théorique était précisément la **nouveauté essentielle** dont les romains étaient en partie redevables à la *philosophie grecque*.

• Ainsi les *Institutes* définissent à la fois la *science du droit* (particulièrement la jurisprudence) et l'*objet* de cette science. Il faut en retenir la distinction entre un droit commun à tous les êtres animés (le **droit naturel**) et le droit commun à tous les êtres humains (*jus gentium* ou *droit des gens*) ; cette distinction avait un sens précis dans le monde romain où longtemps les hommes ayant le statut de citoyen romain étaient restés très peu nombreux. Au dessus se situait le droit civil (*jus civile*), lui-même divisé en **droit public** (*utilité commune*) et **droit privé** (*intérêts individuels*). Autant de notions recueillies par les modernes, même si le contenu a quelque peu évolué.

• Les *Institutes* présentent également une *division traditionnelle* des matières juridiques selon un plan qui se veut logique à partir d'une **vision pratique** du droit. Le plan des *Institutes* de Gaïus (IIᵉ siècle ap. J.-C.) divise l'étude du droit selon un plan cohérent : d'abord ceux qui peuvent **agir** (les *personnes*), puis les objets dont on peut **jouir** ou **trafiquer** (les *choses*), enfin les **actions** en justice. Au VIᵉ siècle de notre ère Justinien, pour guider les praticiens, joindra aussi des *Institutes* à ses compilations en reprenant la tradition apparente chez Gaïus.

• À la théorie juridique des romains les modernes ont encore emprunté nombre d'*institutions originales* qui peuvent être considérées comme des **créations romaines :** par exemple en ce qui concerne la **personnalité** et la **capacité**, en matière de **propriété** ou avec la notion de **possession** ; dans la distinction des sources d'obligations (**contrats** et **délits**) comme dans la théorie générale des contrats et la classification des types de contrats (**vente**, **société**, etc.). Sans doute a-t-on depuis des siècles beaucoup systématisé non seulement ce que l'on retirait du droit romain mais également l'exposé du droit romain lui-même tel que les modernes croient devoir le présenter. En réalité ces cadres étaient déjà fournis par le droit romain ; s'y trouvaient ainsi les germes qui expliquent le développement et l'aboutissement des **théories modernes**. À ce titre, dans notre système actuel, le droit civil est dans son ensemble la partie la plus influencée par la tradition romaine.

Section 3 - Le droit canonique et l'influence du droit romain

Ces deux systèmes juridiques, droit romain et droit canonique, sont **différents** par leur origine : ils relèvent de deux sociétés et surtout de deux autorités, laïque et ecclésiastique, qui n'ont pas les mêmes finalités. Leur **ancienneté** les distingue également : la période classique de développement du droit romain est achevée lorsque l'Église (sous l'empereur Constantin au début du IVe siècle ap. J.-C.) précise ses structures et son droit après sa reconnaissance par l'autorité impériale. Mais derrière cette apparence, il y a aussi des **rapports précis** entre les deux droits : la formation du droit canonique est marquée par des siècles de vie de l'Église en milieu latin ; la technique juridique romaine sera, à partir du Moyen Âge tout spécialement, un **trait d'union** entre romanistes et canonistes. Ces deux droits forment ainsi le tronc commun dont sont sortis les divers systèmes juridiques des pays d'Europe, surtout les systèmes romano-gemaniques de l'Europe continentale

§ 1 - Les structures de l'Église

• L'Église, fondée par le Christ, a été marquée profondément par son premier développement dans l'Empire romain. Dès le IVe siècle elle a précisé ses fins propres et par là séparé son sort de celui de l'État romain (saint Augustin, « La cité de Dieu »). Composée de la hiérarchie ecclésiastique (**clercs**) et du peuple des fidèles (**laïcs**), l'Église a développé ses institutions pour remplir ses tâches premières (spiritualistes) et gérer la vie de ses communautés et de leur patrimoine (destiné à assurer le secours aux pauvres et la disponibilité du clergé). À travers les règles qu'elle se donnait (**canons**), l'Église a développé dès cette époque son **droit** (le droit canonique), distinct de la théologie.

• Pour assurer sa mission propre l'Église exerce une **autorité** sur ses membres, imposant une discipline. À l'intérieur de l'Église il y a une autorité **ordinaire** détenue par l'évêque qui dispose d'un **pouvoir législatif** dans son ressort diocésain. Ce pouvoir s'accompagne d'un **pouvoir judiciaire** (exercé sur la base du droit canonique dans le tribunal de l'officialité). L'un des évêques prendra dès le IVe siècle une place prépondérante : l'évêque de Rome, le **pape**, dont le pouvoir législatif et judiciaire aura de plus en plus d'importance dans l'ensemble de la chrétienté. Enfin on tient fréquemment des assemblées, les **conciles**, pour examiner les problèmes doctrinaux et les problèmes de discipline.

• L'existence de ce pouvoir sur les fidèles a posé très tôt le problème des **rapports** de l'**Église** (en tant que société religieuse) **avec l'État** (en tant que société laïque). L'État et l'Église sont de manière différente en charge du bien commun et les individus leur sont soumis. Pour écarter les risques de conflit et de tentatives de domination d'un pouvoir sur l'autre, dès le IVe une **distinction** nette était recherchée (le Palais à l'empereur, l'Église aux prêtres) et une collaboration entre les deux autorités était instaurée.

§ 2 - Le développement du droit canonique

• L'étendue du droit canonique est considérable. Ses bases sont le droit naturel et le droit divin positif (les *Écritures*). À partir de là s'est édifié d'abord par l'usage puis (à partir du IVe siècle) par l'œuvre des conciles (spécialement les conciles œcuméniques, c'est-à-dire de toute la chrétienté) et des décrétales des papes un **droit universel** applicable dans la chrétienté. Mais ce droit devait aussi être adapté aux différents peuples chrétiens et ce fut l'œuvre de multiples conciles locaux apportant des milliers de canons votés par des assemblées d'évêques représentant leurs diocèses.

• Peu à peu par cette activité créatrice de diverses sources de droit, le **domaine** du droit canonique s'est précisé et étendu. D'abord ont abouti à une réglementation les questions de **discipline religieuse** (rapports avec les non-chrétiens ; droits et devoirs du clergé, conditions de recrutement du clergé, etc.). La réglementation des **sacrements** et du **culte** s'est étendue, englobant ainsi tous les problèmes concernant le mariage. De même sont entrées dans le champ du droit canonique des questions de **morale** fort nombreuses (le jeu, le prêt à intérêt, le faux témoignage, la prostitution, etc.).

• Les **interactions** entre droit romain et droit canonique sont nombreuses et s'expliquent par les circonstances de la formation du droit canonique en milieu romain dès le IVe siècle. L'Église en effet a utilisé à la fois le **modèle** que fournissait l'administration impériale pour ses structures et celui qu'elle pouvait observer dans la justice impériale (tout particulièrement le modèle procédural). Le droit canonique a donc **reçu** beaucoup du droit romain dès cette époque, non d'ailleurs sans que s'établisse une certaine **réciprocité** : en même temps en effet apparaissaient certaines influences de la morale chrétienne sur divers points du droit privé romain, en particulier sur l'évolution du droit de la famille.

• En revanche, en Occident après les invasions des IVe et Ve siècles qui ont entraîné l'effondrement de l'Empire et la régression quasi complète du droit romain, l'Église a dominé le passage à une civilisation nouvelle à travers la période franque ; elle a joué un *rôle décisif* à la fois *politique et intellectuel* qui a assuré une nette supériorité au droit canonique, tout particulièrement par l'intermédiaire de la juridiction ecclésiastique, sur le droit laïc en gestation.

Chapitre 5
Évolution du droit et codification

L'essentiel

• Dans la codification française le Code civil de 1804 a eu un grand rayonnement au XIXe siècle en Europe et l'influence européenne a encore introduit la méthode de la codification non seulement dans des systèmes juridiques plus ou moins inspirés de sa propre tradition comme en Amérique latine, mais encore au Japon à l'ère de Meiji. De même au milieu du XXe siècle cette influence s'est directement exercée en Afrique dans les nouveaux États issus de la colonisation française. Les systèmes socialistes y ont eu également recours et même les pays de common law n'y sont pas totalement imperméables. Or la codification était loin d'être une idée nouvelle sous le Consulat. Elle avait déjà suscité une grande variété d'expériences tandis qu'elle pose la question du devenir du droit codifié.

• De ce point de vue le bicentenaire du Code civil qui vient d'être célébré appelle une réflexion particulière non plus seulement sur ce que représente notre code en lui-même mais également pour en situer les caractères propres dans une histoire plus vaste et millénaire de la codification. En revanche, l'actuelle prolifération de recueils de sources législatives intitulés « code » (Code de la route et autres) qui est dans une certaine mesure une particularité du droit français, incite encore à bien en marquer la différence de nature avec la codification de l'époque napoléonienne.

Section 1 - Un besoin constant

Il est apparemment singulier que des entreprises de codification aient été fréquentes du point de vue historique, sur de très longues périodes et dans des civilisations bien différentes ; cela conduit à rechercher les causes qui ont amené à maintes reprises à recueillir des sources de droit et à composer des codes pour présenter de manière ordonnée et exhaustive le droit en vigueur à un moment donné.

§ 1 - L'ancienneté des codifications

• Le rayonnement de la codification napoléonienne est le fruit d'une rencontre exceptionnelle entre une certaine conception de la codification et l'acquis de la Révolution. Mais déjà la Prusse avait promulgué un code en 1794. En France dès le XVIe siècle les États généraux avaient demandé à la royauté de passer de la diversité des coutumes à un droit unifié, à un code unique. Si la codification en matière civile a tardé, en revanche dès le règne de Louis XIV étaient promulguées des ordonnances de codification en diverses matières. Or il faut remonter beaucoup plus haut pour situer les premiers repères d'une histoire de la codification.

• Le terme latin *Codex* (« tablette pour écrire », puis « recueil ») était déjà utilisé par les empereurs romains des Vᵉ et VIᵉ siècles ap. J.-C. (*Code théodosien* [de l'empereur Théodose], *Code de Justinien)* pour désigner les recueils où étaient rassemblées, en ordre, des Constitutions impériales (législation). Et l'on pourrait aussi remonter à une loi en forme de code, appelée *Code d'Hammourabi* (sixième roi de la première dynastie de Babylone) qui la fit rédiger au début du IIᵉ millénaire avant J.-C. Un exemplaire de ce code, gravé sur un bloc de pierre, est conservé au musée du Louvre. Ainsi apparaissent à la fois un élément constant sur des millénaires – besoin de réunir des lois dans un même texte et de les mettre en ordre – et une considérable variété d'expériences.

§ 2 – Les causes de la codification

• Les causes de ces entreprises de remise en ordre des lois sont en effet à rechercher dans l'**encombrement** et le **vieillissement** du droit. Toute civilisation ayant des cadres juridiques quelque peu développés y est exposée. C'est une conséquence inévitable de l'évolution de la société à laquelle s'applique ce droit et cela sous les facteurs les plus divers. Si l'on accorde au droit naturel un aspect durable, voire éternel (encore que les conceptions varient quant à son contenu), le droit positif est toujours victime des effets du temps. Le droit risque alors de se retourner contre la société qu'il avait servie jusque-là. D'abord la société ne ressent qu'une simple gêne si son droit est devenu trop touffu et difficile d'accès par l'amoncellement des règles et des textes ; mais un malaise plus grave atteint la société dès lors que son *droit* devient un *frein à son évolution* ou y met obstacle. Un besoin d'**ordre** et de **clarification** est alors ressenti en premier lieu par ceux qui vivent l'application journalière des sources de droit, les juges et les praticiens, cela particulièrement dans une civilisation de l'écriture.

• Il y a donc une permanence caractéristique du problème et l'on retrouve de cette manière la discussion sur les qualités respectives du droit coutumier et du droit écrit quels qu'ils soient. La coutume orale supporte mieux les effets du temps puisqu'elle est, par définition, en constante évolution. Le droit écrit au contraire, par sa rigidité y est plus directement soumis. Encore faut-il remarquer que la coutume orale a d'autres inconvénients (particulièrement en ce qui concerne la preuve de son existence) qui incitent précisément à la mise par écrit et ramènent au même problème. Accumulation et vieillissement du droit restent bien les causes essentielles des tentatives répétées de codification en droit romain et en droit canonique ; l'histoire du droit français depuis la rédaction des coutumes au XVIᵉ siècle en offre aussi une illustration très révélatrice.

Section 2 – La variété des expériences

L'apparent avantage d'un code est de présenter aux juristes, entre autres aux juges et auxiliaires de justice comme aux justiciables, un recueil de lois écrites éventuellement exhaustif. Mais la rédaction d'un code peut obéir à des conceptions bien différentes allant de la simple constatation du droit existant, par commodité, à l'élaboration d'un droit nouveau pour orienter différemment le cadre de la vie sociale. Autant d'expériences qui suscitent une réflexion avec le recul de l'histoire, réflexion toujours actuelle à propos de notre système juridique contemporain qui comporte un grand nombre de documents désignés en tant que « codes ».

§ 1 – Les rapports entre compilation et codification

• *Compilation* et *codification* sont des termes utilisés par les historiens du droit pour faire la distinction entre des **méthodes** différentes dans l'abord des sources du droit à réunir, méthodes qui portent aussi en elles des **ambitions** différentes quant au but fixé. La **compilation** désigne surtout les entreprises reposant d'abord sur les seuls critères de **commodité** et d'**efficacité.** Elles se proposent de recueillir le droit existant pour le rassembler et l'ordonner, en faciliter la consultation et l'application. La compilation est donc avant tout une entreprise à **but pratique** pour venir en aide aux juristes qui ont à appliquer le droit en vigueur. En ce sens les grands recueils antiques ou médiévaux ont été conçus initialement comme des compilations. Plus encore dans l'histoire du droit romain, du droit canonique ou du droit coutumier français les grandes entreprises officielles ordonnées par le législateur ont été précédées d'initiatives privées aboutissant à des **compilations officieuses**. Répondant à un réel besoin elles ont montré la voie ; officieuses, elles n'en ont pas moins reçu une valeur quasi officielle dans le monde judiciaire et parfois même de la part du législateur lui-même.

• La notion de **codification** telle qu'elle s'est développée en France à partir du XVIe siècle et telle qu'elle est mise en application au moment de la Révolution a une autre ambition : il ne s'agit plus seulement de recueillir le droit existant mais aussi de le **refondre** et de le **réformer** en l'**ordonnant**. À l'extrême la Révolution, sous la Convention, entendait utiliser la codification comme instrument de **transformation de la société**. Même si la philosophie des codificateurs de 1804 était singulièrement prudente sur ce point, il n'en reste pas moins qu'à cette époque la codification apparaît fondée sur des raisons politiques autant que juridiques par rapport à une simple compilation limitée à la technique juridique.

• Toutefois il ne faut pas exagérer l'importance et la rigueur de cette distinction qui permet surtout de faire apparaître des différences de conception. En effet, d'une part même dans les cas où les objectifs paraissent être ceux d'une **simple compilation**, il est difficile de recueillir les éléments du droit existant sans être amené à les modifier plus ou moins pour parvenir au **minimum d'harmonisation** que réclame précisément leur juxtaposition. D'autre part, les entreprises plus ambitieuses, visant à utiliser le droit comme un levier pour faire **évoluer la société** ne peuvent dépasser certaines limites sans provoquer des **réactions de rejet** dans les populations.

• Les limites de la codification ont provoqué un débat intéressant entre administrativistes et civilistes français au milieu du XXe siècle. Le droit administratif n'ayant pu être codifié au début du XIXe siècle il n'apparaissait alors à certains civilistes que comme un amalgame de solutions d'opportunité, sans principe directeur, sans principe logique d'unification. Mais la réponse de l'administrativiste était fort nette : « L'évolution du droit administratif n'a pas été gênée par des principes rigides posés prématurément. Le droit administratif n'est pas corseté comme l'est le droit civil par son code » (Marcel Waline, *Traité Élémentaire de droit administratif*, 6e éd., p. 20). Cette remarque posait bien le problème. La codification fait apparaître un effort de **construction logique** ; elle peut apporter plus de cohérence, mieux préciser l'esprit du droit. Il y a aussi la rançon : la codification par sa **rigidité** peut devenir un frein à l'évolution qui est cependant inévitable et souhaitable.

§ 2 - La plus grande compilation antique : le *corpus juris civilis*

• L'entreprise avait aussi un **but politique**. Vers 530 ap. J.-C. alors que l'Empire romain a déjà sombré dans sa partie occidentale scindée en plusieurs royaumes barbares, l'empereur de **l'Empire romain d'Orient**, **Justinien**, poursuit le rêve d'une reconquête des territoires de l'Occident qui est entamée sous son règne pour reconstituer l'unité de l'Empire romain. Il entend alors se rattacher à la tradition antique romaine et il prépare pour cela l'instrument juridique de la réunification : un code de droit constituant à la fois un instrument utile à son Empire (dominé par l'élément grec) et fidèle à la tradition romaine pour rallier les populations d'Occident à son autorité.

• Dès lors l'œuvre poursuit des buts divers et parfois peu conciliables car elle tente une **difficile synthèse**, voulant être tout à la fois une œuvre doctrinale et pratique, romaine et hellénique, chrétienne, etc. C'est d'abord une œuvre traditionaliste (on peut même parler d'archaïsmes par certains côtés) : ainsi **l'apparence de la latinité** est maintenue par la langue (rédaction de ce droit en latin dans un monde grec) et par référence aux plus anciennes lois de la République romaine (bien éloignées quant au fond, à plus d'un millénaire, de la vie de l'Empire byzantin). Derrière cette apparence l'effort des rédacteurs est tourné vers la **fixation** d'un **droit évolué** ; les sources anciennes sont reprises par des commissions composées de professeurs et d'hommes de doctrine. L'influence du milieu dans lequel cette compilation est réalisée entraîne inévitablement une résurgence du droit grec et de la coutume hellénique. Enfin, si l'on reprend des sources anciennes, la **tradition chrétienne** depuis la fin des persécutions, déjà vieille de deux siècles, ne pouvait manquer de se manifester.

• La méthode ne pouvait que se ressentir de la recherche d'une aussi délicate conciliation entre éléments divers accumulés au cours d'un millénaire. La compilation a commencé par la rédaction d'un code, recueil de **Constitutions impériales** (sources législatives, les *leges*). Le **Code** réalisé par une commission de fonctionnaires impériaux et de professeurs des Écoles de droit a été promulgué en 529 ap. J.-C. L'année suivante fut entamé un travail plus considérable : la compilation des *jura*, les **œuvres des jurisconsultes** dont les consultations s'étaient déjà vues reconnaître une valeur officielle et qui représentaient une masse énorme de textes d'époques diverses. Des commissions ont travaillé à ce dépouillement en retenant les passages principaux qui étaient introduits dans un cadre logique arrêté préalablement. Ce second recueil, le **Digeste** (appelé aussi du nom grec, les *Pandectes*) était promulgué par Justinien en 533.

• Or la méthode suivie, particulièrement pour le Digeste, a donné à l'ensemble du recueil des caractères qui dépassaient ceux d'une simple compilation. Les buts de l'entreprise, d'un point de vue politique, y conduisaient aussi. D'un côté les textes recueillis ont été cités avec précision, classés selon un **plan général logique** tandis que, dans le Code, seules les Constitutions encore en vigueur ont été retenues. Mais, d'un autre côté, cela n'en posait pas moins un problème d'**adaptation** car des textes d'époques très différentes se trouvaient désormais réunis dans le même recueil. Le problème s'est d'ailleurs posé de manière plus aiguë encore pour le Digeste : dans cette masse de textes la commission devait mettre à jour, adapter, éliminer les règles désuètes, éviter les répétitions, trancher les controverses, etc. Aussi les rédacteurs du Code, comme ceux du Digeste, avaient reçu le pouvoir de **modifier les textes classiques** s'il en était besoin (modifications appelées *interpolations*). Ces modifications ont été nombreuses, portant parfois sur un mot, parfois sur un membre de phrase. Elles permettaient, en somme, de recueillir et conserver des fragments des œuvres des jurisconsultes classiques développant des principes généraux même lorsque les institutions qui y étaient visées avaient profondément évolué. La cohérence de l'ensemble entraînait, de proche en proche, une multitude de modifications. En fin de compte l'entreprise de compilation avait suscité la **naissance d'un droit nouveau** et assez différent du droit romain classique.

• C'est pourquoi, avant même que le travail de la commission du Digeste soit achevé, une nouvelle commission de trois membres ayant déjà travaillé à la composition du Digeste, a été chargée de préparer un nouveau manuel d'enseignement, des **Institutes**, pour accompagner la promulgation du Code et du Digeste. La tradition classique de ce genre de manuel a été reprise à la fois quant au plan et en suivant de nombreux passages des *Institutes* de Gaïus (IIe siècle ap. J.-C.). Ces nouvelles *Institutes* destinées à guider l'enseignement du nouveau droit, ont été publiées en 533 également.

Section 3 – Le sort du droit codifié

Le **temps** par définition est **ennemi des codes** dans ce que ces derniers peuvent avoir d'apparemment définitif alors qu'ils ne sauraient suspendre la vie du droit. Tôt ou tard une mise à jour deviendra nécessaire. On peut alors procéder par refonte complète, d'un seul mouvement à une période déterminée ; on peut aussi intervenir par petites touches successives, en quelque sorte article par article, mais de façon constante. Ces deux manières ne s'excluent pas, bien au contraire. Mais l'intervention fractionnée et fréquente pose encore le problème de la cohésion de l'ensemble, c'est-à-dire d'une refonte globale. Deux exemples peuvent ici en rendre compte, celui des compilations de Justinien et celui de la codification napoléonienne particulièrement du Code civil.

§ 1 – Les compilations de Justinien

• Le travail de compilation, œuvre de longue haleine, **ne saurait interrompre la vie du droit** ; l'activité législative était demeurée intense pendant la préparation du Digeste et lors de la promulgation de ce dernier en 533 un écart important apparaissait avec le texte du Code promulgué en 529. Le recueil des Constitutions fut donc repris et complété pour être à jour au moment de la promulgation du Digeste et un **nouveau Code** fut ainsi promulgué en 534.

• De plus, le Code et le Digeste étaient des recueils officiels et les textes cités étaient considérés comme authentiques. L'Empereur a donc abrogé le droit antérieur qui désormais ne pouvait plus être invoqué en justice. Quant à l'avenir le pouvoir impérial avait en outre l'ambition de fixer le droit à perpétuité ; mais par la **poursuite inévitable** de son **activité législative** il contribua à provoquer l'évolution du droit. La nécessité fut alors ressentie de compléter les recueils officiels par une **nouvelle compilation** de Constitutions impériales postérieures au Code. L'œuvre ne fut cependant plus officielle mais **seulement officieuse** : trois recueils successifs de nouvelles Constitutions impériales, les **Novelles** (*Novellae*) auxquels fut reconnue une valeur quasi officielle.

§ 2 - La codification napoléonienne

• L'évolution de la société suscite une nouvelle réflexion sur la codification. En fait La révision du Code civil a été demandée, en doctrine, dès 1837 dans un mémoire lu à l'Académie des sciences morales et politiques : « Il ne peut échapper à l'observateur attentif, disait Rossi, que la société nouvelle commence à éprouver quelque gêne, à ne plus se sentir à l'aise dans les limites posées par nos Codes ». Sous le Second Empire la question fut agitée largement tantôt en l'abordant sous **l'angle politique** tantôt d'un point de vue **purement juridique** et surtout technique. En 1886 on demandait encore une refonte du Code civil avec bientôt l'appui de la presse tandis que la promulgation de codes modernes dans des États voisins relançait la discussion qui s'étalait alors en 1904 dans le Livre du centenaire du Code civil.

• Tous ces auteurs, depuis d'ailleurs 1837, s'efforçaient à l'appui de leurs thèses de proposer un schéma de la réforme souhaitée et d'ajouter des listes d'institutions à réviser. L'argument le plus solide était assurément **l'accumulation de textes** nouveaux en dehors du Code. On réclamait aussi qu'une révision **tienne compte de la jurisprudence** et éventuellement en **intègre le résultat** au Code. Mais les opinions divergeaient sur la nature de la révision à opérer. Les uns demandaient une refonte complète, en quelque sorte un nouveau code ; d'autres proposaient seulement une liste exhaustive des matières à rénover. Dans le *Livre du centenaire* les deux conceptions s'opposaient et Marcel Planiol, professeur à l'Université de Paris, s'efforçait de montrer « l'inutilité d'une révision générale du Code civil » ; il concluait cependant « non pas qu'il ne faille pas faire de réforme, mais qu'il faut procéder par voie de réformes partielles, modérément et avec précaution, et que ce serait folie de raser le château pour changer quelques poutres ou quelques ardoises ». Sur le fond, un rapport présenté en 1904 à la Société d'études législatives donnait le sentiment quasiment général à cette époque en parlant « d'un certain socialisme d'État à infuser par doses modérées dans le corps social ».

• À la suite de la célébration du centenaire du Code civil la révision est entrée dans une **phase officielle**. La Chancellerie (le ministère de la Justice) a constitué une vaste commission pour procéder au travail préparatoire mais cette commission, trop dispersée en multiples tendances divergentes, n'aboutit pas. Une autre initiative, partielle et différente dans son esprit, se situe au cours du premier conflit mondial en 1917 : une commission composée de **juristes italiens et français** était chargée de rédiger un projet de **code des obligations commun** aux deux pays. Cette commission rédigea effectivement un projet en ce sens qui fut publié en 1928 ; mais les circonstances politiques aidant les choses restèrent en l'état. Enfin le gouvernement provisoire, par une

ordonnance du 7 juin 1945, reprit le projet de **révision du Code civil** et institua une commission de réforme qui se mit aussitôt au travail. En 1953 elle fut en mesure de présenter la première partie d'un **avant-projet**. Le ministre de la Justice procéda dans les années suivantes aux consultations d'usage, y compris auprès des facultés de droit. Mais les travaux importants laissés par cette commission n'ont pas davantage abouti à une réforme générale du Code.

• Ces travaux ont eu cependant une utilité, en rajeunissant les discussions autour de certains problèmes et aussi sans doute en montrant les limites du possible et du souhaitable au moment où la révision du Code était à nouveau entreprise. En effet l'idée d'une réforme globale du code était abandonnée mais *à partir de 1964* de **grandes lois** ont été adoptées et promulguées qui entamaient une **révision par étapes**. Ces réformes assez novatrices n'en laissaient pas moins subsister deux grandes interrogations : l'une, de savoir si un tel travail serait poursuivi ; l'autre, de savoir si l'ensemble du Code pourrait encore garder une certaine cohérence à travers ces révisions partielles.

• Il reste que la **tradition de la codification** héritée des débuts du XIXe siècle s'est **affaiblie insensiblement**. On revient des grandes entreprises de cette époque (refonte systématique et synthétique du droit) à la simple **compilation** : d'où le nombre croissant, comme à la fin de l'Ancien Régime, de recueils de lois et règlements auxquels on donne le nom de « code ». L'évolution rapide de la législation, l'accumulation des textes qui équivaut à un processus latent de révision, orientent vers l'idée d'une codification permanente qui devient, en réalité, une simple compilation à **titre documentaire** ; ainsi a été instaurée en 1948 une commission de « précodification » pour les lois, règlements, circulaires. En somme on ne peut plus guère avoir d'autre ambition que d'assurer l'indispensable mise à jour permanente des textes applicables (c'est la codification « à droit constant ») pour répondre de la manière la plus efficace aux conséquences négatives pour la vie juridique de **l'emballement progressif** de la production législative et réglementaire qui caractérise l'évolution du système juridique français depuis un demi-siècle. Déjà Tacite dans ses *Annales* (IIe siècle ap. J.-C.) avait fait cette remarque sévère : *Plurimae leges pessima respublica* (trop de lois font la plus mauvaise république). Il posait clairement le problème de l'excessive prolifération des textes emportant les fâcheuses conséquences d'un droit trop complexe pour les citoyens. Une fois encore la sagesse des romains offrirait aux législateurs modernes un beau sujet de réflexion.

Titre 2
Le système juridique français et l'évolution européenne

• *Abordons plus complètement maintenant la formation de notre système juridique car, par la référence au passé, l'histoire éclaire l'agencement du droit positif et pousse à la réflexion sur les grands problèmes que posent la* **formation** *et la* **vie** *du droit. Déjà, à ce titre, même si l'évolution actuelle de notre système juridique est assez rapide pour être très perceptible par les contemporains sans pour autant leur laisser apparaître des perspectives claires, les antécédents romains de notre droit n'en demeurent pas moins encore fort importants. De plus lorsqu'on considère les règles du droit, non pas dans leur contenu mais d'un point de vue formel dans notre système actuel il existe une source essentielle – la* ***loi*** *– et une source subsidiaire – la* **coutume** *– encore qu'elle y ait sa place. Mais ceci est très récent dans l'histoire du système juridique français et relève d'une véritable inversion dans la hiérarchie des sources depuis la Révolution de 1789.*

• *Le droit médiéval en effet était au contraire, de ce point de vue, fondamentalement pluraliste : des sources de droit fort différentes par leur nature et leur origine rivalisaient d'importance, la coutume et la loi. Cependant la coutume était la source dominante aussi bien pour le droit privé que pour le droit public (chap. 1). Mais à partir du XVIe siècle surtout s'est ébauché le système moderne : les* ***lois du roi*** *sont devenues l'élément dynamique du système ; cela répondait aussi aux aspirations unitaires de la société des Temps modernes (chap. 2). La Révolution enfin a réuni à partir de la souveraineté nationale les conditions d'une affirmation complète de la* **primauté législative** *et de l'élimination de l'ancien droit coutumier (chap. 3).*

• *Or non seulement le système juridique français actuel plonge ses racines bien au-delà de la Révolution mais également, comme on l'a déjà vu, il ne s'est pas construit isolément et il fait partie d'une famille de systèmes développés dans les États qui constituent maintenant l'Union européenne. Même si la construction politique de l'Europe est encore balbutiante elle paraît cependant irréversible et l'horizon des juristes futurs dépassera inévitablement les limites du domaine national de chacun d'eux. Il importe alors de les préparer aussi à situer le droit de leur pays d'origine dans l'ensemble plus vaste auquel ils appartiendront ; l'enseignement historique a désormais également cette vocation. Ainsi un ultime chapitre de ce titre 2 leur permettra de situer la formation et le développement du système français dans l'histoire du droit en Europe (chap. 4).*

Chapitre 1
Le pluralisme médiéval

L'essentiel

La féodalité, l'importance du rôle de l'Église (politique, social, judiciaire), la faiblesse de l'autorité royale, ont pour conséquence le pluralisme du droit médiéval : rôle dominant de la ***coutume****, importance du droit* ***romain*** *(avec l'émergence du droit de Justinien) et du droit* ***canonique****, lente reconstitution d'un* ***pouvoir législatif*** *de la royauté.*

Le droit de l'Ancien Régime s'est en effet formé à l'époque médiévale (pour sa plus grande part) par la voie coutumière ; la royauté n'était pas encore en mesure d'utiliser avec assurance le pouvoir législatif, ses règles fondamentales elles-mêmes étaient fixées en coutume.

Ainsi le droit coutumier territorial qui s'est formé entre le IXe *et le* XIIe *siècles a été profondément* ***influencé*** *par les conditions politiques, économiques, sociales qui ont accompagné et presque suscité sa formation ; mais il a été marqué aussi par l'analyse et la théorie qui en ont été faites par les juristes formés aux droits savant, romain et canonique, à partir du* XIIIe *siècle*

Section 1 – Les droits savants : droit romain et droit canonique

En Occident à partir du Moyen Âge la vie du droit romain a été prolongée par un travail immense d'analyse et d'interprétation dû à la science juridique. De plus, les institutions de l'Église qui a joué un grand rôle à cette époque avaient été influencées par le droit romain et le **droit canonique** à son tour a marqué le droit laïc.

Par leur structure, leur contenu, les adjonctions de la science universitaire, droit romain et droit canonique opposent un vif contraste à l'empirisme et aux lacunes du droit coutumier ; seuls enseignés dans les Universités, les droits savants allaient remplir un rôle important, à la fois en tant que source du droit et par l'influence exercée sur l'évolution du droit coutumier.

§ 1 – La résurgence du droit romain

I – La diffusion du droit romain

Étroitement liée au mouvement de création des Universités cette diffusion a été en effet très rapide à partir du milieu du XIIe siècle et a peu à peu gagné toute l'Europe occidentale. En France particulièrement elle a eu des conséquences considérables.

• La diffusion de la science romaniste a été large et rapide en France. Sans doute l'enseignement du droit romain a d'abord été interdit à Paris par le pape Honorius III en 1219 non sans doute à la demande du roi de France pour des raisons politiques (le droit romain étant considéré comme le droit commun du Saint-Empire romain germanique) mais plutôt pour ne pas porter ombrage aux études de théologie. Transporté à Orléans cet enseignement fut ensuite **autorisé à Paris** avec un grand succès.

• Au contraire les principes du **droit public romain** furent largement utilisés dans le gouvernement royal pour affirmer la souveraineté du roi et son pouvoir de légiférer. Le roi s'entoure en effet de conseillers qui sont des administrateurs ayant reçu la formation juridique aux droits savants, particulièrement aux *leges* (les lois romaines) et qui sont appelés à cause de cela les légistes.

• En revanche les **provinces méridionales** soumises plus directement à la diffusion du droit romain ont invoqué la force de cette tradition pour se réclamer de ce droit écrit par opposition à la tradition coutumière orale des régions du nord ; la royauté, sous Louis IX en 1250, a admis cette prétention entraînant au regard du droit civil la division du royaume en **pays de droit écrit** et **pays de coutumes** dans la mesure où la souveraineté royale sur les régions de droit écrit n'était pas remise en cause.

II - L'apport du droit romain

La compilation de Justinien a eu un grand prestige face au droit coutumier en tant que droit écrit (précision liée à l'écriture) et en tant que système juridique apparemment complet de même que par le caractère savant de sa technique, d'où la manière de le désigner : « **droit écrit**, *raison écrite* ». Le droit romain est alors considéré par les juristes comme **le droit** par excellence.

Tandis que les agents de la royauté s'appuient fréquemment sur les principes du droit romain, l'enseignement universitaire en diffuse très largement les **concepts** et la **technique** qui seront utilisés par les praticiens pour l'interprétation et l'enrichissement du droit coutumier élaboré en milieu féodal et demeuré très divers. La différence venait précisément de ce que ce droit coutumier n'avait pas encore été dégagé de ses contingences pratiques par une étude scientifique. À un moment d'expansion économique, en particulier au XIIIe siècle, le droit romain apparaissait alors très développé là où le droit coutumier était pauvre et insuffisant : dans certains domaines – tout particulièrement celui des **obligations** – il a alors été reçu presque intégralement.

III - Le sens de la division du royaume en pays de coutumes (au nord) et pays de droit écrit (dans le Midi)

• Cette division a été confirmée par la reconnaissance accordée au milieu du XIIIe siècle par la royauté aux régions méridionales de leur appartenance au droit écrit ainsi considéré comme leur coutume générale. Cette division se précise alors lentement sur le terrain à partir d'une ligne théorique, d'ailleurs très sinueuse, allant de La Rochelle à Genève (passant au nord du Limousin, puis au sud de l'Auvergne pour remonter au nord de la région lyonnaise).

• Malgré cette tradition d'appartenance des régions méridionales au droit écrit qui se maintiendra jusqu'au Code civil de 1804, l'étude des documents de la pratique laisse percevoir une réalité **complexe** et **mouvante.** D'un côté, ces pays ont eu aussi leurs coutumes et, derrière les formes romanisées, les praticiens ont utilisé le droit savant de manière originale ; d'un autre côté, les pays de coutumes ne sont pas demeurés à l'abri des influences romaines. En fait, le droit coutumier n'a pas subi l'assaut du droit romain de la même manière et au même degré dans les deux zones, mais le mythe du droit écrit a fini par s'imposer à l'égard des régions méridionales.

§ 2 – Le droit canonique et l'influence du droit romain

I – Le développement du droit canonique

Dès la fin du XIe siècle s'annonce un effort de recherche sur lequel seront fondées une théorie et une science du droit canonique. Cela fait partie du **grand renouveau intellectuel** en Europe occidentale et coïncide avec la renaissance des études de théologie, d'une part, et avec la résurgence du droit romain, d'autre part. Le phénomène le plus marquant dans les rapports entre les deux droits reste alors l'interpénétration qui s'affirme à travers la science médiévale entre les deux systèmes à partir du XIIIe siècle.

• Les conditions mêmes de la vie de l'Église à travers la société laïque suscitaient un jeu complexe **d'influences réciproques** : l'Église était pratiquement **seule** dispensatrice de l'enseignement susceptible d'assurer une formation intellectuelle et dès lors seule capable de former ou fournir le personnel éclairé dont la société laïque avait un grand besoin. La juridiction ecclésiastique par ses préoccupations à l'égard des fidèles et sa supériorité technique rivalisait avec les juridictions laïques.

• Le développement du droit canonique pendant plus d'un demi-millénaire (depuis le IVe siècle) avait provoqué une **accumulation** de règles (canons conciliaires, décrétales pontificales). À la fin du XIe siècle commence un effort de **recherche** appelé à rejoindre la résurgence du droit romain ; il aboutit à la compilation (importante par l'ampleur et la méthode : généralisation des règles canoniques) d'un moine toscan, le **Décret de Gratien** (nommé d'abord *Concordia discordantium canonum*). Le Décret sera le point de départ d'un grand développement du droit canonique grâce aux papes législateurs (du XIIe au XIVe siècle), aux commentateurs et aux praticiens subtils de l'administration de l'Église. Œuvre privée, le Décret de Gratien recevra valeur officielle et formera une partie essentielle du *Corpus juris canonici* qui demeurera en vigueur jusqu'au début du XXe siècle.

• À l'impulsion romaniste s'est ajoutée l'influence du **cadre universitaire** apparu au début du XIIIe siècle. Les commentaires du Décret de Gratien entraînent à mieux distinguer l'originalité du droit canonique tandis qu'une **même méthode**, celle des romanistes, unit les différentes études ; les universités conféreront le titre de docteur *in utroque jure* (c'est-à-dire dans chacun des deux droits, romain et canonique). Les juristes savants se trouvaient ainsi **associés** aux législateurs et aux juges ; la **science** avait alors une grande influence sur le développement du droit.

II – L'influence du droit canonique

Les **échanges** étant fréquents et fructueux entre romanistes et canonistes, le droit de l'Église romaine a exercé une influence certaine dans deux directions.

• Bien que les deux droits demeurent distincts l'**interpénétration** provoquée entre eux par la morale édifiée par les théologiens à partir de l'Écriture et l'apport de la technique du droit romain crée une complémentarité telle qu'ils font désormais partie l'un et l'autre d'un **droit commun** (*jus commune*) en Europe.

• Le droit canonique a eu une **influence directe** sur la formation des **droits nationaux** (particulièrement dans les matières de droit civil mais aussi en droit public) dans l'Europe médiévale. La royauté capétienne a profité de maints exemples de l'organisation ecclésiastique fondée sur une administration solide et complexe. Les légistes royaux ont puisé dans le droit canonique comme dans le droit romain des principes juridiques utiles à la cause royale. La procédure romano-canonique a inspiré la réforme judiciaire de saint Louis (1258) ; enfin en droit privé (famille, spécialement le mariage, certaines parties des obligations) l'influence du droit canonique a été considérable sur le droit français.

Section 2 - La coutume

Le processus de formation des coutumes (orales, territoriales) est assez mal connu ; en revanche, le contact des coutumes avec une **civilisation de l'écriture** et la référence aux droits savants ont superposé au processus initial et à l'œuvre des praticiens les principes dégagés d'une analyse doctrinale de cette source de droit.

§ 1 - La coutume orale

• Les coutumes qui se forment à partir du XIe siècle suivent le cadre géographique déterminé par les conditions de développement de la féodalité : coutumes territoriales le plus souvent limitées à une seigneurie, d'où une multitude de coutumes et un droit coutumier très divers et très compartimenté, bien que s'en dégagent quelques coutumes régionales. Les auteurs du XVIe siècle présentent la coutume comme un usage consacré par le temps et ayant force obligatoire par le **sentiment collectif** qui s'y attache. Cela impliquait la **répétition publique** d'actes semblables pour constituer l'usage, d'où le souvenir qu'en conserve encore notre langue actuelle : par exemple « on a coutume de faire ainsi » mais également « une fois n'est pas coutume ». De là certains caractères de la coutume : elle est **orale, spontanée, évolutive.** Les recherches récentes des historiens font apparaître aussi derrière cette vision théorique le **poids de l'autorité publique** et de ses **juges** dans l'expression de la coutume orale qui tend alors vers une forme écrite.

• La coutume orale subit l'influence des changements profonds du style de vie aux XIIe et XIIIe siècle tout particulièrement par le contact avec une **civilisation de l'écriture** (développement de formes d'administration supposant des archives, utilisation plus fréquente de l'acte écrit dans les rapports juridiques entre particuliers comme dans la vie judiciaire). Dès lors, surtout à partir de la fin du XIIIe siècle, on rédige des recueils de coutumes, d'actes judiciaires, de procédure ; les notaires rédigent des formulaires pour la rédaction de leurs actes.

• Les **rédactions de coutumes** ont été tantôt publiques (surtout coutumes urbaines) pour obtenir reconnaissance et confirmation par l'autorité publique (roi ou seigneur), tantôt dues à une initiative privée (agents royaux ou praticiens) essentiellement pour les besoins et la commodité de la vie judiciaire où ces textes ont eu alors une **grande autorité.** Dans tout le royaume les rédactions de coutumes urbaines ont été nombreuses, au nord (pays de coutumes) comme au Midi (pays de droit écrit) où le phénomène a été plus précoce. En revanche, les rédactions privées de coutumes régionales ont couvert l'ensemble des pays de coutumes mais dans les pays de droit écrit, seulement le Sud-Ouest aux structures féodales moins affirmées. Parmi ces coutumes régionales : la Très ancienne coutume puis le Grand coutumier *(Summa de legibus)* pour la Normandie, les *Établissements de saint Louis* (Touraine, Anjou, Orléanais) et les *Coutumes de comté du Clermont en Beauvaisis* rédigées par Philippe de Rémi, sire de Beaumanoir.

• Tous ces textes coutumiers étaient de nature essentiellement **pratique** et partielle ; ils étaient en outre de valeur très inégale. Cette littérature coutumière n'en a pas moins eu un effet relativement **stabilisateur** et a contribué à donner au droit coutumier un caractère de plus grande précision juridique en provoquant chez ses auteurs (exemple le plus célèbre, Beaumanoir) une vision plus consciente du droit coutumier. L'influence du droit romain retrouvé devait être considérable dans ce processus de **systématisation**.

§ 2 – Problèmes pratiques et théorie de la coutume

• Le **problème de preuve** de la coutume s'est posé particulièrement dans le cadre judiciaire. En cas de doute sur la coutume invoquée par les parties le juge pouvait faire procéder à une forme spéciale de preuve par témoins (enquête par *turbe*, du latin *turba* signifiant la rumeur de la foule) ou demander une consultation aux représentants de la collectivité ; ces problèmes ont suscité un travail d'analyse : pour préciser les conditions d'existence de la coutume (répétition, ancienneté, publicité) ; pour simplifier les questions de preuve en les limitant (à partir de techniques romanistes) aux seuls cas douteux. Ainsi en principe il n'était pas nécessaire de renouveler la preuve des **coutumes notoires** (pratiquées depuis un temps immémorial ou au moins 40 ans) ou déjà reconnues en justice, ou reconnues par le roi ou un seigneur ; la preuve devait être rapportée pour les coutumes invoquées ne remplissant pas l'une de ces conditions et considérées comme **coutumes privées**. Mais à la Cour du roi, le Parlement, cette preuve devait être rapportée pour toute coutume quelle qu'elle soit.

• Le problème du **fondement de la coutume** s'est trouvé posé implicitement pour les juristes lorsque la royauté est intervenue pour abolir une coutume considérée comme mauvaise (rapports entre la coutume et la morale ou l'ordre public). On retient, sous l'influence canonique, le critère de la raison *(ratio)* qui se fonde elle-même sur l'ensemble des valeurs chrétiennes, d'où la distinction entre coutumes « raisonnables » et coutumes « déraisonnables » ; le roi intervient pour abolir les coutumes déraisonnables (souvent à la demande des intéressés), non pas en se substituant à la collectivité dans la formation du droit coutumier mais seulement en tant que **gardien de la coutume.** À partir de la fin du XIIIe siècle le **Parlement,** où le roi ne vient plus guère, a la connaissance de ces questions ; les conseillers au Parlement, hommes de la pratique judiciaire, assurent par les voies procédurales un **contrôle** effectif des coutumes au nom du souverain.

• **Territorialité des coutumes et théorie des statuts** : les transformations sociales à partir du XIIe siècle, par une plus grande mobilité des personnes et des droits sur les biens, suscitent de véritables **conflits entre coutumes** et posent un problème judiciaire important. Pour atténuer la rigueur du principe de territorialité la doctrine italienne élabore en ce sens la **théorie des statuts** (Bartole) : statut réel (application de la coutume du lieu de situation de l'immeuble), statut personnel (coutume du domicile). Le système sera complété à propos des actes juridiques (coutume du lieu de passation), en matière pénale (coutume du lieu où l'infraction a été commise). Cette théorie, d'un grand intérêt pratique, est demeurée le fondement sur lequel s'est bâtie une branche particulière du droit, le **droit international privé**.

§ 3 – Le domaine du droit coutumier

• Le processus de formation du droit coutumier explique que son domaine soit **très vaste**, atteignant le droit public (à commencer par les principes fondant la souveraineté royale et assurant la continuité dynastique, principes désignés traditionnellement comme les « lois fondamentales » du royaume) autant que le droit privé (cette distinction d'origine romaine n'ayant d'ailleurs guère retrouvé un sens avant le XIVe siècle).

• En revanche, le domaine du droit coutumier subira, en quelque sorte, des **empiétements successifs** : du droit canonique (par l'intermédiaire de la juridiction ecclésiastique), du droit romain (en particulier dans la matière des obligations), enfin de la législation royale bien que la royauté ait toujours considéré le droit privé comme le domaine réservé du droit coutumier.

Section 3 – Les lois du roi

Les dernières traces d'une législation carolingienne datent du début du Xe siècle ; les rois capétiens, s'accrochant au titre royal, ont dû affirmer la souveraineté royale et **reconstruire le pouvoir législatif** : en s'imposant à la féodalité tout en composant avec elle, en s'appuyant sur les valeurs du monde chrétien dans lequel la royauté était insérée, en adjoignant prudemment les lois royales au système coutumier dans lequel était installée la société médiévale.

§ 1 – La renaissance du pouvoir royal en matière législative

• Il n'y a guère de traces de l'activité législative sous les premiers Capétiens ; le pouvoir de faire des lois demeurait en germe dans le pouvoir de commandement (pouvoir de ban), dans les limites de leur domaine seigneurial. Le roi peut prendre des « **établissements** » dans son domaine seigneurial mais son activité législative est **doublement limitée** : par le développement du droit coutumier et, au-delà des limites de son domaine, par le système seigneurial.

• La législation royale à l'échelle du royaume apparaît au milieu du XIIe siècle et se développe au cours du XIIIe siècle, la royauté a dû composer avec la féodalité et utiliser opportunément **le devoir de conseil** chez ses vassaux, réclamant de leur part la souscription à ses ordonnances et l'aide pour en assurer l'application dans leurs domaines respectifs. À la fin du XIIIe siècle, Philippe le Bel **ne consulte plus** ses barons à propos de ses ordonnances : le moment est venu pour les juristes de faire la théorie du pouvoir législatif du roi.

§ 2 - Le fondement des lois royales

Beaumanoir (Coutumes de Beauvaisis, fin du XIIIe siècle) esquisse une **théorie** du pouvoir royal de faire des lois :

• Ce pouvoir repose sur **la souveraineté royale**, supérieure à celle des seigneurs (on reprend ici le principe du Code de Justinien : *quod principi placuit, legis habet vigorem* qui devient dans la langue médiévale « **que veult le roi, si veult la loi** ») ; les seigneurs devant respecter les lois royales, Beaumanoir en arrive à écarter la législation seigneuriale en temps ordinaire.

• En revanche, il soumet l'exercice du pouvoir royal de faire des lois à **certaines conditions** : exercice pour le « **commun profit** » et par « **raisonnable cause** » (ni contre Dieu, ni contre les bonnes mœurs), enfin « **à grand conseil** » ; de même, cet auteur décrit la permanence de la loi et sa rigidité (qu'il oppose à la mobilité de la coutume), esquisse un principe de non-rétroactivité des lois.

• Quant à l'obéissance à la loi, si l'établissement royal ne respectait Dieu et les bonnes mœurs, les sujets « ne devraient pas le souffrir » ; mais Beaumanoir donne aussi une interprétation très large du commun profit pouvant être justifiée, le cas échéant, par un **état d'exception** (urgente nécessité, guerre ou famine).

§ 3 - Le domaine de la législation royale

L'accroissement de l'activité législative de la royauté à la fin du XIIIe siècle correspond à la montée de la puissance royale et aux conséquences d'une **habile politique d'extension** du domaine royal ; mais la royauté n'a pu intervenir que par rapport au droit coutumier, et en concurrence avec les institutions féodales, d'où une sorte de partage :

• **application territoriale** : le pouvoir royal de légiférer n'est plus remis en cause dans son principe à partir de la fin du XIIIe siècle. Mais il rencontre cependant des limites effectives compte tenu des particularismes provinciaux et surtout du système de vérification et d'enregistrement des actes législatifs aux fins de publication dans le ressort des cours de justice. Ce système a été ébauché à la fin du Moyen Âge et représentait un progrès. Mais le Parlement a dévoyé le système dans certains cas en refusant d'enregistrer et donc en écartant l'application de l'acte législatif dans son ressort ;

• **application « *ratione materiae* » :** la législation royale intervenant tardivement se superpose au droit coutumier, mais pas complètement et à des degrés divers suivant les matières. Il en résulte : qu'une même matière pourra être régie par un vieux fonds coutumier et par des dispositions législatives ; que la législation royale sera d'abord orientée vers les questions de droit public (bien que la royauté elle-même vive sous l'empire de la coutume à travers les *lois fondamentales*), et qu'en matière de droit privé le roi se contente plutôt, au Moyen Âge, de jouer son rôle de **gardien de la coutume**.

Enfin, la technique législative est assez simple : les actes les plus importants de la période médiévale sont les **grandes ordonnances de réformation**, le plus souvent « **sur le fait de la justice** », apparaissant au XIVe siècle en liaison avec les difficultés de la royauté au début de la guerre de Cent Ans. Ces ordonnances volumineuses traitent de la justice, mais aussi de bien d'autres matières (souvent pour redresser des abus) sans ordre précis, et correspondent à un long travail d'élaboration des conseillers du roi à partir de vœux émis lors de sessions des États généraux.

Chapitre 2
L'ébauche du système moderne

L'essentiel

Dans la société des Temps modernes la tradition demeure à travers le pluralisme des sources du droit. Mais l'équilibre du système sera profondément modifié. Les tendances unitaires s'affirment dès le XVIe siècle. Le développement de la législation royale est lui-même facteur d'unité avec la rédaction officielle des coutumes ; l'immense projet de codification est mûri et prend corps dans la doctrine (Domat, Pothier).

Section 1 - La rédaction officielle des coutumes

Vaste projet de la royauté à l'issue de la guerre de Cent Ans (Ord. de Montils-les-Tours, 1453), la rédaction officielle des coutumes ne sera entreprise et réalisée qu'au cours du XVIe siècle. Elle ne concerne que les **pays de coutumes** ; dans les pays méridionaux, de **droit écrit**, n'ayant que des coutumes urbaines celles-ci avaient déjà fait l'objet de rédactions officielles au hasard des circonstances locales à partir de la fin du XIIe siècle

§ 1 - Le processus des rédactions du XVIe siècle

I - Les rédactions

• **Le rythme du travail de rédaction** : la première rédaction a eu lieu dans le duché de Bourgogne où l'autorité royale pénétrait difficilement. **La première moitié du** XVIe siècle est jalonnée d'**importantes rédactions** (coutumes d'Amiens, 1507 ; d'Anjou, du Maine, 1508 ; de **Paris, 1510** ; de Bordeaux, 1520 ; de Bretagne, 1539) ; mais le travail de rédaction ne sera jamais complètement achevé.

• **La procédure** : au XVIe siècle, une commission royale procédait sur place contradictoirement avec les intéressés et **décrétait immédiatement** au nom du roi les articles ayant reçu l'accord des trois ordres en vue de la promulgation de la coutume en forme de loi royale.

II - Les caractères des coutumes rédigées et les réformations

• Le droit coutumier, désormais, emprunte donc le **cadre formel de la loi.** En même temps les gens du pays ont subi l'**influence des commissaires royaux** (le plus souvent des magistrats, juristes savants et habiles). Les conséquences sont importantes, tant sur la forme que sur le fond du nouveau droit coutumier.

• Le texte promulgué par Lettres patentes tient sa force de l'**autorité royale** et suffit désormais à prouver la coutume. Pour en modifier le texte il faudra procéder par réformation sous l'autorité royale, c'est le principe du parallélisme des formes. Cependant s'il était désormais interdit d'invoquer une coutume ancienne le **caractère évolutif** de la coutume était en principe conservé : la preuve de la désuétude ou de l'évolution de la coutume pouvait être apportée.

• Quant au fond, le droit coutumier conservait à la fois les traces du travail très **empirique** des représentants des habitants et de l'influence plus **savante**, et souvent **romanisante**, des commissaires royaux.

III - Les réformations

La transformation sensible de la société au cours du XVIe siècle accusa assez vite les imperfections des textes promulgués : d'où une **seconde phase**, de **réformation**, où intervint une seconde rédaction des principales coutumes (Bourgogne, 1575 ; **Paris**, 1580 ; Orléans, 1583). L'influence de commissaires royaux férus de droit romain, y fut parfois encore très prononcée.

§ 2 - Les tendances à l'unification du droit coutumier

La rédaction officielle des coutumes n'a pas mené formellement à l'unification (déjà largement souhaitée) du droit français, mais elle a constitué certainement un premier travail de réduction et de simplification, préparant ainsi les voies de l'unification d'un droit privé demeuré encore pluraliste.

I - La réduction du nombre des coutumes

• Le cadre géographique retenu fut celui des **ressorts judiciaires** ; ainsi les rédactions de coutumes locales devaient être demandées dans un certain délai, à peine de déchéance. Beaucoup de coutumes locales disparurent alors faute de rédaction ; l'unité coutumière, dès lors, était **assez large** (bailliage ou sénéchaussée ; province). À la fin du XVIe siècle, à la place des milliers de coutumes médiévales il ne restait plus en France que **60 coutumes générales** et environ **300 coutumes locales** ce qui restait encore considérable.

• Cette réduction initiale est accompagnée d'un **travail théorique** important (doctrine, jurisprudence) : d'où la **supériorité hiérarchique** reconnue aux coutumes générales (d'une province) sur les coutumes locales dans les problèmes d'interprétation.

II - Le droit commun coutumier

• La rédaction officielle dégageant les coutumes **régionales**, coïncidant d'autre part avec les premiers développements de l'imprimerie, permit un travail d'analyse qui fit apparaître des tendances et des lignes de force, à travers ce grand nombre de coutumes générales ou locales, d'où l'on réunit des principes généraux représentant un fonds commun (le **droit commun coutumier**, notion avant tout **doctrinale**). La **coutume de Paris** (par le rôle de la ville, le caractère tempéré de son droit, les travaux de Charles Dumoulin) y exerça une grande influence.

• La notion de droit commun coutumier a un **double intérêt** :
- pratique (dénominateur commun à la disposition des juges pour les **problèmes d'interprétation**) ;

– théorique (la doctrine favorise les recueils de textes, collections, et fournit aussi une **base d'unification**).

III – Les limites : diversité coutumière et pluralisme

• La rédaction **a figé la diversité** coutumière (même réduite) et souligné la division du royaume en pays de coutumes et pays de droit écrit ; elle a aussi contribué à **maintenir l'originalité** du droit coutumier face au droit romain.

• De plus l'ancien droit privé a un caractère **pluraliste**, les **différents groupes sociaux** conservant des usages particuliers. Les rédactions de coutumes ont distingué les coutumes propres aux **nobles** et celles des **roturiers**. Mais elles ont retenu surtout le droit des habitants des villes et ont eu tendance à ignorer les usages des **gens des campagnes** (pourtant les plus nombreux) : ces usages ont alors subsisté en marge du droit officiel, celui des coutumes rédigées.

Section 2 – Le développement de la législation royale

À partir du XVIe siècle, surtout depuis la rédaction officielle des coutumes, la législation royale devient la source de droit **essentielle** (la seule vraiment vivante, en fait, et symbole de l'affermissement de l'**État**). La technique législative se précise. De même le domaine de la loi, plus circonscrit, fait alors apparaître plus nettement le domaine du droit public. En revanche la royauté doit faire face aux tentatives de partage du pouvoir législatif venant dans le cadre des institutions.

§ 1 – La technique législative et le domaine de la loi

• En principe, le pouvoir législatif est entièrement entre les mains du roi seul ; mais la complexité des affaires et le développement de l'appareil de l'**État** suscitent, sous l'autorité royale, un important **travail d'élaboration** (à la diligence des ministres et secrétaires d'État, du chancelier ou du contrôleur général des finances) puis au Conseil où le roi décide.

• Le texte définitivement arrêté est **mis en forme** à la chancellerie, vérifié et scellé par le chancelier ; le sceau royal rend l'acte immédiatement exécutoire ; mais se pose alors le problème de **publication** : système de **l'enregistrement** par les cours souveraines en vue de la diffusion dans leurs ressorts (système précisé à la fin du Moyen Âge). L'enregistrement implique une **vérification préalable** ; les parlements s'efforcent d'intervenir par un examen **au fond** et présentent des **remontrances**. Le roi tente d'écarter ces empiétements sur ses prérogatives en donnant l'ordre d'enregistrer (**Lettres de Jussion, Lit de justice**) ; la résistance des Cours demeure très forte.

• Une **différenciation** plus grande se précise au XVIIe siècle parmi les actes législatifs (hiérarchie des **ordonnances, édit, déclaration**, auxquels il faut ajouter les **arrêts du Conseil** du roi). De même est fait un effort de **systématisation** dans la composition des ordonnances ; ce travail est très poussé pour les grands monuments législatifs que sont les **ordonnances de codification** du règne de Louis XIV.

• Enfin les juristes distinguent plus nettement le domaine de la loi : tout ce qui concerne l'organisation de la **justice** (organisation, procédure, droit pénal), l'énorme matière de la **police** au sens large d'administration ou simplement de contrôle administratif (police ecclésiastique, des universités, des transports, du commerce, etc.), ce que l'on appelait les « **droits du roi** » (ensemble des prérogatives financières de la royauté, matières militaires, etc.). À travers les lois royales, on aborde, en fait, un problème plus vaste du point de vue historique : celui de la **formation du droit public**, en liaison avec le développement de l'État.

§ 2 - Les tentatives de partage du pouvoir de faire des lois

La plénitude du pouvoir législatif royal, fondée sur la souveraineté, est affirmée tant par la doctrine que par la royauté elle-même ; mais des tentatives d'immixtion dans l'exercice de ce pouvoir, sans en remettre en cause l'unité, y ont apporté quelque entrave :

• Le **chancelier**, devant vérifier les actes avant de sceller, pouvait manifester son opposition étant inamovible ; la royauté a écarté assez facilement ces tentatives en désignant un **garde des Sceaux**, personnage de moindre rang social et de moindre ambition.

• Les **États généraux**, à propos des ordonnances de réformation du XVIe siècle (États de Blois, 1575-1577), prétendent non plus seulement émettre des vœux mais **prendre des décisions** ; la royauté refuse, en promettant de prendre les conseils des États généraux (qui ne seront cependant plus réunis entre 1614 et 1789).

• En revanche les tentatives des **parlements** ne peuvent être écartées aussi facilement, d'autant que la vénalité des offices accroît l'indépendance des parlementaires. La royauté suivant les **fluctuations de son autorité** effective adopte tantôt une attitude souple, tantôt la fermeté ; le souvenir de la Fronde conduit Louis XIV à supprimer les remontrances préalables des parlements à l'enregistrement (Déclaration de 1673), qui reparaissent en 1715. Au cours du règne de Louis XV, l'**opposition croissante** des parlements (à partir de théories pseudo-historiques sur leur rôle de représentants de la nation en l'absence des États généraux) oblige la royauté à multiplier les « lits de justice » où elle affirme son autorité, suscitant la tentative de réforme du chancelier Maupeou. L'opposition des parlements demeurera très vive jusqu'à la Révolution.

Section 3 - Les origines de la jurisprudence

§ 1 - L'apport médiéval

• La nécessité de **traces écrites** et d'**archives** n'a été ressentie dans la vie judiciaire qu'à partir du XIIIe siècle. Mais si un siècle plus tard, les juridictions les plus importantes avaient intégré l'écriture dans leur activité, les praticiens ne pouvaient encore avoir d'autre connaissance des usages des cours de justice qu'à travers des **notes prises lors des audiences**.

Les juridictions supérieures gardent un **texte authentique** de leurs décisions mais seulement **à leur propre usage**. De plus, les conseillers au Parlement prêtaient serment au début du XIVe siècle, de garder le **secret** sur les affaires traitées au nom du roi : de là est venue l'absence de motivation des arrêts (justifiée également par la nature de la mission royale de justice : souveraine, la Cour comme le roi lui-même n'a d'autre supérieur que Dieu et peut juger en équité).

• Il en résulte une floraison d'ouvrages destinés aux praticiens : **styles des cours** (usages des cours en matière de **procédure**), recueils **d'arrêts notables**. Mais on cherche davantage à préciser la règle de manière abstraite qu'à dégager le rapport entre précédent judiciaire et coutume. Ce type d'ouvrage a fait autorité aussi bien auprès des praticiens que des juges qui y retrouvaient la jurisprudence de leur propre cour.

§ 2 – La « jurisprudence des arrêts »

Aux XVIIe et XVIIIe siècles les juristes se sont appliqués à faire diffuser ce qu'ils pouvaient connaître de la jurisprudence des arrêts malgré le secret des cours.

• Ils devaient encore s'appuyer sur la tradition orale et ne pouvaient rapporter des arrêts qu'avec beaucoup d'imprécision. Cependant au XVIIIe siècle les recueils d'arrêts, notamment le *Journal du Palais*, sont de plus en plus nombreux, constituant de premières **collections de jurisprudence**.

• En même temps les idées se clarifient. Selon la définition de Cl. de Ferrière « **La jurisprudence des arrêts est l'induction que l'on tire de plusieurs arrêts qui ont jugé une question de la même manière dans une même espèce.** » La jurisprudence devient ainsi une autorité par la continuité dans la répétition.

• Cependant pour examiner le **pourvoi en cassation** le conseil du roi pouvait demander à la cour dont l'arrêt était attaqué de **produire les motifs** qui avaient fondé la décision.

Section 4 – La codification, expression des aspirations unitaires

À partir du XVIe siècle, la codification a été une **préoccupation générale** : développée par la doctrine, exprimée dans les cahiers de doléances et les vœux des États généraux (1560), reprise par les ministres du roi.

§ 1 – Les idées

• La codification est d'abord une sorte de **projet général** : il s'agit de codifier l'ensemble du droit français, pour compléter **l'unité politique** par l'**unité du système juridique** (réduire les provinces françaises, rangées sous l'autorité d'un seul roi, « à la conformité d'une seule loi »).

• Il s'agit de « **composer le droit français** » (selon l'expression de Colbert) : donc pas seulement une simple compilation dans un but pratique mais une **refonte du droit**, en ajoutant la **réformation** à la réunion ordonnée dans des textes systématiques.

• Les deux grandes directions des recherches nouvelles de la **doctrine**, au cours des XVIIe et XVIIIe siècle, comportent : une **interprétation** sous l'influence de l'**École du droit naturel** ; une réflexion sur l'ordre des matières en droit civil (**plan** d'une codification).

§ 2 - Les éléments de codification

La codification promulguée sous l'Ancien Régime a été réalisée, pour l'essentiel, sous Louis XIV.

• La codification réalisée sous **l'influence de Colbert** comporte d'abord deux ordonnances portant sur les matières de procédure, l'ordonnance **civile** (1667) et l'ordonnance **criminelle** (1670). S'y ajoutent : l'ordonnance du **commerce** (1673) ; l'ordonnance de la **marine** (1681).

• Mais la codification la plus attendue, celle du droit civil, n'avait pas été entamée ; sous Louis XV, le **chancelier d'Aguesseau** en fait le vaste projet : seules quatre ordonnances de codification seront rédigées sous son autorité dont celles sur les donations (1731) et les testaments (1735).

• La codification ne sera plus reprise, après d'Aguesseau jusqu'à la fin de l'Ancien Régime, mais l'ensemble de cette codification avait une **qualité technique** assez élevée pour fournir des éléments importants aux travaux du début du XIXe siècle (ordonnances de Colbert reprises partiellement dans le C. de procédure civile, dans le C. d'instruction criminelle, dans le C. de commerce, dans le C. forestier de 1827 ; ordonnances de d'Aguesseau reprises dans le C. civil).

• L'important **mouvement doctrinal** concernant le droit privé a largement préparé les voies de la codification du droit civil entreprise sous la Révolution et le Consulat.

Chapitre 3
La Révolution et l'instauration du système légaliste

L'essentiel

*L'Ancien Régime reposait sur la **souveraineté royale** et la **concentration du pouvoir** entre les mains du roi ; la tradition pluraliste des sources du droit avait été conservée, bien que nettement atténuée par l'accroissement de la **législation royale** et le développement d'une technique législative plus précise.*
*Dès sa naissance, la Révolution s'efforce de bâtir un nouveau système fondé sur la **souveraineté nationale** et la **séparation des pouvoirs** ; elle s'affirme légaliste : la **loi** est un des **maîtres mots** de la Déclaration des droits de l'homme et du citoyen.*

Section 1 – La conception révolutionnaire de la loi

Des nouveaux fondements du pouvoir législatif résulte une conception de la loi totalement différente. C'est alors tout un système qui est à inventer, en tout cas à reconstruire.

§ 1 – Le principe de la souveraineté de la loi

La souveraineté de la loi est fondée sur la **souveraineté nationale** ; deux formules résument assez bien cette conception :

• « La loi est l'expression de la volonté générale. Tous les citoyens ont droit de concourir personnellement ou par leurs représentants à sa formation » (Déclaration des droits de l'homme et du citoyen, art. 6).

• La formule de l'abbé Siéyès : « La nation existe avant tout ; elle est à l'origine de tout ; sa volonté est toujours légale ; elle **est la loi elle-même.** »

§ 2 – Les conséquences théoriques

• La loi **s'impose à tous**, sans distinction et dans les mêmes termes (les divergences entre minorité et majorité lors de la discussion, sont sans conséquence sur la portée de la loi, une fois la décision prise) ; la loi **ne peut être limitée** à un domaine restreint : la nation, à travers ses représentants, ne saurait voir limiter son pouvoir de décision.

• La loi est une expression de la volonté nationale qui a l'avantage de l'**unité** et de la **clarté**. Elle est censée être prise en toute conscience ; d'où, la coutume (considérée comme diverse, instinctive, confuse) doit s'effacer devant la supériorité de la loi. La loi, par définition, atteint une **perfection certaine** : la nation ne saurait être que le meilleur juge de l'utilité commune ; il en résulte que la loi ne doit pas subir d'atteinte dans son application, soit par les organes d'exécution (gouvernement), soit par le juge (qui ne devrait pas interpréter mais devrait s'en tenir à une stricte application).

• Enfin, cette perfection justifie la **stabilité** de la loi ; on ne peut, pour autant, écarter la modification de la loi par la volonté même qui l'a créée ; du moins, apparaît une **hiérarchie** entre la loi constitutionnelle et les lois ordinaires qui ne pourront s'opposer à l'œuvre du pouvoir constituant.

• Toute cette conception, **très optimiste**, garde un caractère assez **idéal** ou **théorique** ; à la fin de la Révolution, cette conception, très exclusive, sera considérablement tempérée : les rédacteurs du Code civil, en particulier, feront une plus grande place à la notion d'**évolution** et à l'**interprétation judiciaire**, tout en demeurant très attachés au système légaliste.

Section 2 - La technique législative et réglementaire

§ 1 - Formation de la loi

I - Initiative des lois

L'Assemblée constituante s'étant attribuée le pouvoir législatif, **refusa** toute initiative en matière législative au pouvoir exécutif (Const. de 1791). Le Consulat et l'Empire, à l'inverse, n'accordèrent l'initiative des lois **qu'au seul exécutif.** Enfin, au cours du XIXe siècle, la formation du régime parlementaire conduisit à un **partage** de l'initiative des lois entre le législatif et l'exécutif.

II - Élaboration

Elle suit la même courbe, elle devient l'affaire des assemblées révolutionnaires (Comité de législation de la Convention). Inversement, sous le Consulat et l'Empire, l'élaboration des textes se fait à nouveau dans les bureaux du gouvernement, tandis que reparaît un Conseil d'État nettement inspiré de l'Ancien Régime. Après l'Empire s'effectuera un partage du travail d'élaboration entre assemblées et gouvernement, le Conseil d'État conservant un **rôle de conseil** auprès du gouvernement.

III - Sanction et promulgation

L'Assemblée constituante s'étant investie du pouvoir législatif, donna à ses décisions, prises à la suite d'un vote, le nom de **décret.** Ces décrets ne devenaient des **lois** qu'à la suite de la **sanction royale**, le roi gardant en principe le pouvoir exécutif ; dans la Constitution de 1791 la sanction royale demeurait à travers le **veto suspensif**. Après la chute de la monarchie, l'idée resta dans la tradition française que si le pouvoir législatif est seul créateur de la loi par sa décision, le **pouvoir exécutif** joue encore un certain rôle une fois la décision acquise (exécution des lois).

IV - Publication

Les décrets de l'Assemblée constituante, après sanction et promulgation, étaient expédiés aux tribunaux ; un décret du 14 frimaire an II créait le **Bulletin des lois.**

§ 2 - Lois et règlements

La distinction entre le pouvoir législatif et le pouvoir réglementaire était en germe sous l'Ancien Régime ; mais elle a pris, depuis la Révolution et avec l'évolution constitutionnelle, une extension considérable.

I - La précision terminologique

Sous l'Ancien Régime, il y avait à côté des ordonnances, édits et déclarations, les arrêts du Conseil en forme de règlement ; les parlements prenaient des arrêts de règlement, les intendants pouvaient aussi prendre des ordonnances dans leurs généralités. Sous la Constituante, l'Assemblée prenait des **décrets**, le roi rendait des **arrêts** dans son Conseil ou faisait des **proclamations** ; la **terminologie définitive** est fixée par la Constitution de l'an VIII : les décisions votées deviennent des **lois**, le Ier consul pouvant prendre des **arrêtés** ; dès lors, la tradition française rattacha le pouvoir réglementaire à l'exécution des lois.

II - Domaines respectifs de la loi et du pouvoir réglementaire de l'exécutif

La question demeure cependant complexe dans la tradition nouvelle, précisément en fonction de la partition intervenue dans les pouvoirs du chef de l'État sous la Révolution. Si le pouvoir réglementaire est rattaché à l'exécution des lois et prend sa source dans un **texte constitutionnel**, les idées du début du XIXe siècle gardent une référence tenace au **démembrement des pouvoirs** de la monarchie d'Ancien Régime. Il y a désormais place dans les Constitutions françaises pour des variations en fonction de l'équilibre entre pouvoir législatif et pouvoir exécutif ; chaque texte jusqu'à la Constitution de 1958 apporte sa version particulière.

III - Pouvoirs des autorités inférieures

L'Ancien Régime avait préparé la voie. Du fait de la compétence universelle de la royauté, les règlements des autorités inférieures (intendants, parlements, etc.) étaient **subordonnés** aux lois royales. La Révolution, en instaurant la séparation des pouvoirs, ne pouvait qu'abonder dans ce sens et préciser le pouvoir réglementaire avec **plus de rigueur** (pour les autorités municipales, dès 1790, par ex.). Les **préfets** de l'an VIII recevront formellement le **pouvoir réglementaire.** En revanche, et dans la logique du système nouveau, le pouvoir d'établir des règlements par voie de décision de justice sera **retiré aux magistrats** (en particulier, art. 5 du C. civ.).

IV - Décrets-lois

L'histoire constitutionnelle dans ce domaine est assez mouvementée depuis le début du XIXe siècle. Une **éclipse du législatif** est une conséquence fréquente des changements de régime ; l'exécutif est appelé alors à effectuer un certain travail législatif. Les juristes ont introduit ici la notion de décret-loi selon trois catégories correspondant à des **processus différents** : provenant d'un **empiétement d'un exécutif puissant** sur le législatif (époque napoléonienne) ; intervenant en **période transitoire** (où la Constitution se trouve suspendue) en 1830 et 1848, entre le 2 déc. 1851 et le 29 mars 1852, ou encore en 1870-1871 ; intervenant dans le cadre de **pouvoirs exceptionnels** accordés par le législatif à l'exécutif (pleins pouvoirs) sous l'empire de la Constitution de 1875.

Section 3 - La codification, instrument du légalisme

Au cours du XVIIIe siècle, les juristes, à la suite des philosophes, comprenaient de plus en plus largement la codification comme devant s'étendre à l'ensemble du droit, pour bâtir un **nouveau système** fondé sur la **raison**, la **nature**, et exprimé par le moyen de la **loi**.

§ 1 - La Révolution et la codification

• La codification est assez vite intégrée au programme révolutionnaire ; mais on n'y travaillera vraiment que sous la Convention. Entre-temps, le droit privé se maintient tel qu'il était à la veille de la Révolution (droit coutumier, droit écrit, législation royale). Mais, dans l'attente de la codification, un **premier travail législatif** fait pénétrer quelques-unes des idées **révolutionnaires** (dans le droit de la famille, celui des successions) par des lois partielles mais **unitaires** (applicables à l'ensemble du royaume).

• Le travail de codification reçoit un contenu très **philosophique** d'autant que la Révolution entre dans une phase de durcissement : il s'agit alors de faire (éventuellement en dehors des juristes) un code « **simple comme la nature** », s'adressant à tous les cœurs et tous les esprits, s'appliquant à tous les hommes (et même à l'Homme), à partir du projet de « **tout changer à la fois** » (Cambacérès). Le premier projet, court, est rejeté par la Convention. D'autres projets suivront, sans aboutir davantage : à mesure que se développe le travail de codification, on revient au contraire vers une conception **plus juridique**, voire à une synthèse relativement **traditionnaliste**, en renouant avec le droit d'Ancien Régime encore en vigueur.

§ 2 - La codification sous le Consulat

I - Bonaparte

Bonaparte a eu la préoccupation de faire aboutir le travail de codification, **dès son accession** au pouvoir (loi du 19 Brumaire). La **stabilisation** générale et la maturation du travail de codification ont facilité la rédaction du Code civil (achevé et promulgué en 1804).

Le C. civ. n'est qu'une partie, la première et la plus célèbre, d'un **ensemble important** de codification : Code de procédure civile (1806), Code de commerce (1807), Code d'instruction criminelle (1808), Code pénal (1810) ; par son ampleur la codification de l'époque napoléonienne ne peut être comparée qu'à la codification réalisée par Colbert sous Louis XIV. Aussi bien, elle en est un peu un **prolongement**, dans la mesure où les rédacteurs des codes du début du XIXe siècle ont largement utilisé les ordonnances de la fin du XVIIe siècle qu'ils étaient chargés de réviser.

II - Les rédacteurs du Code civil

La **philosophie** des rédacteurs du Code civil (Portalis en particulier) comporte le souci de l'unité du droit et la croyance en la valeur du droit naturel (influence de la philosophie juridique de la fin du XVIIIe siècle). De même la souveraineté de la loi et l'égalité entre les individus sont autant de dogmes fondamentaux. Mais « la Révolution est finie » et la nation ressent le besoin d'**ordre** et de **stabilité** ; la réflexion sur l'évolution sociale et l'**évolution correspondante du droit** sera alors profondément marquée par :

• la **critique de l'esprit révolutionnaire** qui considérait la codification comme un moyen d'utiliser le droit pour imposer une transformation radicale de la société ;

• l'**assouplissement** des conceptions du rôle du législateur et de la loi de codification, pour tenir compte de l'évolution inévitable : le juge y retrouve un rôle primordial d'**interprétation** et d'adaptation de la loi ;

• la **fidélité** au droit français **dans son ensemble** (à la fois aux composantes de l'ancien droit et à l'apport révolutionnaire) ; d'où l'idée de conserver tout ce qu'il n'est pas nécessaire de détruire ;

• la **référence au droit naturel** qui offre la méthode susceptible d'assurer la cohérence de l'ensemble, et donne à la doctrine juridique des codificateurs un fondement métaphysique.

§ 3 - Les limites de la codification

• Malgré son ampleur, la codification demeurait cependant **inachevée**. Si elle couvrait, à cette époque, la majeure partie du droit privé, le problème **demeurait posé** pour le **droit public** : les dernières années de l'Ancien Régime avaient vu un effort de compilation et la loi du 15 prairial an II avait ordonné la rédaction d'un code sans que le projet aboutisse ; des ordonnances de 1824 et 1839 remettront le travail sur le métier sans davantage de résultat. La codification officielle des sources du droit public sera alors **définitivement abandonnée**.

• L'idée de la codification était cependant installée très solidement chez les juristes et dans le système français ; les **efforts de codification** reparaîtront dans divers domaines, par **matières** : Code forestier, Code de justice militaire, projet d'un Code du travail et de la prévoyance sociale (à partir de 1901), etc. Mais insensiblement la **tradition de la codification s'affaiblit** : on revient, comme on l'a déjà vu, des grandes entreprises du début du XIXe siècle (refonte synthétique et systématique) à la **simple compilation**.

Section 4 - Les limites du légalisme dans les sources du droit

À partir de la Révolution la loi est devenue le fondement du système juridique. Mais pour autant la loi peut-elle écarter toute formation d'usage ou de coutume ? Or la loi fixée à un moment déterminé ne peut tout prévoir et ne peut avoir la souplesse de la coutume qui reparaît alors aux frontières du légalisme dans la pratique et qui a soulevé en même temps un problème doctrinal.

§ 1 - La légalité

Dans la nouvelle tradition française, issue de la Révolution, la **légalité** est devenue le **cadre général des sources du droit** : elle s'entend de l'ensemble des lois et règlements, ces derniers étant destinés en principe à assurer l'application des lois et, par là, subordonnés aux lois ; cette conception générale de la légalité au sens large, ne laisse plus guère de place, par principe, à la coutume et la doctrine du XIXe siècle a été très légaliste, justifiant la **supériorité de la loi** par la **médiocrité de la coutume** en tant que source du droit.

§ 2 - La coutume

Derrière cette position de principe, il est assez difficile d'apercevoir et de cerner la réalité quant au **rôle joué par la coutume** dans le système actuel ; il y a, en fait, deux problèmes :

I - Forme

La place de la coutume du point de vue **formel**, c'est-à-dire en tant que **source de droit** :

• la loi du 30 ventôse an XII (promulgation du Code civil) a abrogé les coutumes d'Ancien Régime par référence **seulement** au contenu du Code civil, ce qui laissait une place à la coutume en tant que telle ;

• le Code civil lui-même, **donc la loi**, renvoie parfois aux usages (ou encore « à l'usage du pays ou la coutume des propriétaires », art. 593) ; à ces articles en nombre limité s'ajoutent des références implicites à travers certaines notions (bonnes mœurs, bon père de famille) au contenu manifestement évolutif ;

• si l'on considère l'ensemble du système juridique français, une **place importante** peut encore être reconnue à la coutume en d'**autres matières** que le droit civil, par ex. en matière **commerciale** ; il suffit de rappeler aussi la longévité de la Constitution de 1875, très peu étendue dans sa forme écrite mais complétée par de multiples usages.

II - Fond

La question la plus subtile, mais non la moins importante, reste de savoir quelle peut être encore l'**influence des usages**, non plus formellement (en tant que source de droit) mais indirectement, et **en fait**, **quant au fond**, dans la **formation du droit** en **système légaliste** : dans quelle mesure la jurisprudence d'une part, le législateur lui-même d'autre part, sont-ils sensibles à cette influence ? Car le système tend inévitablement, pour une part qui reste à apprécier, à faire rentrer les usages dans le cadre formel de la loi, à « **légaliser** » l'**élément coutumier**.

Section 5 - L'interprétation de la loi et la jurisprudence

Ce sont les réformes de la Révolution et le débat sur le rôle du juge dans l'interprétation de la loi qui ont permis le développement de la jurisprudence dans le système légaliste actuel. Or il y a eu une rencontre aux répercussions considérables entre ces réformes et l'évolution technique qui a fait passer la publication de la jurisprudence de la simple collection au recueil périodique.

§ 1 – L'interprétation de la loi

Depuis le début du XIXe siècle le principe de l'interprétation de la loi par le juge est acquis et les juristes se préoccupent surtout des méthodes, de l'**exégèse** aux méthodes dites **scientifiques** ou **modernes**. C'est le résultat d'un long débat entamé avec l'ordonnance de 1667 et précipité par la Révolution.

I – L'ordonnance de 1667

Son article 7 **interdisait** aux cours souveraines (particulièrement les parlements), en cas de « doute ou de difficulté » dans l'application de la législation, d'**interpréter elles-mêmes les textes** : elles devaient demander au roi de faire connaître son intention. L'interprétation par voie réglementaire ne disparut pas pour autant mais ses limites étaient précisées. À la veille de la Révolution, pour éviter que les juges s'affranchissent totalement du respect de la loi sous couvert d'interprétation, on ne reconnaissait ce pouvoir qu'aux seuls juges souverains (et sous la réserve d'une annulation royale toujours possible). Les juges inférieurs devaient s'adresser au chancelier.

II – Le débat révolutionnaire

Il a deux faces :

• À l'**Assemblée constituante** on s'oppose violemment au nom de la séparation des pouvoirs à toute entreprise du juge qui aboutirait à substituer sa volonté à celle de la nation exprimée par la loi : d'où le juge doit s'en tenir à une **application stricte** et **mécanique** de la loi aux faits qui lui sont soumis (**syllogisme du juge**) ; de même dans le silence de la loi doit-il se taire. L'idée est alors répandue chez les juges que **toute interprétation de la loi** leur est **interdite**.

• La loi des 16-24 août 1790 (titre II, art. 12) avait posé le principe du recours au corps législatif **(référé législatif)** de la part des tribunaux « toutes les fois qu'ils croiront nécessaire soit d'interpréter une loi, soit d'en faire une nouvelle ».

• Le **Comité de législation**, dans sa correspondance avec les juges, a été beaucoup plus nuancé. Il faut se garder des « interprétations fausses et prohibées » mais ne pas faire « preuve d'ignorance et d'irréflexion » ; devant les difficultés les juges doivent s'appliquer à les **résoudre d'eux-mêmes** en établissant leur opinion par l'**interprétation des lois** : c'est un **devoir de leur charge**.

III – Le Code civil

Les rédacteurs du C. civ. étaient très conscients de l'**inévitable évolution de la société** et de la relativité de l'œuvre de codification : il fallait alors « laisser au juge l'interprétation sans laquelle il ne peut exercer son ministère ».

• C'est pourquoi le texte de l'art. 5 a été remanié ***in extremis*** : il est interdit aux juges de **prononcer** par voie de disposition générale et réglementaire sur les causes qui leur sont soumises (**prononcer** ayant été substitué à **interpréter** pour ne pas réveiller le vieux débat). On distingue alors interprétation *in abstracto* (par voie d'autorité et réservée au législateur) et interprétation *in concreto* (doctrinale et laissée au juge mais ne pouvant jamais avoir de portée générale).

§ 2 - Le développement de la jurisprudence

I - Les réformes de la Révolution

• La **motivation des jugements** imposée par la loi des 16-24 août 1790, reprise dans le Code de procédure civile en 1807 (art. 141) ;

• la création du Tribunal de cassation chargé, entre autres missions, de veiller à l'**unité** des principes, à l'**uniformité** à maintenir dans les décisions, à la nécessaire **stabilité** des manières d'appliquer la loi.

Le Tribunal de cassation a su très vite se saisir de ce rôle, surtout au moment où l'assemblée édifiait un nouveau droit ; devenue sous l'Empire **Cour de cassation**, cette juridiction a réussi à imposer sa jurisprudence en évitant de recourir au référé législatif (désormais voué à la suppression).

II - La publicité

La jurisprudence a bénéficié en même temps de **nouvelles formes de publication** et de diffusion, conséquence du développement de la **presse** qui avait accompagné la Révolution.

• Au début du XIXe siècle se multiplient les **publications périodiques** de jurisprudence (dès 1812, une dizaine à Paris : *Jurisprudence du Code civil, Gazette du Palais.* Les plus remarquables : le *Recueil Sirey* et le *Recueil de Denevers* poursuivi à partir de 1826 sous la direction de ***Dalloz***).

• Le milieu du siècle voit l'évolution des méthodes de publication et l'apparition d'un **commentaire bref** accompagnant les décisions les plus marquantes : c'est alors la naissance de la **note d'arrêt**. Cette littérature a suscité des controverses entre magistrats, praticiens et universitaires : échange d'idées d'autant plus fécond que le **pouvoir de régulation** de la Cour de cassation s'affirme à mesure que l'éloignement de la codification appelle une nécessaire **« adaptation aux réalités et aux exigences de la vie moderne »** (ce seront les « **grandes constructions** » de la jurisprudence).

Chapitre 4
Le système français dans l'histoire du droit en Europe

L'essentiel

Les droits des États européens actuels plongent fort loin leurs racines. Pour les situer dans l'histoire du droit en Europe il faut remonter à l'Antiquité, surtout au début de l'ère chrétienne sous l'Empire romain qui avait englobé presque toute l'Europe dans un État unitaire. Cette unité politique qui a tenu, de plus en plus difficilement, jusqu'au ve siècle après J.-C. s'est accompagné d'une ***unité de civilisation*** *marquée par la culture gréco-romaine et le christianisme, culture qui constitue le socle sur lequel s'est bâtie la spécificité européenne. Mais tandis que l'Empire romain d'Orient, centré sur la Grèce, se maintenait et devait durer jusqu'à la conquête de Constantinople par les Turcs au milieu du xv*e *siècle, en Occident l'Empire romain s'effondrait et disparaissait au cours du v*e *siècle*

Section 1 – Le creuset d'un droit coutumier (Ve-XIe siècle)

Durant la première partie du Moyen Âge l'Occident, submergé par les invasions des peuples venus de l'est, a connu le morcellement politique en royaumes et principautés divers malgré l'éphémère Empire carolingien. Particularismes et diversité ont alors marqué l'Europe du point de vue ethnique et politique tandis que l'unité de civilisation y était maintenue particulièrement sous l'influence de l'Église façonnée par la civilisation latine. L'Église a été en effet à partir de ses structures et de sa culture le *trait d'union* entre l'**Antiquité** et la grande **civilisation médiévale**. Or durant ce demi-millénaire s'est effectuée une première fusion des races avec ses conséquences juridiques.

§ 1 – Diversité et particularismes

• En Occident avec les invasions « barbares » (ce terme signifiant *étranger* par rapport aux romains) de peuples venus de l'est, c'est-à-dire de la grande famille des peuples germaniques, des *ethnies diverses* ont été installées en Europe de l'Ouest au milieu des populations jusque-là dominées par l'Empire romain. Les provinces romaines des Gaules se trouvaient partagées entre les royaumes burgonde, wisigoth et franc tandis que, en fait, la plus grande partie de la population de ces royaumes était gallo-romaine. Dès lors pour **rendre la justice** qui suppose au préalable la connaissance des règles de droit applicables aux personnes concernées, la coexistence de communautés différentes imposait au juge de poser la question de l'appartenance ethnique : *sous quelle loi vis-tu ?* La personne devait alors déclarer la loi sous laquelle vivaient ses ancêtres et qui était donc celle de son statut personnel (loi barbare ou droit romain). Pour la commodité des juges on procéda à des rédactions de sources :

un abrégé des lois romaines, le *Bréviaire* du roi wisigoth Alaric II ; certaines lois barbares : des Wisigoths, des Burgondes et surtout des Francs (la *loi salique*).

• Ce système pluraliste, appelé pour cette raison *personnalité des lois,* imposait donc la **coexistence** à l'intérieur d'un **même ordre juridique** de plusieurs *droits de race* avec leur diversité de règles et d'esprit : système simple en apparence tant que les parties relevaient de la même loi mais posant de difficiles problèmes dans le cas contraire où des lois différentes entraient en conflit. Les problèmes de cette nature relèvent aujourd'hui de la discipline du *droit international privé* ; il y a peut-être moins de nouveauté qu'il pourrait paraître sur le continent européen dans les perspectives qu'offre désormais la coexistence entre des ordres juridiques différents à travers des nations de plus en plus nombreuses dans l'Union européenne.

• La personnalité des lois allait être en usage durant des siècles. D'un côté, ces lois diverses ont maintenu pour un temps les particularismes ethniques tandis que, d'un autre côté, il y a eu entre elles des *influences réciproques.* Mais au bout d'un demi-millénaire, à partir du XIe siècle les inévitables rapprochements entre communautés avaient commencé à brouiller le souvenir des diverses appartenances ethniques. Dès lors, de nécessité au moment des invasions le système de la personnalité des lois devenait source de complication ; en *désuétude* il allait être remplacé par un **système de territorialité.**

§ 2 - Mythe impérial et éphémère unité

• Clovis, au début du VIe siècle, avait commencé à unifier une partie des Gaules. À partir du VIIIe siècle la dynastie carolingienne va plus loin et Charlemagne réunit sous son autorité la plus grande partie de l'Europe de l'Ouest. Il se rattacha au mythe de l'Empire romain, rêvant de reconstituer l'Empire en Occident, et prit le titre d'empereur Auguste en 800. Il alliait les *traditions germanique, romaine et chrétienne.* Associé étroitement à l'Église il en a reçu l'idéal du prince chrétien qui gouverne en exerçant un *ministère* et celui de *l'unité du peuple chrétien* ; en même temps l'appui de la hiérarchie ecclésiastique lui fournit les cadres essentiels de l'administration dans l'entourage du prince.

• La législation carolingienne, les **capitulaires** (composés de petits chapitres, *capitula*) s'impose alors dans l'Empire. Inspirés des préceptes du christianisme les capitulaires entremêlent exhortations morales et règles juridiques. Les plus importants s'appliquent à *l'ensemble des sujets* de l'Empereur et constituent bien une **législation unitaire**, la politique impériale inspirée par l'idée d'unité du peuple chrétien tendant à réduire l'importance de l'origine ethnique des sujets. Si les coutumes et lois personnelles n'ont pas été abrogées pour autant, la fusion des races allait peu à peu en provoquer la désuétude.

• L'Empire est cependant bien fragile. D'un côté, en effet, une *unité de civilisation* y existe : structure patriarcale de la famille, économie rurale de subsistance, foi chrétienne. Mais, d'un autre côté, la *conscience* de cette unité et l'idée d'État ne sont guère apparentes que chez quelques éléments de la hiérarchie ecclésiastique, les princes eux-mêmes restant attachés à la **tradition de patrimonialité** de l'Empire lequel est partagé au traité de Verdun en 843 : aux cadets, d'un côté la Francie occidentale (future France) et, de l'autre côté, la Francie orientale (la Germanie) ; entre les deux un territoire allant de la Flandre à l'Italie et comportant en outre Lorraine, Bourgogne et Provence, est attribué à l'aîné, Lothaire (d'où le nom de *Lotharingie*), avec le titre impérial mais sans aucune primauté sur les deux autres princes. Faiblesse des princes, invasions, saperont encore cette éphémère unité.

§ 3 – Morcellement territorial et pluralisme juridique

• À partir du VIe siècle (le Bas Moyen âge), l'effondrement de l'Empire précipite le morcellement des territoires. La Lotharingie elle-même se désintègre, le titre impérial étant repris par le roi de Germanie au milieu du Xe siècle ce qui fondera le *Saint Empire germanique* un peu plus tard. Dès le règne de Charlemagne déjà la *vassalité* fondée sur un *lien personnel* avait été érigée en moyen de gouvernement pour assurer la fidélité des responsables territoriaux mais, au surplus à cause de nouvelles invasions, le pouvoir échappait aux princes du fait de l'*appropriation des fonctions*. Le **système féodal** se généralisant jusqu'aux plus petites seigneuries accentuait encore le fractionnement territorial.

• Cette évolution du système politique intervenant concurremment avec la fusion des races a influencé directement la formation d'un **droit coutumier territorial** : le droit applicable à la personne n'était plus lié à son origine ethnique mais à son enracinement, à son *appartenance à une seigneurie*. Ce nouveau droit se construisait lentement en grande partie par la force de l'usage, gardant un caractère oral et évolutif ; à l'intérieur même des royaumes et principautés il épousait l'extrême morcellement territorial résultant de la féodalité d'où une grande diversité.

• À la fin du premier millénaire après J.-C. en Europe le **processus coutumier territorial** atteignait l'ensemble du droit. De *vocation universelle* comme l'Église elle-même, le droit canonique n'a cessé de se développer et a été en plusieurs régions (Espagne, Irlande, Italie, France) l'objet de compilations privées de plus en plus grande qualité. Appliqué dans les cours de justice épiscopales, les *officialités*, il concerne à la fois les clercs ès qualité et les laïcs pour la discipline religieuse, tout particulièrement pour le mariage ; il rentre ainsi dans la pratique juridique courante. Le *droit romain* en revanche, lié au souvenir de l'Empire romain pas complètement ignoré mais trop savant sans doute pour pénétrer jusque-là la vie juridique, n'a plus guère d'influence.

Section 2 – L'intrusion des droits savants (XIIe-XVe siècle)

• Le second versant du Moyen Âge (le Bas Moyen Âge) a vu en Europe l'éclosion d'une brillante civilisation à partir essentiellement de la *révolution économique* du XIe siècle et d'une fulgurante **renaissance spirituelle** et **intellectuelle**. Or le foyer de cette renaissance a été en grande partie italien. Les cités commerçantes et les régions de l'Italie du Nord ont alors constitué le premier pôle de développement économique en Europe auquel a répondu la Flandre, de là le rayonnement des puissantes communes italiennes. De plus, parti d'importants centres de spiritualité tels que l'abbaye de Cluny, un grand renouveau de l'Église a été suscité et réalisé sous le pontificat de

Grégoire VII (1073-1085), la « *réforme grégorienne* ». Enfin s'ébauchaient lentement de *grands royaumes* se donnant des structures étatiques et ayant pour cela des besoins juridiques spécifiques. Or, tout particulièrement du point de vue juridique, la renaissance intellectuelle est encore venue d'Italie, à partir de *Bologne*, à la fois pour le droit romain et pour le droit canonique.

• L'héritage du Haut Moyen Âge était celui de la compartimentation politique avec la féodalité et de la diversité coutumière. Or comme on l'a vu, les deux droits, romain et canonique, ont été immédiatement très liés et ont constitué la base d'une **culture juridique commune** en Europe au-dessus du droit coutumier. Le droit romain a même été considéré comme **le droit** par excellence. Ces droits, **savants** par rapport aux coutumes c'est-à-dire objet d'étude et source d'une nouvelle science, ont apporté des modèles juridiques influençant aussi le droit coutumier. À ce titre ils ont profondément marqué cette civilisation à travers les institutions et la société tout entière. C'est bien alors à partir du XIIe siècle que s'affirme, par **l'intrusion des droits savants** dans la **diversité coutumière initiale,** le **phénomène du droit** qui est propre à l'Europe.

§ 1 – Le grand retour du droit romain à travers l'Europe

I – Le droit de Justinien : de la lecture à la science

• Dans l'Europe occidentale la régression de la culture juridique et l'insuffisance des contacts avec l'Empire d'Orient ont fait que les compilations de Justinien du début du VIe siècle *(Corpus juris civilis)*, sans doute connues, n'y étaient cependant pas utilisées. À partir de la fin du XIe siècle la renaissance intellectuelle a vraiment permis de **recevoir** (c'est-à-dire de *comprendre* et *utiliser*) le droit romain dans sa forme ultime, la plus savante et la plus développée. Cette résurgence du droit romain a commencé véritablement au XIIe siècle à Bologne où un juge entamait un enseignement à partir de la lecture des textes du *Corpus* de Justinien. De là cet enseignement a rayonné dans toute l'Europe avec la naissance des *universités* au début du XIIIe siècle.

• Ces textes offraient un *arsenal terminologique* qu'il fallait d'abord assimiler en maîtrisant les notions dont il était porteur, d'où l'importance de la lecture et des commentaires dans le premier enseignement. De là également le recours à la **méthode scolastique** qui s'accompagnait précisément d'un goût particulier pour les **Gloses** (commentaires des textes) et les **Sommes** (exposés exhaustifs). Les études de droit romain (le *droit civil*) ont alors suscité un **nouveau mouvement scientifique** s'appuyant sur la philosophie antique et l'art des logiciens. Dès lors dans un autre milieu de civilisation le droit romain entamait une nouvelle vie ; il était utilisé dans la pratique, enrichi de **nouvelles classifications** et de **nouveaux concepts** par les *glossateurs* (Azon et Accurse en Italie, Placentin en Italie et en France) puis les *postglossateurs* (Jacques de Révigny ou Pierre de Belleperche en France ; Bartole en Italie).

II – La diffusion de l'enseignement

• On vient à la fois de loin et en nombre étudier le droit civil à Bologne et de là ces nouveaux juristes *diffusent leur science* dans *leur pays d'origine* en créant chez eux des **écoles de droit**. Ainsi en est-il à partir du milieu du XIIe siècle et durant la fin du Moyen Âge non seulement dans toute l'Italie mais en Provence et dans le sud du royaume de France, en Catalogne, en Angleterre à Oxford, en Allemagne, aux Pays-Bas et dans l'Europe du Nord.

• Ces écoles de droit sont parfois liées surtout au *renom d'un professeur* et par là éphémères ; mais la **naissance des universités** a été le facteur essentiel de *fixation* et d'*enracinement* définitif de cet enseignement **à travers toute l'Europe**. De plus, professeurs et étudiants, les premiers suivant leur renom entraînant les seconds, se déplaçaient facilement d'une ville à l'autre. Un monde des juristes se créait ainsi en Europe par-delà les compartimentations politiques du moment.

§ 2 – Le renouvellement du droit canonique

I – Une nouvelle science fondée sur le Décret de Gratien

• On a déjà montré l'importance du Décret de Gratien (vers 1140) ; œuvre privée il reçoit cependant *valeur officielle* et l'ampleur du travail accompli pour mettre de l'ordre dans l'accumulation de textes épars de droit canonique depuis un millénaire est telle que le Décret est devenu aussitôt la référence indispensable et la pièce majeure de ce droit. Il est alors l'objet d'études qui participent au grand mouvement intellectuel des XIIe et XIIIe siècles et procèdent de la même méthode : si le Décret était bien distinct du droit romain, en revanche les « décretistes » en ont fait des gloses et des commentaires en suivant la même orientation que les « civilistes » pour le droit romain. Ils y ajoutent encore des traités, des *Sommes* : sans doute la plus connue est celle d'un professeur de Bologne, Huguccio de Pise, à la fin du XIIe siècle. Ainsi s'est développée une véritable doctrine de droit canonique à partir de cette source essentielle.

• Certes les deux droits, romain et canonique, demeuraient distincts ; mais l'**interpénétration** provoquée d'un côté par l'influence sur le droit romain de la morale édifiée par les théologiens à partir de l'Écriture et, d'un autre côté, par l'apport au droit canonique de la technique du droit romain a créé une réelle **complémentarité** entre eux. Dans le domaine de la procédure les civilistes n'hésitaient pas à utiliser les matériaux offerts par la procédure canonique, très développée à partir de 1180, au point que l'on peut parler de **procédure « romano-canonique »** devant les cours laïques. De leur côté, les décrétistes, en particulier Huguccio, en arrivaient à utiliser le droit romain pour combler les **lacunes du droit canonique**, c'est-à-dire lorsque les textes de ce dernier étaient muets sur une question déterminée, donc à **reconnaître** au droit romain un *rôle supplétoire* en matière canonique. Les deux droits, romain et canonique, faisaient désormais partie l'un et l'autre d'un **droit commun** (*jus commune*) en Europe.

II – L'expansion du droit canonique

• Le Décret de Gratien était d'une utilité qui ne s'est pas démentie au long des siècles. En revanche, compilation ou codification ne peuvent figer le droit définitivement contre l'évolution de la société. Ainsi les papes du XIIIe siècle ont-ils beaucoup légiféré, étant parfois eux-mêmes *grands juristes*, particulièrement Innocent IV. De nombreux textes législatifs, les *décrétales*, s'ajoutaient ainsi au recueil de Gratien et posaient à nouveau le problème d'encombrement, d'où des recueils privés auxquels a été substitué un **recueil unique et officiel** en 1234. Ainsi s'est formé le *Corpus juris canonici* en vigueur jusqu'à la promulgation d'un nouveau code en 1917.

• Le droit canonique a eu une **influence directe** sur la formation des droits des différents royaumes. L'histoire française en donne une bonne illustration, la royauté capétienne s'étant inspirée de l'organisation ecclésiastique fondée sur une administration solide et complexe et les légistes royaux ayant également puisé dans le droit canonique comme dans le droit romain des principes utiles à la cause royale. Le droit canonique a considérablement influencé les domaines de la procédure (réforme judiciaire de saint Louis), de la famille (mariage), des obligations.

§ 3 - L'affirmation du phénomène du droit en Europe

I - Droit commun (*jus commune*) et droits particuliers (*jura propria*)

• On n'insistera jamais assez en effet sur l'importance de la *révolution intellectuelle* qui a suscité en Europe, à partir du XIIe siècle, le **développement du droit**, entre autres. Durant quatre siècles la science juridique née dans la mouvance bolonaise et fondée sur l'étude des deux droits, droit romain et droit canonique, a marqué son temps. Sans doute les deux droits répondaient en principe à des fins différentes, demeuraient distincts et étudiés par des juristes de disciplines différentes (civilistes d'une part, canonistes d'autre part). Cependant les uns et les autres ne les ont pas moins *rapprochés progressivement* dans leurs travaux au point que, sans les confondre en une source de droit unique, ils les ont **associés étroitement :** d'où l'expression *utrumque jus* c'est-à-dire « l'un et l'autre droit », ces droits étant alors les éléments d'un *jus commune*, d'un *droit commun* en Europe. Même à travers des rapports complexes entre les deux droits ce *jus commune* apparaissait globalement aux yeux des contemporains en quelque sorte comme la *charpente du système de droit*.

• Du fait même de son existence l'*utrumque jus*, désigné aussi comme *jus commune* parce qu'il était limité au droit romain et au droit canonique, a posé inévitablement un **problème d'application** vis-à-vis des autres sources de droit, à la fois *coutumes* et *réglementation des autorités publiques*, sources nombreuses et d'une grande diversité. Cela d'autant plus que, d'un côté, ce *jus commune* était compris très largement c'est-à-dire en joignant aux principes initiaux toute l'interprétation accumulée par la doctrine médiévale et que, d'un autre côté, les juristes savants s'y référaient dans toute l'Europe. Une **théorie** des *rapports entre toutes les sources* de droit a alors été élaborée. Bartole a déterminé ainsi les critères d'application du *jus commune* dans sa vocation universelle par rapport aux autres sources considérées comme particulières, les *jura propria* : dans le *jus commune* se trouvaient les principes tandis que, au dessous, il appartenait aux *jura propria*, tel le droit français, de régler les situations diverses.

II – De la science à la pratique : les fondements coutumiers et l'utilisation des droits savants

• La résurgence du droit romain à partir des développements savants passe aussi plus ou moins dans la *pratique courante*. Non seulement les glossateurs n'ont pas négligé les questions pratiques mais plus largement se retrouvent à tous les échelons de la société des juristes formés aux droits savants : **entourage des princes, institutions urbaines, monde judiciaire** et aussi **notariat**. Il en est ainsi particulièrement dans les plus hautes juridictions comme le Parlement à Paris dont les membres ont des modes de pensée qui les conduisent à **interpréter** le *droit coutumier* à l'aide des *concepts* hérités du *droit romain*.

• Le développement d'une **civilisation de l'écriture** suscitant le fréquent recours aux actes juridiques a provoqué aussi l'expansion rapide en Europe du *modèle italien* du notariat dont il y avait à Bologne, à côté de l'université, une école réputée. De même les *formulaires italiens* imprégnés de droit romain introduits dans le Midi de la France dès la seconde moitié du XIIe siècle se sont alors répandus largement dans toute l'Europe du XIIIe au XVe siècle et les historiens peuvent en suivre pas à pas la progression vers le nord.

III – Une évolution coutumière distincte : le *common law*

• Si les **îles britanniques**, Angleterre et Irlande, sont demeurées à part elles n'ont pas été totalement à l'écart de l'influence du droit romain ; on a commencé également à y recevoir ce droit au XIIIe siècle mais le droit de ces pays a **évolué différemment** de ceux de l'Europe continentale. Particulièrement le système judiciaire y a dominé l'élaboration du droit et maintenu plus solidement l'originalité du système coutumier.

• Le droit appelé *common law* s'est en effet formé essentiellement à partir des décisions des juges à propos des affaires qu'ils avaient à trancher, décisions constituant des précédents ; ces juges étaient surtout des **praticiens** éloignés de la formation universitaire. Dès lors la source législative a eu beaucoup moins d'importance dans le droit des pays anglo-saxons et il n'y a pas eu non plus un courant scientifique de systématisation semblable à celui qui a animé les universités du continent. Ce **droit anglo-saxon,** qui devait avoir par la suite un tel rayonnement, a eu son originalité propre en s'éloignant très tôt du tronc commun des droits de l'Europe continentale.

IV – Un droit à vocation universelle : le droit du commerce

• Au sortir d'une stagnation économique presque millénaire l'expansion du grand négoce au XIIe siècle a provoqué ce que les historiens ont appelé une *révolution commerciale* suscitant des *besoins juridiques inédits*. Les **cités du Nord de l'Italie** surtout – Gênes, Milan, Florence, Pise ou Venise – pionnières en la matière, ont dominé ce mouvement par leur activité, par leurs capitaux, par leurs implantations lointaines et en même temps par leurs **innovations** de **technique commerciale et juridique**. Dans un environnement juridique peu favorable au commerce, dans le cadre des institutions urbaines et d'institutions spécifiques – corporations et juridictions – le monde italien de la marchandise a ébauché, selon un **processus coutumier,** un droit spécifique pour son activité et qui a été appelé *lex mercatoria* (loi des marchands).

• Ainsi l'histoire juridique de l'Europe révèle dans le domaine commercial précisément la formation d'un droit spécifique du commerce à partir d'un processus coutumier. D'un côté cette notion d'un **droit particulier** pour le commerce était inconnue de l'Antiquité romaine ; mais, d'un autre côté, l'influence du droit romain est entrée dans la *doctrine commerciale*. Enfin ces nouveaux usages ont eu très vite cette vocation *universelle* comme les relations commerciales elles-mêmes, en direction de la Flandre, de l'Angleterre et de pays de la Baltique, de l'Allemagne, de l'Espagne à travers la Catalogne, de la France. Même en Angleterre en effet le *merchant law* a recueilli cet héritage. Par là cette *lex mercatoria* paraît avoir atteint une universalité que le droit romain lui-même n'avait pas connue.

Section 3 - L'Europe des États et du *jus commune*

Entre la fin du XVe siècle et la fin du XVIIIe l'héritage juridique médiéval en Europe évolue en fonction de la montée en puissance de royaumes qui se dotent plus ou moins rapidement de structures étatiques plus élaborées et qui développent une **législation** prenant parfois la forme de *grandes lois de codification*. En revanche face à ces grands royaumes toutes les principautés n'évoluent pas au même rythme tandis que partout, à partir de structures sociales marquées par la féodalité, persistent des institutions qui font contrepoids aux pouvoirs absolus des souverains. Si l'idée de patrimonialité des territoires aux mains des princes entretient une grande instabilité de la carte politique, en fait, le cadre régional demeure encore essentiel dans la réalité européenne des Temps modernes.

§ 1 - La construction de l'État et l'absolutisme

I - L'État de droit et l'absolutisme

• L'utilisation des instruments juridiques constituant un système nouveau à la fin du Moyen Âge est fréquemment orientée, à travers des expériences diverses, vers un pouvoir d'État. C'est un phénomène d'appropriation de l'instrument juridique là où le pouvoir princier peut y parvenir dans la perspective, déjà nettement affirmée à partir du XIIIe siècle en France par exemple, d'un *monopole législatif étatique* et du développement d'*institutions judiciaires* dans le cadre d'un *service public royal*. Dans les Temps modernes précisément l'État de droit continue à se construire à partir de l'affirmation du pouvoir princier dans le système de **pouvoir absolu**. En revanche, l'approfondissement de la notion de souveraineté a également pour conséquence de tendre dans cette construction vers un transfert plus ou moins grand des *prérogatives* de la *personne princière* vers *l'État*. Mais au XVIIIe siècle la construction du pouvoir absolu se heurte aux résistances des structures traditionnelles de la société et aux critiques des courants à la fois juridique (**droit naturel**) et philosophique (**philosophie des Lumières**).

• Même si le progressif développement du système judiciaire dans le cadre étatique laisse subsister des juridictions seigneuriales issues de la féodalité, dans le cadre de la souveraineté la *construction* de **l'État de droit** a été poursuivie par des *juridictions suprêmes* qui entrent dans la logique de l'étatisme. Leur jurisprudence a été déterminante dans le domaine du droit public en partant de l'affirmation de la souveraineté princière. Les conséquences en sont importantes sur l'évolution du système juridique.

II – Les limites de l'absolutisme

• Cependant durant ces trois siècles des Temps modernes à travers les États européens toutes les expériences de construction étatique n'avançaient pas partout au même rythme. D'une part, ces évolutions pouvaient intervenir plus facilement dans un *cadre assez large* et ayant déjà un *acquis* atteignant en quelque sorte une masse critique conduisant à ces transformations, c'est-à-dire dans les royaumes d'Angleterre et de France aux traditions unitaires les plus anciennes, dans le royaume d'Espagne, puis dans l'empire d'Allemagne composé de royaumes et de principautés. Mais, d'autre part, d'une manière générale des *organes* et des *institutions* se maintenaient qui constituaient autant de **freins à l'absolutisme**, ce qui explique également que le *cadre régional* garde encore une telle importance dans l'Europe de cette époque.

• La construction de l'État se poursuivait sous le couvert du pouvoir absolu mais trouvait aussi ses limites dans les **structures de la société** d'Ancien Régime elle-même du fait des *ordres hiérarchisés* et des *privilèges*. Au-dessous des institutions de gouvernement et de haute administration particulièrement, l'absolutisme souverain du pouvoir princier, même sous une forme autoritaire, rencontrait la **force d'opposition** d'assemblées représentatives avec lesquelles il devait compter : en France au XVIe siècle les *États généraux* que d'ailleurs la royauté ne réunit plus à partir de 1614, les *Cortès* en Espagne, le *Reichstag* en Allemagne et surtout le *Parlement* en Angleterre. Les ordres hiérarchisés avaient vocation à maintenir leurs privilèges particuliers.

III – Absolutisme et despotisme éclairé

• L'absolutisme tel qu'il avait été énoncé en France au début du XVIIe siècle était un pouvoir exercé sans partage par le souverain astreint cependant au respect des lois. C'était alors un **idéal monarchique** très répandu en Europe. Mais au XVIIIe siècle la philosophie des Lumières (les *lumières de la raison*, symbole de progrès par opposition à l'obscurantisme qui est par définition la marque d'esprit de l'ignorance) développait une vive critique de l'absolutisme traditionnel et entendait y substituer un autre idéal, celui du *despotisme éclairé*.

• Le despotisme éclairé, dont Voltaire était partisan et se présentant dans la droite ligne de la *physiocratie*, reposait sur la conception d'une monarchie dont l'exercice sans contrepoids, ordres ou corps, était cependant appuyé sur la raison pour réformer au nom de l'intérêt général. Les considérations économiques y tenaient une grande place. Cette forme de despotisme a été pratiquée, de diverses manières, par des souverains gagnés aux idées des philosophes en Prusse avec Frédéric II, en Autriche, en Russie. En France, si la monarchie a eu des ministres physiocrates, elle est demeurée, surtout dans ses dernières décennies, en retrait par rapport au despotisme éclairé.

§ 2 - Une nouvelle culture juridique

I - Le monde des juristes

• Pour donner une vue globale de l'évolution du droit en Europe aux Temps modernes, particulièrement à leurs débuts et comme pour le Moyen Âge, il est nécessaire d'insister sur l'importance dans la vie du droit de la *circulation des hommes* et de la *diffusion des idées*. Si, d'un côté, dès le XVIe siècle les récentes techniques de l'*imprimerie* bénéficiaient aussi bien à la science des juristes, l'époque n'en était pas moins violente, marquée par les guerres et les déchirements dus, entre autres, aux affrontements religieux. Pour autant, durant toute cette période et même jusqu'au XVIIIe siècle la *diffusion des ouvrages*, à partir notamment des Pays-Bas très libéraux dans l'édition, a toujours été assurée en grande partie d'ailleurs par les voies de la contrebande.

• Peut-être également, au XVIe siècle, les aléas prolongés d'une époque aussi troublée à travers l'Europe et ces déchirements ont-ils orienté la pensée de *puissantes personnalités* vers des **remises en cause** non seulement théoriques mais également aux implications très pratiques, notamment à propos de la guerre ou de la liberté religieuse. De plus, au même moment une nouvelle *culture juridique romaniste* venait ici encore d'Italie et a eu une influence capitale sur le développement de la doctrine au-delà des acquis médiévaux. Allaient intervenir également les théories du *jusnaturalisme* tandis que les juristes recevaient encore l'influence de la philosophie des Lumières.

II - L'école historique et humaniste du droit

• Au XVIe siècle en effet l'éclosion d'une nouvelle civilisation, avec le mouvement de la **Renaissance humaniste**, s'est accompagnée d'une **régénération des études de droit romain ;** celle-ci était provoquée par le courant scientifique fondé sur la recherche historique qui s'appuyait sur la *critique des textes* dans le but d'identifier à travers la codification de Justinien les *stratifications* dans le développement du droit romain depuis ses origines. Plus proches de la civilisation antique ils orientaient l'étude du droit vers le *relativisme* et l'*historicisme*.

• Rameau collatéral du grand mouvement littéraire, cette école historique a par sa rigueur remis en question l'œuvre des glossateurs. Apparue en Italie, utilisée en Allemagne, cette école s'est développée en France avec Alciat, docteur de l'université de Bologne et avec Guillaume Budé. L'**humanisme juridique** est devenu alors un phénomène de portée européenne dans lequel les motifs politiques, religieux, idéologiques s'entrecroisaient selon des lignes complexes aussi bien d'ailleurs dans les pays protestants que dans les pays catholiques.

• Il en est résulté que le droit romain a continué à tenir une **place fondamentale** dans la formation des juristes à travers l'Europe continentale. En Allemagne surtout où dès la fin du Moyen Âge le droit romain avait été largement reçu il a joué le rôle d'un **droit commun** à tous les États ou principautés sous le nom de *Pandektenrecht* jusqu'en 1830. En France dans les universités **seuls les droits savants** (droit romain et droit canonique) étaient enseignés ; le droit français (coutumes et lois du roi) n'est entré formellement et encore modestement dans l'enseignement que sous Louis XIV par un édit de 1679. De ce point de vue l'Europe des Temps modernes était bien celle du *jus commune*.

III – Jusnaturalisme et philosophie des Lumières

• L'**École du droit naturel** sous l'influence de l'*humanisme* et du *rationalisme* apporte une conception désacralisée du droit dont la **référence ultime** est alors l'**homme** et qui devient le droit de la *raison humaine*. On s'efforce de construire rationnellement les fondements de l'ordre juridique sans que la référence romaine dans la culture juridique disparaisse pour autant. La *méthode* dans l'approche du droit change complètement dans la mesure où la démarche des juristes romains était très empirique (partant du fait) tandis que les **jusnaturalistes** construisent en premier lieu un système abstrait avant d'en venir au fait. Cette volte-face dans la méthode, en quelque sorte, a des conséquences profondes sur lesquelles se fondera encore au XVIIIe siècle la philosophie des Lumières dans sa *critique* de *l'ordre juridique et social* contemporain ; selon elle les **réformes** ne pourront intervenir *que par la loi* considérée dès lors comme le premier instrument d'évolution du droit.

• Ainsi dès le XVIe siècle déjà les maîtres de l'Université de Salamanque soumettaient la vaste construction du *Corpus juris civilis* au crible de principes extérieurs et supérieurs, surtout ceux du droit naturel. Au siècle suivant leurs écrits ne sont pas restés sans influence sur le calviniste hollandais **Grotius** et sur l'historien et juriste allemand **Pufendorf** qui ont posé les fondements du *droit international public* et, d'une manière plus générale, du droit public et privé de l'époque moderne. La référence au droit naturel ouvrait encore la voie à une *critique implicite* des institutions contemporaines, critique qui devenait très directe en Angleterre avec les révolutions de 1649 et 1688, dans les théories de **Putman** et de **Locke**.

§ 3 – La coutume et la loi

I – La prédominance de la loi

• D'une manière générale le système juridique demeure encore dans les Temps modernes fondé sur le *droit coutumier* et le *jus commune* mais l'émergence de la loi par opposition à la coutume, déjà engagée par une monarchie centralisatrice comme la royauté française, gagne dans la plupart des États et principautés en Europe. D'un côté, le besoin de *clarté*, de *simplification* et de *sécurité* a suscité très tôt un mouvement de **rédaction des coutumes**, textes qui, promulgués sous l'autorité du souverain, s'inséraient déjà dans le cadre formel de la loi ; celle-ci apparaissait alors comme un symbole d'unité du droit. D'un autre côté, l'affirmation de l'autorité souveraine procédait de la loi et suscitait la promulgation d'une **législation** de plus en plus **touffue** ; cela orientait les pouvoirs monarchiques vers la *codification du droit*. Enfin, la philosophie des Lumières elle-même voyait dans la législation le meilleur instrument pour lutter contre l'absolutisme. L'évolution française s'insérait ainsi dans un vaste cadre européen.

• Toutefois la prédominance de la loi n'était pas sans limite et dépendait en fait de celle de l'absolutisme lui-même, ce qui était manifeste en ce qui concerne le droit civil, particulièrement en France. Ces limites apparaissaient en effet à travers l'opposition entre, d'une part, **l'audace de la pensée** qui s'affirmait tout particulièrement au XVIIIe siècle avec la *philosophie des Lumières* annonçant les idées révolutionnaires de l'extrême fin du siècle et, d'autre part, la **modération** des **tentatives de réforme** engagées par le pouvoir absolu dans le cadre législatif. Les ordonnances promulguées sous l'influence de Colbert à la fin du XVIIe siècle ne comprenaient pas le droit civil ; un demi-siècle plus tard les ordonnances de d'Aguesseau, à la matière très limitée, ne parvenaient pas à imposer l'unité du droit en retenant des règles particulières sur certains points pour les pays de droit écrit.

II – L'intrusion législative dans le droit du commerce

• L'exemple de la matière commerciale est d'autant plus significatif ici que le droit du commerce forgé au Moyen Âge avait pris aussitôt un caractère quasiment universel. D'un côté l'apport d'*innovation* vient des contrées où le développement économique est le plus avancé tandis que, d'un autre côté, l'affirmation d'entités étatiques suscite une fragmentation de l'espace juridique. Certains États tendent alors à absorber le droit du commerce dans leur ordre interne ce qui paraît réduire la vocation universelle du droit du commerce. Deux traditions extrêmes s'instaurent : en Angleterre les cours commerciales disparaissent tandis que *merchant law* et *common law* **fusionnent** au moins formellement ; en France c'est au contraire l'**intervention législative royale** qui l'emporte, l'ordonnance de 1673 sur le commerce de terre représentant une tentative de codification qui aura d'ailleurs une influence certaine en Europe.

• Si la prépondérance économique des cités italiennes ne s'est pas maintenue, du moins dans l'Italie des Temps modernes, s'est développée à partir de la longue tradition médiévale une **doctrine commercialiste** italienne de Stracca à Casaregis, œuvre de praticiens alliant la formation romaniste à une parfaite connaissance des affaires et de la jurisprudence des grandes juridictions commerciales – par exemple le Tribunal de la Rote de Gênes. L'influence doctrinale italienne a été considérable aussi bien en Hollande, en Allemagne, en France ou même en Angleterre où l'œuvre de Stracca a fait autorité à la Cour de l'Amirauté.

III – Les premières codifications étatiques en Europe

• Déjà, en France la rédaction des coutumes sous l'autorité royale décidée en 1453 ne s'était effectuée qu'au cours du XVIe siècle tandis qu'en 1530 Charles Quint prenait la même décision pour les Pays-Bas. Mais dès le milieu du siècle s'affirmait partout le besoin d'une *mise au net* des législations promulguées par l'autorité souveraine ce qui a provoqué un mouvement de **codification** qui a duré longtemps, tout en prenant d'autres formes, à la charnière des XVIIe et XVIIIe siècles. Durant cette période en effet, royaumes et grandes principautés ont en grande majorité participé à ce mouvement de codification de leurs droits respectifs, que ce soit dans les royaumes scandinaves, aux Pays-Bas, au royaume de Naples en passant par la maison d'Autriche, la Bavière, la Savoie ou l'Espagne. Même en Angleterre qui ne connaissait apparemment pas un tel besoin en fonction de la nature de son droit, il a été envisagé à la même époque, sans aboutissement, de réaliser une sorte de compilation du *common law.*

• Ces codifications étaient non seulement *nombreuses* mais également *très vastes* dans la mesure où elles s'étendaient à des domaines très divers du système juridique.

En particulier la méthode de la codification a connu un grand succès dans les États allemands dès 1532 avec le *Code criminel de l'Empereur Charles V*. La Bavière a codifié successivement le droit criminel en 1813, la procédure civile et le droit civil. La **Prusse** à l'instigation de Frédéric II a procédé à une **grande codification** de son droit, dépassant largement le cadre du droit privé, en 1794. On citera encore l'attention portée au **droit commercial** en **Italie** : vers la fin du XVIIIe siècle tentatives et projets de réforme du droit du commerce s'accumulaient de la Lombardie à Naples et surtout à Venise, si bien que la codification napoléonienne en la matière a été introduite alors que la réflexion y était déjà bien développée.

Section 4 – Des codifications au droit de la Communauté européenne

• La fin du XVIIIe siècle et le début du siècle suivant marquent un changement profond dans l'évolution du droit en Europe. Était alors entamée la progression, achevée seulement dans la seconde moitié du XIXe siècle, vers l'unité politique de nouveaux grands États : Italie et Allemagne, à côté des unités plus anciennes de l'Angleterre, de la France et de l'Espagne. En même temps étaient également ouverts dans les pays de tradition romano-germanique de grands chantiers de codification. Apparaissait alors à travers la nouvelle prédominance de la loi dans chaque pays une tendance à une sorte de *monopole étatique* et de *nationalisation du droit*.

• Formellement le temps de l'Europe du *jus commune* était bien révolu. Cela d'autant plus que la *compartimentation territoriale* n'a fait que croître à partir de règlements diplomatiques fort peu rationnels au moment de l'effondrement de l'Empire napoléonien au traité de Vienne en 1815 et plus tard aussi à la suite des deux conflits mondiaux en 1919 et 1945. Chaque **nouvel État** se devait alors de se doter d'une **codification nationale**. Aujourd'hui les droits codifiés des pays du continent, comme le droit de l'Angleterre, demeurent les bases sur lesquelles viennent se greffer les directives de la Communauté européenne.

§ 1 – Un aboutissement : le pouvoir constituant

I – L'affirmation du pouvoir constituant en France

L'ère du constitutionnalisme débute à la fin du XVIIIe siècle avec les innovations de la République américaine. Mais seule la Révolution française, s'en tenant au pouvoir constituant, a eu à ce moment-là une influence en Europe. En effet, bien que l'instauration d'un régime républicain ne date en France véritablement que de la IIIe République, les idées diffusées autour de la *première expérience* française du **pouvoir constituant** ont alimenté dans l'Europe du XIXe siècle les *mouvements libéraux* tendant à évincer les régimes monarchiques et aristocratiques (les *anciens régimes* selon la terminologie adoptée en France dès 1789) ; ces idées ont eu d'autant plus de portée que le rejet brutal en France de la tradition monarchique au moment de la Révolution conduisait à une expression plus *radicale* de ces nouveaux principes.

II - Du pouvoir constituant au constitutionnalisme

Cependant, d'un côté, malgré les aspirations de certaines élites, par exemple dans les États allemands autour de 1815, le mouvement libéral prônant l'instauration de constitutions a été long à émerger dans les États monarchiques tandis que, d'un autre côté, les conceptions constitutionnelles n'allaient pas jusqu'au terme atteint en Amérique, c'est-à-dire jusqu'au constitutionnalisme affirmé avec le *contrôle de constitutionnalité des lois*. En fait les **idées** de la *Révolution française* sur la **souveraineté de la loi** votée par les représentants de la nation en détournaient. Même si l'on peut en trouver de premiers éléments dans l'histoire de la pensée juridique française au XIXe siècle, le constitutionnalisme n'est entré dans le droit public français, d'ailleurs sous une forme particulière, que sous la Ve République. C'est surtout dans la seconde moitié du XXe siècle que ce constitutionnalisme s'est répandu en Europe, notamment comme une conséquence de l'élimination des régimes totalitaires depuis la fin du second conflit mondial.

§ 2 - Une doctrine transnationale

Grande était la *complexité* de la *carte politique* en Europe mais pour autant y était toujours superposée une autre réalité, très permanente celle-là, celle de *liens multiples* qui apparaissaient dans de nombreux *domaines du droit*. Le contraste ici est considérable entre ces deux aspects. La communauté de culture reparaît à plus d'un titre mais surtout à travers la **doctrine** où les apports de juristes de divers pays européens ont constitué véritablement une doctrine transnationale. De considérables convergences ont alors maintenu entre les pays européens au-dessus des divisions politiques, encore une fois d'abord du fait des hommes, les fondements d'une *unité de culture juridique* aux racines lointaines.

I - Les nouvelles écoles de la pensée juridique en Europe

• D'un côté, dès le début du XIXe siècle à la fois le renouvellement du droit et des attitudes communes dans les entreprises de codification suscitaient des recherches non sans convergence. D'un autre côté, au même moment se produisait une nouvelle révolution, après celle de l'imprimerie à la fin du Moyen Âge, avec le développement des moyens très importants de **transmission de la connaissance** qu'étaient les *publications périodiques* et les *sociétés savantes*, cercles de réflexion amplifiant la diffusion des idées.

• Les deux derniers siècles en Europe ont été féconds en œuvres déterminantes et écoles ou courants de pensée : ainsi au début du XIXe siècle en Allemagne *l'École historique* autour de Savigny et en France *l'École de l'Exégèse* ; plus tard l'école allemande du *Pandectisme* ; au début du XXe siècle la *sociologie du droit* de Ehrlich, la *méthode d'interprétation* de Gény ou encore l'œuvre de Vivante maître de la *codification* en Italie au début du XXe siècle.

II - Les deux grandes écoles allemandes

• **L'École historique** s'est constituée autour de *Savigny* pour qui la coutume issue de la conscience populaire au cours de l'histoire procédait de la véritable nature du droit. Il revenait alors à la doctrine de l'exprimer et de la mettre en forme. Cet *historicisme* l'entraînait à *refuser* ainsi la codification en tant qu'obstacle à cette mission de la doctrine. Son influence a suscité deux courants : celui des **germanistes** à la recherche des origines du droit allemand dans les coutumes et celui des **Pandectistes** qui entendaient construire un droit moderne en Allemagne à partir du droit romain des compilations justiniennes.

• Sous le terme de **Pandectisme** s'est développée en effet la *grande doctrine civiliste allemande* de la seconde moitié du XIXe siècle fondée sur la science du droit privé allemand commun d'origine romaine, c'est-à-dire depuis la réception du droit romain en Allemagne au XVIe siècle. L'étude scientifique du droit romain se prolongeait en effet à travers les œuvres des Pandectistes (qui étudiaient le *Digeste* ou *Pandectes*, l'une des composantes du *Corpus juris civilis*). Ils ajoutaient de nouvelles *classifications* et de nouvelles *abstractions* à un droit romain déjà très enrichi depuis le Moyen Âge. Cet apport accroissant la **systématisation** a eu une influence considérable.

III – Le comparatisme

• La méthode consistant à comparer différentes sources de droit pour les *différencier*, les *rapprocher* ou les *classer* par familles, n'était pas nouvelle : sous l'Ancien Régime en France elle avait dominé les recherches de la doctrine sur le droit commun coutumier. Mais au XIXe siècle, avec le mouvement de codification dans les États d'Europe continentale, il y avait davantage encore matière à comparaison entre les différentes législations. On se préoccupait de comparatisme et on en discutait la méthode. Dans chaque pays de *grands noms* ont illustré la naissance de cette discipline, bientôt appelée en France « droit comparé », Carl Anton Mittermaier en Allemagne, Emerico Amari en Italie ou Jean-Jacques Foelix en France.

• C'est en effet dans ce *cadre transnational* que s'est inscrit le comparatisme en France. Dès 1819 la revue *Thémis* se donnait pour but de seconder les progrès de la science du droit et de contribuer au **perfectionnement** de la **législation** par la comparaison avec les *lois étrangères dans le cadre de l'Europe*. Dans la même orientation en 1834 la première livraison de la *Revue étrangère de législation et d'économie politique* constatait que les pays étrangers (Allemagne, Hollande, Angleterre, États-Unis d'Amérique) avaient leurs journaux de jurisprudence destinés à faire connaître à la fois législation nationale et législations étrangères. En 1869 la création à Paris de la *Société de législation comparée* avait toujours ce même but de contribuer par là à l'*amélioration* de la législation française.

• Le comparatisme en Europe s'attachait aussi à la matière judiciaire à partir de la jurisprudence des grandes cours ; ainsi dans les États d'Italie dans la première moitié du XIXe siècle se retrouvait encore l'influence des puissances dominantes. D'une part, l'intérêt se portait sur la jurisprudence de la Cour de cassation française et l'on en publiait des recueils de traductions à Naples ; cette influence se manifestait également dans les codifications promulguées à cette époque dans divers États de la péninsule. En Lombardie-Vénétie, en revanche, on faisait également des traductions de décisions judiciaires mais il s'agit alors de la jurisprudence autrichienne.

§ 3 – Le temps des codifications (XIXe et XXe siècles)

Au tout début du XIXe siècle la codification napoléonienne avait été précédée d'autres tentatives – en Italie notamment. Mais, de par sa qualité et du fait de la domination impériale, elle a eu un très grand retentissement et a servi de référence initiale dans le mouvement général de codification en Europe (à son apogée de 1850 à 1900) dans des États du continent de tradition romano-germanique et qui reposait sur une conception très légaliste, la loi étant la source essentielle dans le système juridique. Une telle conception était en revanche très éloignée de l'esprit même du droit anglo-saxon partant d'abord des actions en justice ; l'Angleterre n'était alors pas touchée par le mouvement de codification du droit.

I – La première référence : la codification française

• L'idée d'une codification du droit civil avait fait son chemin en France depuis le XVIe siècle mais la codification du début du XIXe siècle avait une plus vaste ambition. Le Code civil de 1804, pièce maîtresse parmi les cinq codes napoléoniens, en éliminant les coutumes entendait réaliser un droit **unitaire** et nouveau, **synthèse** entre la part modérée de la Révolution et l'Ancien droit. Introduit autoritairement dans la plupart des pays occupés par le régime impérial le Code Napoléon a servi de référence durant quelques décennies dans les États européens.

• Cela explique que dans différents pays la fin de l'occupation française n'ait pas suscité l'élimination pure et simple des codes impériaux mais au contraire de **nouvelles entreprises** de codification ; d'où de nouveaux projets de codes mieux adaptés aux populations concernées mais où l'*influence* de la codification française demeurait manifeste. Ainsi, dès le début du XIXe siècle, tout particulièrement dans certains États et principautés italiens et dans le cadre de la Confédération du Rhin en 1806, des projets ont été élaborés dans ce sens.

• Le modèle français symbolisé par le Code civil portait en lui la marque des conséquences politiques de la Révolution, c'est-à-dire l'unité et le changement. À l'extérieur, si la doctrine retenait encore le caractère révolutionnaire de la codification, l'élaboration et la promulgation d'un code étaient essentiellement comprises comme *affirmation d'unité politique* à travers **l'unité du droit**. De plus, même si le Code civil était la partie la plus durable de la codification française, dans la seconde moitié du XIXe siècle inéluctablement ces codes commençaient à vieillir tandis que, en fonction d'une unité politique en gestation, d'autres pays de l'Europe continentale poursuivaient plus directement l'aventure de la codification.

II – La seconde référence : la codification allemande de la fin du XIXe siècle

• C'est précisément à travers le symbole politique de l'unité du droit qu'a été abordée la codification en Allemagne. La formation d'un grand État centralisé au profit de la Prusse a été éludée en 1815 devant les réticences des puissances moyennes au Congrès de Vienne d'où est sortie la Confédération germanique, groupement d'États aux liens assez lâches. La bourgeoisie restait alors dans l'attente d'un **code civil** pouvant jouer au moins sur le plan social le **rôle national** d'une *Constitution*. Or, déjà depuis 1806, la doctrine se divisait entre partisans de l'*abolition* de tous les codes pour le retour complet au droit coutumier et partisans, au contraire entre autres pour les besoins commerciaux, d'un « *droit civil général pour l'Allemagne* ».

• Au milieu du XIXe siècle, reflet des vicissitudes politiques, les sources du droit dans les différents États allemands étaient très diverses, c'est-à-dire dans l'ordre historique : droit coutumier et droit romain issu des compilations de Justinien mais aussi Code civil français ou code adopté postérieurement dans un État ou une principauté. L'unification politique étant acquise, *celle du droit* par le moyen de la *codification* a commencé : promulgation de trois codes en matière pénale et judiciaire entre 1871 et 1879, d'un Code de commerce en 1897. Entre-temps, en 1874, avait été engagée la préparation d'un code civil. Ce code, *Bürgerliches Gezetsbuch* (BGB), promulgué par l'Empereur en 1896, entra en vigueur en 1900.

• La codification allemande est alors devenue la **seconde référence** en Europe, particulièrement le Code civil. Par rapport au Code Napoléon le Code civil allemand intervenant à un siècle de distance tenait compte de l'**évolution économique** et **sociale** provoquée dans la seconde moitié du XIXe siècle par la révolution industrielle, bénéficiait de *l'intense activité scientifique* de cette période et avait aussi de grandes *qualités techniques*, d'où son succès. Sans doute avec le recul du temps subit-il la critique de ne pas avoir vraiment préparé le droit pour le XXe siècle ; il n'en a pas moins eu un grand rayonnement.

III – Le nouveau dilemme de la codification

En France toutefois les ambitions du législateur en matière de codification ont été considérablement réduites. En 1945 la refonte de la codification a été décidée puis abandonnée après de longs travaux préparatoires. Le Code civil a seulement subi des révisions partielles. En revanche le besoin de clarté dans une production législative de plus en plus foisonnante a suscité une autre conception, celle d'une *simple compilation* dans une matière déterminée de textes réunis en un ouvrage exhaustif et intitulé « code ». Enfin une période d'assez profonde **révision** des codes anciens a peut-être été entamée avec l'entrée en vigueur du nouveau Code de procédure civile en 1975 et du nouveau Code pénal en 1994.

§ 4 – Les influences entre droits nationaux

Au moment où l'Europe politique hésite encore quant à ses structures entre État fédéral et Communauté de nations, il demeure en même temps que si depuis un demi-siècle un **droit communautaire** s'est construit au-dessus des États qui se sont engagés à l'appliquer, la réalité complexe des droits nationaux n'en fait pas moins apparaître en Europe des *lignes communes*, des points de convergence.

I – Une culture juridique commune à travers les législations nationales

• Si en effet depuis deux siècles le *jus commune* s'est effacé devant les nouveaux droits nationaux les liens qui existent entre ces derniers résultent d'une culture juridique commune. Les droits nationaux du XIXe siècle européen sont le résultat d'un *continuel échange* entre les **modèles législatifs** et **doctrinaux** ; dans la seconde moitié du siècle des modèles ont même été puisés dans le droit anglais, surtout dans le domaine commercial où l'Angleterre avait alors une position dominante et techniquement avancée.

• Dans ce processus d'échanges entre droits nationaux le **parlementarisme,** phénomène nouveau, a eu une particulière importance. Surtout à partir du milieu du XIXe siècle les travaux préparatoires montrent l'*intrusion du comparatisme* dans *l'élaboration des projets de loi*. Le législateur cherche alors dans les législations étrangères en Europe tout à la fois une source d'inspiration et une justification. Ces échanges dans le processus législatif se sont effectués tantôt de manière ponctuelle, tantôt beaucoup plus profondément à travers les travaux de codification eux-mêmes dont il convient encore de souligner l'importance de ce point de vue.

II - Les influences ponctuelles

• Un premier exemple très caractéristique est celui de l'influence du *droit anglais* sur le droit français en **matière commerciale** sous le Second Empire, véritable *impulsion* transmise d'ailleurs au droit commercial dans toute l'Europe à cette époque. Cette influence a été particulièrement sensible à travers des institutions comme le chèque et le warrant, et surtout dans l'évolution du *droit des sociétés* entre 1863 et 1867 vers un modèle plus accompli de société anonyme par la suppression de l'autorisation gouvernementale. Les **travaux préparatoires** montrent même un législateur adepte du comparatisme et justifiant ainsi la référence au modèle anglais.

• Un second exemple pris dans la matière procédurale montre encore au XIXe siècle un jeu d'échange à propos du **jury** à partir du **modèle anglais**. En France le législateur révolutionnaire s'en est partiellement inspiré sous l'influence des philosophes et l'a retenu dans la codification. Puis le modèle français du jury s'est diffusé sur le continent vers la moitié du siècle tandis que le droit allemand en donnait une variante à travers le système de l'*échevinage* (associant juges professionnels et jurés) ; ce dernier allait alors influencer les réformes en la matière en Italie et en France au cours du XXe siècle.

III - Les influences à travers la codification

Ces influences ont une portée autrement plus vaste que des emprunts ponctuels puisqu'il s'agit non seulement de l'aspect formel, la nature de la source, mais *globalement* du *contenu* c'est-à-dire du **fond du droit**. Or dans la conception française la législation constituant le code tendait à la fois à la cohérence dans la nouveauté et à l'exhaustivité. De ce point de vue les modèles français, au début du XIXe siècle, et allemand, au début du XXe, ont exercé plus ou moins directement des influences déterminantes.

A - L'influence française

L'influence du Code civil de 1804 a été grande en Europe immédiatement après l'époque napoléonienne. D'un côté il a été **durablement conservé** au moins pendant quelques décennies (Pays-Bas), voire jusqu'à la fin du siècle (Suisse romande, quelques États rhénans) et même au-delà (Belgique ou Luxembourg). D'un autre côté le Code Napoléon a *influencé l'élaboration* de nombreux codes dans les États ou principautés européens dans la seconde moitié du XIXe siècle notamment en fonction d'une création d'États nation ou d'une accession à l'indépendance (dans l'ordre historique : Serbie, Roumanie, Italie, Portugal, Espagne).

B – L'influence allemande

La promulgation du Code civil allemand en 1900 devait en offrant un modèle plus moderne **éclipser l'influence** du *Code français*. Le *BGB* a eu une influence en Europe, par exemple sur le Code grec de 1940, mais plus encore mondiale. En fait la fin du XIXe siècle et le XXe ont vu arriver en matière de codification le temps de la *diversité*. Si le Code civil allemand a marqué un point culminant dans le mouvement de codification dans l'Europe continentale, ce mouvement s'est poursuivi plus lentement dans la première moitié du XXe siècle. Remarquable par son innovation reste en particulier l'expérience italienne de codification aboutissant après une longue gestation au Code civil de 1942 : ce code civil promulguait un droit unique en matière d'obligations, c'est-à-dire une législation se situant au confluent du droit civil et du droit commercial.

Conclusion :

Enfin, en conclusion de ce rapide historique destiné à situer l'histoire du droit français dans celle du droit en Europe, on ne saurait manquer d'ajouter un regard vers l'avenir, c'est-à-dire vers les conséquences de la lente construction d'une **communauté d'États en Europe** et le développement d'un droit communautaire européen pour lequel il est déjà question de codification. Même si l'articulation des normes européennes dans les droits internes peut encore faire problème il n'en demeure pas moins que ce droit pose la question du rapprochement entre systèmes différents – continentaux romano-germaniques et anglo-saxons – dans la mesure où il est appelé à pénétrer de plus en plus les droits nationaux en y ajoutant une **nouvelle stratification**.

Seconde partie

Histoire des institutions publiques (XIe-XIXe siècle)

La construction de l'État

- *Dans la conception actuelle la plus vaste, l'État se présente comme la personnification juridique d'une nation, société organisée. L'État suppose deux éléments pratiquement indissociables, la population et le territoire, éléments dont la réunion doit mener à l'unité politique et juridique. Il détermine une forme de vie collective et dispose, pour cela, d'un pouvoir agissant éventuellement par la contrainte à l'égard des groupements comme des individus. Ce pouvoir qui s'impose à tous sur le territoire, peut intervenir dans les domaines les plus divers au nom de l'utilité générale et de la sauvegarde de la nation. Mais son action doit toujours s'inscrire dans un cadre juridique : le pouvoir de l'État est un pouvoir de droit. À l'intérieur du territoire, l'État est donc l'institution qui domine toutes les autres institutions.*
- *Les institutions publiques françaises actuelles reposent sur une longue tradition de l'État. Cette tradition plonge en partie ses racines dans l'Antiquité latine qui a fourni la terminologie, à partir de « l'état de la chose publique ». Mais, les invasions du Ve siècle et l'installation des rois francs en Gaule, puis la naissance de la féodalité et le développement du système seigneurial entre le VIIIe siècle et le Xe, ont provoqué une rupture durable avec l'organisation de l'Empire romain. La reconstruction du royaume par les rois capétiens, surtout à partir du XIIe siècle, a posé les bases d'une nouvelle tradition qui s'est affirmée sous la monarchie absolue.*
- *Formée en liaison avec l'institution royale et les principes sur lesquels la royauté s'était établie, cette tradition de l'État s'est trouvée associée à un système de gouvernement fondé sur la concentration du pouvoir entre les mains du roi, détenteur de la souveraineté. Or la série continue des archives judiciaires de la Cour du roi à partir du milieu du XIIIe siècle montre que dès cette époque a commencé la construction d'un « État de droit ».*
- *Enfin à un acquis technique de l'Ancien Régime, l'introduction de nouveaux principes par la Révolution de 1789 a superposé un aménagement du droit public, aménagement réalisé peu à peu dès la première moitié du XIXe siècle.*

Titre 1
Tradition de l'État

• *Historiens et publicistes ont montré qu'il n'y a guère de déterminisme géographique (à partir de frontières naturelles), de même que, sans un* ***pouvoir constructeur****, l'instinct national ne suffit pas à faire naître un État : « l'État n'est jamais* ***donné****, il est toujours* ***construit*** *».*

• *La royauté capétienne, établie dans le monde* ***féodal****, a joué ce rôle de pouvoir constructeur en luttant contre le système féodo-seigneurial pour le dominer. Il faut donc commencer par étudier la* ***féodalité*** *pour comprendre la* ***construction de l'État en France*** *: d'abord parce que la féodalité correspond à un mode de pensée opposé au système étatique ; ensuite, parce que l'œuvre de la royauté a été inévitablement marquée par les conditions politiques dans lesquelles la construction de l'État s'est ébauchée.*

• *En revanche, si la* ***tradition de l'État*** *n'est devenue vraiment visible – au point que l'on puisse en faire la théorie – qu'après l'élimination politique de la féodalité,* ***dans les faits*** *les recherches historiques récentes en font remonter les origines de plus en plus haut sous la monarchie capétienne, bien au-delà du XIVe siècle. Les plus anciennes archives judiciaires de la Cour du roi viennent en effet le confirmer : elles montrent que dès le milieu du XIIIe siècle au moins la jurisprudence de la Cour s'orientait déjà vers la construction d'un* ***État de droit****.*

Chapitre 1
Le système féodo-seigneurial

L'essentiel

- *Féodalité et seigneurie constituent une organisation politique et sociale qui s'est développée en l'**absence de pouvoir central solide** ; dans le système féodo-seigneurial, les prérogatives de puissance publique sont fractionnées et dispersées entre de multiples détenteurs qui prétendent à la « souveraineté » dans leurs seigneuries. Ce système n'est point une **anarchie** (selon le sens vulgaire qui lui est trop souvent donné) : c'est une **organisation** ayant ses **principes** et **son droit** ; à l'échelle du royaume, elle ne laisse pas de place à un pouvoir central et la notion de chose publique lui est étrangère.*
- *À partir du XIIe siècle cependant, le monde féodal évolue sensiblement. Des regroupements s'opèrent à l'intérieur de vastes territoires seigneuriaux (comtés ou duchés) ; le mouvement d'**émancipation urbaine** se développe. La royauté saura en tirer parti.*

Section 1 - Origines et définition de la seigneurie

§ 1 - Problème historique

- Plusieurs explications ont été proposées à partir : du **démembrement** du pouvoir central à la fin de l'époque carolingienne (patrimonialité des fonctions des ducs et des comtes) ; du **système domanial** ; du développement des **liens d'homme à homme** devant l'insécurité croissante.
- En fait, chaque explication a le mérite de souligner un aspect particulier ; mais, pour rendre pleinement compte de la formation des seigneuries, **phénomène complexe**, il faut faire appel, à des degrés divers et suivant les circonstances locales, à l'ensemble des causes proposées par chacune de ces théories.

§ 2 - Le concept de seigneurie

- La seigneurie s'attache à un territoire, plus ou moins grand, et à la **population qui y est fixée** ; le seigneur est, à la fois, **propriétaire** et **chef politique**, prétendant à la souveraineté. Il détient un large pouvoir de commandement (particulièrement militaire), l'autorité judiciaire, le droit de percevoir des impôts et des taxes. Le pouvoir de commandement ou **pouvoir de ban**, s'étend à tous **ceux qui habitent** le territoire et qui sont les sujets du seigneur.
- La puissance du seigneur est appuyée sur le **château** (**point d'appui** militaire et **refuge** pour la population) ; le château, et plus particulièrement le **donjon**, constitue le centre de la seigneurie (ou châtellenie) en tant que circonscription territoriale.

Section 2 - L'organisation de la seigneurie

Les très nombreuses seigneuries qui recouvrent le royaume sont de **grandeur** et de **puissance très inégales**. Les plus importantes réclament un véritable gouvernement et les structures administratives d'un petit État ; les plus petites n'appellent qu'une modeste administration. Une description générale permet, cependant, de retenir les **caractères essentiels** et les **plus répandus**.

§ 1 - L'organisation politique et administrative

• Le **seigneur** dispose des pouvoirs de commandement (**pouvoir de ban**) sur tous les hommes **levants et couchants** ; ce pouvoir d'ordonner et de défendre s'exprime éventuellement par des règlements ou **établissements**. Il dispose aussi du pouvoir d'administration générale (**police**), en application du ban seigneurial, dans les domaines les plus divers.

• La **cour féodale** est composée des vassaux qui doivent **aide** et **conseil** à leur seigneur. Le seigneur est assisté par cette cour dans les grandes décisions concernant sa seigneurie et dans l'exercice de sa justice féodale.

• Les **officiers**, agents seigneuriaux :
- les uns demeurent au château, dans l'entourage domestique du seigneur, et l'assistent dans ses tâches d'administration ;
- les autres représentent le seigneur dans les diverses parties de sa seigneurie. Ces officiers (**prévôts, viguiers**) ont un rôle militaire ; ils ont, d'autre part une compétence très générale recouvrant toutes les tâches administratives et judiciaires qui se présentent dans leur circonscription.

§ 2 - Pouvoir politique du seigneur et organisation militaire

• Le seigneur tend à se donner les moyens d'imposer sa protection à ses sujets ; de plus, il a le **droit de guerre** contre quiconque, sauf en principe contre son seigneur suzerain. L'effacement du pouvoir central laisse libre cours à la **guerre privée** ; celle-ci constitue un moyen normal de règlement des différends. De plus, les **personnes** ou les **groupes impliqués** dans la guerre privée peuvent être fort nombreux du fait de la solidarité familiale, des liens féodaux (**vassaux**), des liens seigneuriaux (**sujets**).

• L'**armée seigneuriale** est composée :
- des **vassaux** qui doivent le service militaire à leur seigneur (en contrepartie du fief qu'ils tiennent) ;
- des **roturiers**, en tant que sujets, devant également le service militaire ; le seigneur peut les appeler en masse à son armée (**arrière-ban**).

§ 3 – Justice et pouvoir politique

I – Une conception de la justice très large

Au Moyen Âge la justice est associée à la notion de **souveraineté** et l'on établit une liaison directe entre justice et pouvoir de ban. Dans son acception la plus étroite, la justice s'entend de la **juridiction contentieuse** (pouvoir de juger les procès).

La justice du seigneur peut prendre **plusieurs formes** ; les règles de compétence varient suivant qu'il s'agit :

- de la justice fondée sur la concession d'une tenure, justice **foncière** ou **féodale** ;
- de la justice **seigneuriale** ou **justicière**, fondée sur l'autorité du seigneur. De cette justice relèvent : au civil, tous les habitants ; et au criminel, tout coupable arrêté dans les limites de la seigneurie.

II – Des réalités complexes

• On distinguait selon leur étendue trois types de compétence : Haute, moyenne et basse justices. Tous les seigneurs justiciers n'avaient pas la même compétence, les uns ayant la haute justice, les autres (les plus nombreux) seulement la basse justice (la moyenne justice étant assez tôt tombée en désuétude) :

- **Haute justice** (plénitude de la compétence civile et criminelle) à laquelle étaient réservées les causes les plus importantes emportant peine capitale ou forte amende, ou susceptibles de duel judiciaire ; juridiction disposant du gibet, du pilori ou des fourches patibulaires ;
- **Basse justice**, compétence limitée aux causes criminelles emportant une amende dans les limites de 60 sous, et aux causes civiles non susceptibles de duel judiciaire.

• Comme une même personne pouvait disposer à la fois de la justice foncière et de la justice justicière, les deux justices étaient fréquemment **confondues** et rendues par la **même juridiction**.

§ 4 – Les finances seigneuriales

• Même lorsque la seigneurie ne comporte que de faibles structures administratives, celles-ci n'en sont pas moins génératrices de besoins financiers pour le seigneur. Les ressources du seigneur proviennent à la fois du **domaine** et de la **seigneurie** (les prérogatives de puissance publique permettent au seigneur, en particulier, d'intervenir dans la vie économique sur son territoire). En revanche, la patrimonialité de la seigneurie laisse au seigneur la libre disposition de ses ressources qui comportent :

- des **revenus domaniaux** (redevances annuelles et droits de mutation sur les tenures) ;
- des **ressources fiscales** (impôts directs : chevage sur les serfs, taille sur les roturiers ; impôts indirects surtout : aides sur la vente et la circulation des marchandises, **péages** et **tonlieux** ; aides dues par les vassaux et tenanciers dans certaines circonstances) ;

– des **profits** liés aux prérogatives de puissance publique (importants profits de justice tels que les amendes et confiscations, produits des banalités, éventuellement profits de monnayage, aubaine, bâtardise, déshérence, épave, etc.).

• Mais la consistance des ressources seigneuriales a été atteinte par un double mouvement :

– **coutumier**, tendant à contenir l'arbitraire du seigneur en matière fiscale et à lutter contre les exactions (limite qui ne peut être franchie sans compromettre l'équilibre économique de la seigneurie) ;

– **économique**, par l'effet de la dévaluation constante de la monnaie à la fin du Moyen Âge, en particulier sur des redevances fixées en valeur nominale par la coutume ou par charte de franchise.

Section 3 - Les seigneuries dans la hiérarchie féodale

§ 1 - La rencontre du système seigneurial et de la féodalité

• Système seigneurial et système féodal **ne procèdent pas du même mouvement** : le premier vient d'un émiettement de la puissance publique ; le second développe des liens personnels hiérarchisés. Mais la **féodalité** s'est **juxtaposée** au **système seigneurial** : le seigneur peut être aussi vassal ; la seigneurie est alors attachée à un fief concédé par le seigneur supérieur.

• Certaines seigneuries restent toujours **en dehors** de la féodalité : ce sont des **alleux**. L'alleu noble entre dans le système seigneurial et constitue une **seigneurie** ; tantôt le seigneur alleutier relève directement du roi et est soumis à l'autorité royale ; tantôt il est totalement indépendant et maître d'un **alleu souverain** (royaume d'Yvetot, principauté de Monaco). Mais les alleux représentent une **minorité** ; l'**alleu souverain**, véritable État dans le royaume, est **très rare**.

§ 2 - La hiérarchie féodale

• Elle est construite à l'intérieur des grandes seigneuries : après affaiblissement des **ducs** et des **comtes** à la fin de l'époque carolingienne, puis restauration de leur autorité sur les seigneurs de leurs domaines respectifs au cours des XIe et XIIe siècles, elle comporte des seigneuries **laïques** et des seigneuries **ecclésiastiques**.

• Elle est **étagée** en **multiples degrés** : d'abord de grandes seigneuries **titrées** (duchés de Bourgogne, Bretagne, Normandie ; comtés de Flandre, de Champagne, de Toulouse). Les titulaires de ces grandes seigneuries, laïcs ou ecclésiastiques, seront pairs de France à la Cour du roi ; ces grandes seigneuries comportent un très vaste territoire et une administration très développée : leurs titulaires disposent d'une large indépendance à l'égard de la royauté. Au-dessous, les **baronnies** groupent des **châtellenies** (et comportent au moins deux châteaux) ; les châtellenies elles-mêmes regroupent éventuellement des seigneuries plus petites (par l'effet des partages successoraux) : fiefs de banneret, fiefs de chevalier.

§ 3 - Le problème des villes

I - Problème politique

• La **renaissance** (économique, démographique) des villes pose un **problème politique** dès le XIe siècle ; le système seigneurial, développé en milieu rural et mal adapté à l'activité urbaine, multiplie les entraves à la vie économique et au développement des villes qui prennent conscience de leur **force nouvelle** (par la richesse et le nombre) face au seigneur.

• Le **mouvement d'émancipation** urbaine se traduit par : de longues luttes armées (surtout dans le nord, **Communes**) ; ou des négociations et tractations financières (surtout dans le Midi, **Consulats**). Le roi y apporte en général son appui, mais en dehors de son domaine. Enfin, il y a aussi des créations seigneuriales.

II - Variété des statuts urbains

Il en résulte des **statuts urbains très variés** (reconnus par le seigneur et souvent confirmés par le seigneur supérieur ou le roi), consignés dans des **Chartes** et comportant des libertés ou **franchises** plus ou moins étendues.

• Les **villes de franchise** (dites de **prévôté**, de **bourgeoisie** ou de **syndicat**) : leur statut, fixé par une charte, comporte le maintien de l'administration du seigneur représenté par son **prévôt,** la reconnaissance de privilèges, éventuellement la représentation des intérêts collectifs par des **prud'hommes** ou **syndics** généralement élus.

• Les villes de **Commune** (Nord) et de **Consulat** (Midi) : leur autonomie en fait des **seigneuries collectives**, dotées d'une véritable organisation municipale fondée sur la **personnalité morale** (avec une représentation élue et des organes délibérants, une administration, un patrimoine et des finances, une organisation militaire, une justice et un sceau).

• En revanche, les circonstances fort différentes de leur émancipation expliquent des **particularités** notables dans l'organisation interne :

- La **Commune** (fondée sur le serment ou ***conjuratio*** unissant les habitants dans la lutte pour leur émancipation) est limitée aux roturiers (et souvent à ceux qui sont propriétaires) ; elle comporte une **assemblée générale**, des **magistrats** (échevins, jurés) élus par l'assemblée ou recrutés par cooptation, et un **maire** (agent d'exécution).
- Le **Consulat** (formé à l'imitation des villes de l'Italie du Nord) accueille aussi bien les nobles et les clercs à côté des roturiers ; il ne comporte pas de maire, mais deux collèges (le **Conseil de ville**, délibérant ; les **consuls** ou **capitouls**, organe d'exécution) dont les membres sont soit élus par une assemblée générale, soit, le plus souvent, recrutés par cooptation.

Chapitre 2
Consolidation du pouvoir royal et reconstruction de l'État

L'essentiel

La période franque avait pratiquement fait table rase des fondements juridiques de l'Empire romain en Gaule, sans laisser elle-même un héritage bien substantiel ; face à la féodalité, société organisée mais centrifuge, le roi capétien ne disposait, pour affirmer son autorité, que des maigres ressources d'un tout ***petit domaine seigneurial****, et de la* ***dignité royale****. Il a fallu d'abord consolider le pouvoir royal en précisant l'institution, ce qui était déjà un premier fondement de l'État.*

Section 1 - Continuité dynastique

L'éviction du dernier descendant de la dynastie carolingienne s'est effectuée par l'élection de Hugues Capet. C'était sortir du système féodal et, d'une certaine manière, les rois capétiens ont su utiliser cette situation nouvelle à la fois pour imposer la légitimité d'une dynastie et pour assurer la continuité dans l'administration du royaume.

§ 1 - Le principe d'hérédité

L'élection, anormale dans le système féodal, n'intervenait alors que pour le roi, tandis que l'aristocratie y voyait un moyen de dominer la royauté ; celle-ci a donc imposé le système héréditaire par des **voies détournées** : jusqu'à la fin du XIIe siècle, le roi utilise la force du **sacre** en faisant désigner et sacrer son fils aîné de son vivant *(rex designatus)* ; le principe d'hérédité est consolidé par l'abandon de la vieille pratique franque des partages : **un seul** portera le titre royal (succession par **ordre de primogéniture**) ; enfin, au début du XIVe siècle, se pose la question de la **succession** par les femmes qui sont alors exclues de la succession à la couronne.

§ 2 - Le concept de légitimité et la théorie statutaire

• La légitimité est à entendre, ici, dans son sens littéral : royauté **émanant de la loi** ; l'idée a été dégagée à la fin du XIVe siècle, à propos des minorités royales (gouvernement exercé non plus au nom du régent selon l'usage féodal, mais au nom du nouveau roi dès la disparition de son prédécesseur).

• Sur cette base, s'est constitué le système appelé « **théorie statutaire** ». Le royaume n'est pas un élément du patrimoine du roi : le roi a seulement une « **manière d'administration et d'usage** » sur le royaume ; il exerce une fonction et ne peut disposer du royaume ; la couronne est distincte de la personne du roi. La personne appelée **par la coutume** royale ne peut pas renoncer à la couronne ; le roi ne peut pas abdiquer ; le roi ne peut pas modifier l'ordre successoral.

• Les principes concernant la royauté, dégagés de manière essentiellement coutumière, s'imposent à la volonté du roi, par la force de la **coutume** elle-même ; ces principes, dans leur ensemble, ont été considérés comme **lois fondamentales** du royaume et comme une « Constitution » non écrite.

Section 2 - Supériorité de la fonction

Rois et légistes ont su imposer la supériorité politique de la royauté. L'autorité d'une série de princes habiles et convaincus d'accomplir une mission, a puisé sa force dans le sacre (assurant une fidélité populaire à la cause royale) et dans l'accroissement de puissance dû à l'extension progressive du domaine royal.

§ 1 - Supériorité religieuse

• Le roi se proclame « Par la grâce de Dieu, roi de France » et interdit aux grands feudataires (ducs et comtes) d'utiliser la même formule ; cette grâce s'est révélée et le roi l'a reçue par le sacre. Cette supériorité religieuse a largement contribué à apporter à la royauté l'appui du clergé et l'attachement des populations.

• Le sacre a eu une **très grande portée**. La royauté est confirmée par le sacre : « **le sacre fait le roi** ». Le roi en retire un grand prestige pour le caractère mystique et quasi sacerdotal qui résulte particulièrement de l'onction.

• Cependant, le concept de légitimité et les théories des légistes ont **diminué** la portée du sacre : le titre étant acquis du fait même de la mort du prédécesseur, le sacre, cérémonie toujours maintenue, **ne fait plus le roi**.

§ 2 - Supériorité politique

Convaincus très tôt d'accomplir une **mission** les rois capétiens, dès le XIe siècle et malgré une faiblesse très réelle de la royauté, ont affirmé leur supériorité aussi bien à l'extérieur qu'à l'intérieur du royaume.

I - À l'extérieur

Ils se sont affirmés tout de suite en successeurs des Carolingiens, proclamant leur indépendance à l'intérieur de la chrétienté face aux deux pouvoirs qui s'en disputaient la domination.

• À l'**égard de la Papauté**, l'opposition du roi de France ira jusqu'au conflit aigu (Philippe le Bel et Boniface VIII) ; deux idées s'en dégageront : le pouvoir royal vient directement de Dieu ; l'Église de France, toujours soumise au pape est dévouée au roi (gallicanisme).

• À l'**égard de l'Empereur** (Saint-Empire romain germanique), surtout au moment de la renaissance du droit romain en Europe, les légistes du roi affirment que le roi de France échappe au moins *de facto* à la domination de l'Empereur.

II - À l'intérieur

La supériorité de la fonction royale est affirmée face à la féodalité.

• Le roi n'a **point de compagnon** en sa **majesté royale** : la souveraineté royale n'est ni partagée, ni communiquée ; ainsi n'ont jamais eu accès de droit au gouvernement : les grands feudataires et pairs de France, les reines, les princes du sang.

• À propos de la justice, symbole de souveraineté : « **Toute justice émane du roi en fief ou en arrière-fief** », utilisation des principes du droit féodal introduisant la fiction d'une inféodation originelle pour imposer une souveraineté absolue du roi.

• De tels principes montrent que la royauté capétienne s'est largement servie du droit féodal ; elle en a utilisé les règles, aidée en cela par les légistes et officiers défendant la cause royale, pour parvenir par l'**étape intermédiaire de la suzeraineté générale** – à une **souveraineté effective**.

Section 3 - Inaliénabilité du domaine de la couronne

Cette idée était tout à fait étrangère aux Carolingiens, qui n'avaient pas dépassé le concept de patrimonialité du royaume. Dès lors la nouvelle conception du rôle du roi et la **théorie statutaire** de la royauté, à la fin du Moyen Âge, mettent en lumière le problème de sauvegarde du domaine de la couronne. Déjà s'échafaude la conception d'un domaine de l'État distinct de la personne du roi.

§ 1 - Les données du problème et l'évolution des idées

I - Les données du problème

D'après les **principes féodaux**, le **domaine royal** (dont le noyau originel est le patrimoine familial des Capétiens) est la partie du royaume sur laquelle le roi exerce **directement son autorité** ; ce domaine, patrimonial, est aliénable mais **certaines limites** interviennent en fait comme en droit.

• Avec l'extension du domaine royal, le problème acquiert une **dimension nouvelle** : en effet le principe de **patrimonialité du droit féodal** permet à la royauté (par mariages, successions, achats) d'accroître son propre domaine. En revanche, les Capétiens, tendent à faire des largesses sur leur domaine par **facilité de gouvernement**, dès lors qu'il devient plus important. Or c'est aussi le moment où les besoins financiers du gouvernement royal poussent à l'instauration d'un **système d'imposition**, d'où les réactions des **États généraux** contre tout affaiblissement du domaine et donc des ressources qu'il procure.

II - L'évolution des idées

Déjà sous l'influence des droits savants, particulièrement des œuvres des **glossateurs** dès le XIIIe siècle, les idées avaient évolué :

• Les réflexions des juristes tendaient à dégager le **caractère public** des institutions et des gouvernements. En découlent directement les concepts de couronne et de fonction royale qui sont les fondements de la **théorie statutaire** mettant à la charge du souverain des obligations pour la conservation du domaine.

• Ainsi le développement du domaine s'est opéré aussi à travers l'affirmation de la souveraineté royale et l'**affectation à l'usage de tous** de certains biens, par exemple les grandes voies de communication terrestres et fluviales ; cela portait en germe la formation de l'**actuel domaine public**.

§ 2 – L'inaliénabilité dans les relations internes

• Les premières réactions de la royauté, pour éviter une dilapidation du domaine, apparaissent au début du XIVe siècle. Le roi **n'est pas tenu** par les actes de ses prédécesseurs à propos du domaine : **révocation** des donations faites depuis saint Louis ; **révision** toujours possible à l'avenir ; vérification des dons par la Chambre des comptes (Ord. 1318 et 1333). La royauté admet peu à peu la **nature particulière** du domaine de la couronne et en précise la formulation juridique. Le domaine est le propre héritage du royaume et de la couronne de France (Ord. 1356), principe repris comme **loi** et **Constitution générale** par Charles VII (1425). Dès lors, ce principe s'incorpore aux lois fondamentales du royaume.

• Malgré les **pressions populaires** et la **vigilance des officiers royaux**, la royauté n'a pas toujours rigoureusement respecté ces dispositions ; il y a, d'ailleurs, des **exceptions** au principe :

- les **engagements** de biens domaniaux pour nécessité de guerre, sous certaines conditions (paiement comptant du prix, **faculté perpétuelle de rachat** au profit du roi) ;
- les **apanages** constitués sur certaines parties du domaine en faveur des princes du sang, sous réserve de conditions strictes pour préserver les droits de la couronne.

§ 3 – L'inaliénabilité dans les relations internationales

Les transferts de souveraineté en dehors d'un royaume (cession de territoires ou de droits de souveraineté) constituent une pratique fréquente dans les relations entre souverains. Le roi de France ne peut y échapper. Mais est alors posé le problème de la légitimité de cette pratique au regard du principe d'inaliénabilité du royaume, d'une part, comme de la force des liens qui existent entre le roi et ses vassaux dans les territoires concernés, d'autre part.

• Dans les relations féodales, le roi (suzerain) **ne pouvait rompre unilatéralement** les relations vassaliques ; or une cession de territoire fait passer vassaux et sujets sous la suzeraineté d'un prince étranger (d'où des difficultés et révoltes dans le Sud-Ouest après le traité de Paris passé sous saint Louis avec le roi d'Angleterre ; de même en Languedoc, Rouergue et Saintonge après le traité de Brétigny, 1360).

• Romanistes et canonistes tirent argument de l'engagement personnel du sujet à l'égard du roi pour affirmer la nécessité du **consentement des intéressés.** Des villes font introduire cette réserve dans leurs chartes ; à partir du XIVe siècle la royauté trouve dans les **États généraux** l'assise institutionnelle adéquate pour la recherche de ce consentement, et se retranche systématiquement derrière l'autorité des États en la matière.

Section 4 - Principes et réalités. La politique royale

La royauté a assuré sa souveraineté en précisant les fondements institutionnels (lois fondamentales) ; elle a, de plus, consolidé et étendu son pouvoir : en s'attaquant à la **féodalité** ; en s'appuyant sur les institutions et l'autorité de l'**Église** ; en recherchant un contact et en créant des liens plus directs avec les **populations**.

§ 1 - L'entreprise de domination à l'égard de la féodalité et l'extension du domaine royal

I - L'utilisation du droit féodal

L'utilisation du droit féodal pour absorber les grandes seigneuries (duchés, comtés) et agrandir le domaine royal, d'une part, et la **restriction constante** des prérogatives de puissance publique conservées par les seigneurs, d'autre part, fondent la politique royale. La royauté en effet :

- ajoute aux efforts de l'Église (**Paix** et **Trève de Dieu**) ses propres interventions (**Quarantaine le roi**) pour limiter la **guerre privée** ;
- laisse se développer la lutte d'influence entre juridictions royales et autres juridictions (laïques et ecclésiastiques) ;
- limite le droit de battre monnaie et autres droits régaliens ;
- mène une politique à deux faces, à partir de la fin du XIIe siècle surtout, à l'égard du **mouvement d'émancipation urbaine** : en n'accordant qu'un statut privilégié aux habitants des villes du domaine (villes de prévôté) ; en encourageant le mouvement d'émancipation à l'extérieur du domaine et en recherchant des rapports directs avec les villes autonomes (communes, consulats).

II - L'extension du domaine royal

Cette extension va de pair avec :

- le développement des organes de gouvernement à partir de la *curia regis* et de l'administration locale ;
- la reconstitution et le renforcement des **prérogatives de puissance souveraine** entre les mains du roi (reconstitution du pouvoir législatif ; supériorité de la justice royale ; développement du pouvoir royal d'imposer).

§ 2 - Le conseil et l'aide dus au roi

La royauté utilise les devoirs de conseil et d'aide (dus par tous les sujets) pour s'appuyer directement sur les populations à travers des assemblées, les **États généraux** et **Assemblées de notables**.

• Les origines se trouvent dans la pratique royale du gouvernement « **à grand conseil** » : dès le début du XIIIe siècle, le roi fait parfois **varier la composition** de sa Cour en fonction de la nature de certaines affaires ; il réunit aussi des assemblées en dehors de la Cour, faisant appel tantôt à des nobles, tantôt à des clercs, tantôt à des bourgeois (ex. en 1263, bourgeois de villes marchandes à propos d'une ordonnance sur les monnaies). Les assemblées réunies par Philippe le Bel, comportent à la fois des représentants des **trois ordres** (clercs, nobles, bourgeois et même députés de nombreux villages) pour obtenir leur appui dans le conflit avec Boniface VIII (1302) et dans le conflit avec les Templiers (1308).

• La composition États généraux et Assemblées de notables est déterminée par le roi. Le roi reste **maître** de la convocation, de l'objet de la consultation et de la clôture de la réunion. Les députés astreints au **mandat impératif délibèrent par ordre** (pouvant seulement présenter des **remontrances** et **très humbles supplications**). Fin XVe siècle, le caractère féodal s'estompe, quant à la composition, du fait de l'introduction du **système électif** (avec rédaction de **cahiers de doléances** par les assemblées électorales).

• Dans **l'évolution politique** une première orientation apparaît, dans la première moitié du XIVe siècle : la royauté réunit tout spécialement les États généraux pour obtenir une **aide** dans ses **difficultés financières** (finances féodales impuissantes à couvrir la reconstruction de l'État, début de la guerre de Cent Ans).

• Le désastre militaire, sous Jean le Bon, entraîne l'institution vers l'**opposition à la royauté**. Les États généraux accordent l'aide financière demandée, mais réclament en contrepartie des **réformes** et essaient de les imposer.

• À partir du milieu du XIVe siècle, par méfiance de la royauté les réunions sont nettement limitées aux périodes où elle éprouve de grandes difficultés financières (aides et nouveaux impôts). Les États généraux, au XVIe siècle, deviendront le symbole de graves difficultés dans le royaume, **de faiblesse du gouvernement royal** et **d'opposition à la royauté**.

• Les **Assemblées de notables** sont semblables aux États généraux (par la réunion, la procédure, etc.), mais moins solennelles, plus restreintes et, surtout, **politiquement plus maniables** ; difficiles à distinguer des États généraux jusqu'au XVe siècle, elles en sont inséparables dans la mesure où la royauté les a utilisées de préférence aux grandes assemblées.

Chapitre 3
La construction de l'État de droit : de la Cour du roi au Parlement

L'essentiel

Le XIIIe siècle a été un grand siècle dans la construction de l'État sous les capétiens. Or dans les réalités et les moyens de la politique royale à cette époque, apparaît au premier plan la grande réforme de la procédure opérée en 1258 par Louis IX, le futur saint Louis, réforme aux conséquences considérables et lointaines.
Cette réforme appelle alors un regard particulier parce qu'elle a posé les bases judiciaires sur lesquelles a vraiment pu commencer à travers la jurisprudence de la Cour du roi de France, la construction d'une forme d'État que l'on qualifie actuellement, selon l'expression introduite par la doctrine allemande au début du XIXe siècle, d'« État de droit ».
Car tel que le définit la doctrine actuelle, l'État de droit est non seulement une puissance publique fondée sur le droit et qui l'utilise pour assurer sa souveraineté mais aussi une puissance publique qui, dans les rapports avec ses sujets, s'impose à elle-même, à travers son action normative comme dans l'action de ses représentants, le respect des règles de droit.

Section 1 - Un instrument essentiel de cette construction : la procédure judiciaire

§ 1 - L'importance de la procédure

• La mission du juge, son « office » de rendre la justice, relève d'un art dans l'application du droit mais suppose aussi l'utilisation rigoureuse d'une méthode. Car cette part personnelle dans l'intervention du juge, si elle permet de mieux traiter les *aspects humains* dans les affaires judiciaires pourrait en effet être redoutable aussi par les *risques d'arbitraire* si le juge demeurait totalement maître de la manière de traiter les procès. C'est le sens profond et la nécessité de la procédure : elle est étymologiquement le chemin à suivre pour rendre la justice, c'est-à-dire l'ensemble des **règles qui s'imposent** aux *juges* dans leur démarche depuis le début de l'instruction de l'affaire jusqu'à la sentence et au-delà jusqu'aux éventuels recours. Ces règles sont autant de **garanties** pour tous, *juges et justiciables*.

• C'est pourquoi cette partie importante du système juridique a suscité une **législation abondante** dans l'histoire de notre droit, depuis le Moyen Âge jusqu'au Nouveau code de procédure civile de 1978. Au milieu du XIIIe siècle précisément se situe le premier texte important qui a *bouleversé et modernisé* la procédure dans le domaine du roi de France : **l'Ordonnance de Louis IX de 1258** qui porte spécialement sur la procédure d'appel.

• Or en même temps que ce texte législatif, les actes témoignant de son application dans les séances judiciaires de la Cour du roi sont connus : en effet, les séries continues d'archives du Parlement de Paris depuis cette époque, à partir de 1254, ont été intégralement préservées lors de la Révolution de 1789 et sont conservées aux Archives nationales.

§ 2 – L'appel et la procédure rationnelle

• Au cœur de la procédure se trouve particulièrement la question des **modes de preuve**. L'appel pratiqué dans la procédure féodale était fondé sur une preuve irrationnelle, l'*ordalie*, essentiellement le **duel judiciaire** (les « gages de bataille »), entre les parties au procès. Le résultat du combat entre elles était censé apporter au juge une preuve irréfutable puisque considérée comme une réponse venant de la puissance divine elle-même connaissant la vérité : ainsi on attaquait l'homme, l'adversaire, voire *le juge lui-même* qui n'aurait pas bien rempli sa mission en rendant sa sentence.

• Au contraire, par son ordonnance de 1258, Louis IX a rendu **obligatoire dans son domaine** le recours à la **preuve rationnelle**, l'*appellatio*, c'est-à-dire l'appel sur le modèle du droit romain repris par le droit canonique. Cet appel était fondé sur les modes rationnels de preuve essentiellement à partir du *témoignage* et des *actes écrits* qui étaient la base de l'enquête appelée « *enquête de vérité* » : là on n'attaquait plus le juge qui avait rendu la sentence mais **la sentence elle-même** en demandant au **juge** de la **juridiction supérieure** de se prononcer sur sa **valeur**.

• Cette réforme a eu une *résonance politique* très forte et les conséquences en ont été considérables. D'abord la *supériorité technique* de la procédure appliquée à la Cour du roi a souligné la **souveraineté royale** par rapport à la justice féodale. De plus Louis IX a agi avec beaucoup de prudence et d'habileté en limitant l'application de sa réforme à son seul domaine royal et en misant sur la *valeur de l'exemple ;* il invitait seulement les féodaux à appliquer les mêmes règles procédurales dans leurs juridictions sur leurs propres terres, dans leurs domaines seigneuriaux. Or en même temps il a beaucoup augmenté pour toute la population **l'attrait de la justice supérieure du roi** dont l'accès lui était désormais grandement facilité par le recours obligatoire à la preuve par enquête écartant la crainte du duel judiciaire à l'issue toujours aléatoire. Enfin devant l'afflux des appels venant de tout le royaume, Louis IX a dû augmenter le nombre des séances judiciaires de sa Cour pour y répondre.

Section 2 – De la Cour du roi au Parlement

§ 1 – Le roi souverain juge

• Le roi de France était avant tout un **roi justicier** ; ses sujets étaient pénétrés de cette tradition. Il était dispensateur de justice au sens le plus large du terme et Louis IX avait une très haute idée de cette mission. D'une part, comme ses prédécesseurs par le **serment du sacre**, il avait promis bonne justice à chacun de ses sujets personnellement. D'autre part, l'idée de la « conscience du juge » très forte à cette époque atteignait aussi le roi. Pour ce souverain très pieux en effet rendre la justice, lui-même ou par l'intermédiaire de ses juges, était une mission dont il aurait à rendre compte à Dieu.

• Ainsi faut-il attacher une grande importance aux *conseils* que Louis IX avait fait rédiger pour son fils sur la manière de rendre la justice. Tout spécialement il lui recommandait de veiller à ce qu'une justice impartiale soit rendue dans sa Cour **même lorsque les intérêts du roi étaient en jeu** : si quelqu'un se plaint devant toi (c'est-à-dire devant ta Cour) du tort que tu lui as fait, « *sois toujours pour lui et contre toi devant ton conseil sans trop montrer de passion pour ta querelle jusqu'à ce que l'on sache la vérité ; car les membres de ton conseil pourraient avoir peur de parler contre toi, ce que tu ne dois pas vouloir, et demande à tes conseillers de ne pas te soutenir plus que les autres* ». Or les archives des séances judiciaires de sa Cour à partir de 1254 nous révèlent qu'en réalité ces conseils ne faisaient que traduire pour le futur roi les **principes** que Louis IX avait lui-même **mis en pratique** durant son règne.

§ 2 - Les séances judiciaires au temps de Louis IX

• Une exploitation systématique des archives judiciaires de la Cour a montré récemment que la présence du roi dans les séances judiciaires au moment de la promulgation de l'ordonnance de 1258 a été déterminante. L'image de saint Louis rendant la justice aux pauvres gens sous un chêne de la forêt de Vincennes s'était ancrée dans la *tradition populaire* mais on découvre maintenant dans les archives que dans sa Cour, le roi avait bien au-delà une *influence considérable* sur ses conseillers et qu'il y a imprimé l'esprit dans lequel cette ordonnance a été appliquée. À la faveur de la procédure, cette influence se répandait à travers tout le royaume.

• La présence du roi dans ces séances était en effet hautement symbolique. Surtout, par sa présence il y imposait la **rigueur de la procédure** dans la *recherche de la vérité*, ce qui était son but. Il ordonnait systématiquement des **enquêtes** pour instruire les affaires. S'il le jugeait utile le roi prenait conseil des membres de la Cour avant de décider et le greffier notait le cas échéant s'il y avait eu à la Cour unanimité ou partage des opinions. Parfois le roi tranchait malgré l'avis de la majorité de ses conseillers : le souverain juge pouvait en effet **juger en équité** malgré la rigueur des principes juridiques ; de même il pouvait exercer son **droit de grâce**.

§ 3 - Des séances de la Cour au Parlement

• Les séances judiciaires de la Cour où étaient présentées et discutées les affaires y venant en appel étaient appelées *Parlamenta*. Ces séances reposaient sur un personnel comprenant à côté de grands personnages, ainsi les pairs de France, des *conseillers clercs* qui étaient des **juristes** ayant reçu une formation de droit savant, romain et canonique. Ces conseillers juristes y ont joué un rôle essentiel qui peu à peu a *éclipsé* celui des *grands personnages*. D'un côté, en exigeant systématiquement des justiciables d'apporter la preuve des coutumes invoquées devant eux, ils ont exercé un véritable rôle de **gardien des coutumes** au nom du roi, mais en même temps, d'un autre côté, leur jurisprudence était imprégnée des principes de ce *droit savant* qui était pour eux *le droit* par excellence.

• Si Louis IX était très présent dans les séances judiciaires de la Cour, ses successeurs n'ont plus été en mesure d'assumer une telle charge et ils ne sont plus venus y siéger qu'exceptionnellement. Or leur absence a eu des conséquences importantes. D'abord, les conseillers continuaient à rendre la justice au nom du roi mais en l'absence de la personne royale ils prenaient les décisions entre eux à la majorité des voix et rendaient ainsi les arrêts. En revanche dans des affaires très délicates ils prenaient soin de consulter le roi. En second lieu, le roi, ne venant plus siéger dans ces séances, a alors fixé les devoirs et obligations des conseillers : de là en déterminant leur statut par ordonnance, la royauté a transformé ces séances judiciaires en une juridiction suprême de la justice déléguée royale, distincte de la personne du roi et de sa Cour.

• Cette nouvelle juridiction est devenue le *Parlement.* Or dans cette juridiction détachée physiquement de la personne du roi les conseillers ont continué, sous les successeurs directs de Louis IX, à rendre la justice **selon les principes et dans l'esprit** que ce dernier avait introduits, c'est-à-dire une tradition rigoureuse de la procédure et une certaine **conception de l'État royal** et de **ses rapports avec les sujets**. On constate là une parfaite continuité dans la jurisprudence du Parlement annonçant dès cette époque la construction d'un État de droit.

Section 3 – La justice royale et les justiciables

§ 1 – La rigueur de la procédure à l'égard de tous les sujets

• À partir de sa réforme, Louis IX a construit une justice royale dont la rigueur de la procédure était la clé de voûte. À la Cour cette rigueur fondée désormais sur le recours systématique à l'enquête était appliquée aux justiciables quelle que soit **leur condition sociale** : manants, grands vassaux et féodaux ou membres du clergé. Il en était de même pour les communautés d'habitants dans leurs procès avec leur seigneur ou avec les agents du roi. Précisément la question de la rigueur de la justice se posait encore de manière non moins directe dans les rapports entre *les sujets* et *les représentants du roi* en tant, dans leur office, que défenseurs de la souveraineté royale et du domaine royal.

• Or dans la défense des intérêts patrimoniaux de la royauté, les agents royaux étaient très offensifs et souvent *trop zélés.* Mais lorsque leur action suscitait un recours en justice de la part de sujets entendant défendre leurs droits contre le roi, le représentant de ce dernier était traité à *l'égal de chacun des sujets.* Il était alors un *justiciable parmi d'autres* : s'il ne parvenait pas à administrer la preuve du prétendu bon droit de son maître, c'était **le roi lui-même**, *devant sa propre Cour,* qui **perdait son procès** face à ses sujets.

• On retrouve là, comme on vient de le voir, les conseils que Louis IX donnait à son fils sur la manière de rendre la justice en laissant la liberté aux conseillers de la Cour de parler contre le roi pour assurer la protection des sujets contre l'arbitraire. Les archives médiévales montrent que ce roi agissait effectivement ainsi et que sous son règne une *tradition* s'est instaurée qui a été *suivie au Parlement* dès lors qu'il rendait la justice au nom du souverain mais désormais distinctement de la personne du roi et en son absence.

§ 2 - Les développements techniques de la procédure judiciaire

• Deux ordres de faits expliquent que la technique procédurale et la jurisprudence du Parlement se soient *développées considérablement*, à partir de l'ordonnance de 1258, sous les successeurs de Louis IX et particulièrement sous Philippe IV le Bel. D'une part, le personnel des conseillers a été dominé par les juristes que l'on a appelés les *légistes* parce qu'ils avaient été formés essentiellement aux lois romaines. D'autre part, l'accroissement de technicité dans le traitement des affaires a fait que ces *conseillers-maîtres* sont devenus des **professionnels de la justice** ce qui était d'autant plus important en l'absence du roi.

• Sur les bases nouvelles du développement de l'appel et de la preuve rationnelle sur laquelle était fondée l'enquête, un ensemble de procédures dans une terminologie qui n'a plus cours aujourd'hui, se construisait donc à partir *des influences* du droit romain et du droit canonique : ces procédures constituaient un **système de garanties pour les justiciables**, dans les rapports entre particuliers comme avec les agents royaux, système dont la cohérence est remarquable. En fait il y avait là une sorte de creuset d'où sortiront dans les siècles suivants des procédures beaucoup plus précises mais bien plus complexes aussi dans leur mise en œuvre et qui sont des bases de la procédure actuelle.

• D'abord deux hypothèses sont particulièrement à examiner ici : d'une part, la tentative du plaideur ayant perdu son procès pour introduire *en appel* des faits qui n'ont encore *jamais été soumis* à la juridiction et, d'autre part, celle d'introduire une nouvelle action sur une chose qui a cependant *déjà été jugée*. Il y a dans les deux cas un plaideur abusivement procédurier qui entend introduire en appel aux dépens de son adversaire une **procédure sans objet**. L'adversaire pouvait alors s'y opposer en objectant que le demandeur ne devait *pas être entendu* et la cour en décidait ainsi en *rejetant la demande*, prenant également elle-même le cas échéant l'initiative du rejet. Puis une autre formule est apparue dans la procédure du Parlement qui ***imposait silence*** et même silence ***perpétuel*** au demandeur. Une telle formule était fondée en fait sur ce qui est retenu aujourd'hui comme **l'autorité de la chose jugée** mais elle couvrait de même, d'une manière plus générale encore, tout ce que notre actuel code de procédure civile réunit sous le concept général d'**irrecevabilité** de la demande.

• Autre hypothèse à retenir, celle où le jugement selon une *rigoureuse application des principes* du droit peut aboutir en réalité à des *effets peu équitables*. Durant une période assez courte de guère plus d'un demi-siècle le Parlement a admis et même parfois offert à un plaideur de procéder à un ***complément de justice***. Sous cette dénomination oubliée aujourd'hui c'était un **second procès** qui venait se greffer sur le premier à la recherche d'un *jugement en équité*. Cette procédure a été utilisée dans des **hypothèses très diverses** : ainsi pour répondre à la nécessité de décisions dans l'urgence, ou pour corriger les conséquences de procédures mal engagées ou erronées, ou pour corriger des erreurs matérielles, ou encore pour pouvoir prendre en compte les intérêts de tiers qui n'avaient pu être partie au premier procès. En somme le *dénominateur commun* de toutes ces procédures importantes dans l'intérêt des justiciables était bien le **recours à l'équité** pour atténuer une **rigueur excessive** dans l'application **des principes** juridiques. Ainsi cette procédure de complément de justice était en quelque sorte un élément d'un *système transitoire* plus vaste qui a mené plus tard aux futures voies de recours extraordinaires.

• Le système de **voies de recours extraordinaires** est venu en premier lieu de ce que le roi était grand débiteur de justice à l'égard de tous ses sujets. Car à partir du moment où le roi ne fut plus présent aux séances de sa Cour devenue le Parlement, des sujets insatisfaits des arrêts de cette nouvelle juridiction se sont tournés vers le roi, en tant que souverain juge leur devant bonne justice, pour lui demander par voie de *supplique* l'annulation ou la révision de la sentence contestée. Cette procédure s'inspirait de la *supplicatio* à l'empereur romain qui a été reprise en droit canonique. Elle était **fondée sur la grâce royale** et liée aux *considérations d'équité* pour corriger des erreurs ; mais l'admission de la supplique par le roi ouvrait *seulement* par grâce royale la voie à un **second procès** pour reprendre une affaire déjà jugée. Le *privilège* que sollicitait le justiciable était en quelque sorte l'instrument à tout faire en matière de recours par voie exceptionnelle. À partir de la supplication ont été élaborées en effet la **requête civile** et la **proposition d'erreur** d'où viendrait plus tard la procédure de **cassation**. Enfin devant ce risque d'éventuels recours au roi contre leurs arrêts les conseillers au Parlement ont alors eu tendance à être de plus en plus rigoureux dans les termes de leurs arrêts ; en somme ils s'efforçaient d'y répondre par avance par un juridisme accru à partir de la tradition déjà affirmée au temps de Louis IX.

Section 4 – La souveraineté et l'intérêt général

§ 1 – La portée de la jurisprudence du Parlement

• La mission de justice du Parlement était très vaste puisque l'étendue de sa *compétence* était en principe celle du **souverain**. Défenseur de la souveraineté du roi, il l'était en premier lieu face à *la féodalité*. Au-delà encore la position particulière qui était la sienne entre agents de la royauté d'un côté et sujets de l'autre l'amenait à exercer un véritable **contrôle** de l'activité de *l'administration royale*.

• En fait à partir de l'ensemble des affaires venant en appel devant le roi ce contrôle s'étendait bien au-delà puisque ces affaires concernaient la vie du royaume dans son ensemble qu'il s'agisse de la *féodalité*, *des communautés d'habitants*, *des problèmes économiques*, etc. Il en résultait alors qu'à partir de la procédure qui y était suivie la jurisprudence de cette juridiction suprême de la royauté se trouvait sur une voie qui pouvait mener à l'État de droit qui, dans la conception actuelle, est censé prendre en compte le respect des droits des individus et de leurs intérêts.

• Car au-delà de la procédure se posaient aux conseillers, quant au fond du droit, non seulement la question de la souveraineté mais en même temps et constamment les questions très générales de **l'ordre public** et du **bien commun**. De ces éléments, dont le respect allait directement dans l'intérêt des sujets et l'équilibre des institutions, ils étaient les gardiens en tant que membres du Parlement aux côtés de la royauté qu'ils servaient.

§ 2 - Le rôle du Parlement face au droit coutumier

• Il faut d'abord rappeler la division du royaume en *pays de droit de coutumes* et *pays de droit écrit.* D'un côté toute la partie nord du royaume vivait sous un droit coutumier évolutif formé lentement depuis le Haut Moyen Âge tandis que la partie sud, tout en ayant elle-même des coutumes de nombreuses villes, avait été reconnue depuis le milieu du XIIIe siècle par Louis IX comme relevant en principe du droit écrit aux racines romaines. Il y avait ainsi de ce point de vue *deux statuts différents* dans le royaume alors qu'arrivaient devant le Parlement des appels venant de toutes les contrées du territoire.

• La jurisprudence du Parlement est d'autant plus remarquable à ce sujet que, comme on l'a vu, les conseillers étaient très marqués par leur *formation aux droits savants*, romain et canonique. Car s'ils développaient l'interprétation du droit coutumier à la lumière des principes du droit savant la **coutume** demeurait chez eux le **mode de pensée fondamental**. En effet lorsque l'existence d'une coutume était **invoquée** dans *les plaidoiries* devant le Parlement, dans chaque cas il était exigé d'en **rapporter la preuve** : cela même lorsque dans la pratique des juridictions inférieures certaines de ces coutumes étaient reconnues comme « notoires » parce qu'elles avaient déjà été consacrées par elles dans de nombreuses sentences. Or plus encore, le Parlement considérait le *droit écrit* comme la **coutume générale** des pays du royaume où il s'appliquait ; de même les coutumes locales des pays de droit écrit étaient soumises au même régime de preuve que celles des pays de coutumes.

• Enfin cette jurisprudence a eu une conséquence importante à l'égard du droit coutumier dans son ensemble. En effet ce droit étant évolutif, de fait la jurisprudence du Parlement contribuait ainsi à en *constater le dernier état* chaque fois qu'il était invoqué devant la juridiction suprême. Or le roi était pour les sujets traditionnellement dans son rôle souverain chargé d'une mission de **gardien des coutumes** et ces dernières étaient considérées comme des *libertés* des populations qu'elles régissaient. Ainsi ce rôle royal de gardien des coutumes ayant un aspect politique était-il très rigoureusement développé dans la jurisprudence du Parlement.

§ 3 - La souveraineté royale face à la féodalité

• Le problème essentiel tel qu'il se présentait au milieu du XIIIe siècle pour le souverain face à la féodalité venait de ce que celle-ci était fondée sur la **patrimonialité** de ses **domaines** et de ses **prérogatives seigneuriales** : car non seulement les seigneurs étaient des propriétaires terriens mais ils étaient en même temps propriétaires de *prérogatives de puissance publique* importantes, comportant le droit de rendre la *justice* et même, pour certains, encore le *droit de battre monnaie.* Or le **roi** était à la fois *seigneur féodal* dans son domaine mais aussi *souverain* vis-à-vis de tout le système féodal, c'est-à-dire l'ensemble des seigneurs dont certains étaient ses vassaux, qu'ils soient laïcs ou ecclésiastiques.

• À partir du principe de patrimonialité les féodaux pouvaient opposer leurs droits au roi et représentaient alors une **force centrifuge** face à la souveraineté royale d'autant que s'était créé par la *voie coutumière* un **droit féodal** sur lequel ils pouvaient s'appuyer. Les moyens d'action dont pouvait disposer le roi pour affirmer sa souveraineté sur l'ensemble du royaume face à cette force étaient apparemment limités. Car, d'un côté, le *pouvoir législatif* royal n'était *pas encore très assuré*, c'est-à-dire parfaitement reconnu et, d'un autre côté le *roi respectait les principes généraux du droit féodal.* En revanche notre source, les archives judiciaires de la Cour puis du Parlement, montre de manière très concrète que l'office du juge a été pour le roi un relais très important. En effet d'abord le roi utilisait parfois la *procédure judiciaire* pour prendre des décisions d'ordre réglementaire dans la forme d'arrêts de sa Cour. Mais surtout, d'autre part, *l'afflux d'affaires* venant en appel devant sa Cour et opposant des sujets à leurs seigneurs offrait à la royauté les voies d'un **contrôle très large de la féodalité** dans ses rapports avec les sujets. Ainsi la mission de justice constituait pour le roi un moyen puissant d'affirmer sa souveraineté et de retrouver par là un contact plus direct avec les populations précisément en surplombant la féodalité.

§ 4 – Le sens de l'intérêt général

• Sans remettre en cause la féodalité ni le droit féodal, dans sa Cour la royauté a cependant dégagé un principe général qui était d'imposer aux seigneurs dans l'exercice de leurs droits le respect du **bien commun**, c'est-à-dire de *l'intérêt général*, dont le souverain était en charge. Or précisément à la Cour étaient traitées des plaintes de sujets aussi bien à l'égard de seigneurs fort modestes par exemple dans leurs relations avec leurs manants qui étaient des paysans, qu'à l'égard de grands feudataires ; ces affaires avaient parfois une *portée économique* de grande importance.

• En effet le **développement économique** au XIIIe siècle avait suscité à côté de la vie agricole traditionnelle de la plus grande partie de la population, *économie de subsistance* reposant sur des droits d'usage pour éviter le maniement de la monnaie, une autre forme d'économie au contraire *économie d'échanges* fondée sur le **circuit monétaire**. Les féodaux entendaient aux aussi y entrer en dehors des redevances en nature. Mais la féodalité n'était pas seule en cause. Cette économie nouvelle avait suscité dans les villes de puissants intérêts de *corporations* de marchands et d'artisans. Il y avait alors toute une série de conflits de nature économique qui arrivaient par la voie judiciaire de l'appel devant la Cour du roi. Par là non seulement le Parlement à travers la mission de justice a exercé une sorte de contrôle sur la vie économique dans l'ensemble du royaume, mais il a dû en même temps *poser* et affirmer par sa jurisprudence des **principes d'intérêt général** d'ordre public. On en retiendra ici quelques exemples parmi les plus importants.

• D'abord très tôt Louis IX a chaque fois **protégé les paysans** contre les entreprises de leurs seigneurs qui méconnaissaient les droits d'usages de leurs manants les privant ainsi d'une part importante de leurs ressources vitales. L'intérêt général commandait de *maintenir* de cette manière les paysans sur les terres qu'ils *occupaient depuis longtemps.* De même avec le développement de l'économie monétaire, les grands seigneurs cherchaient à développer sur leurs terres les **marchés et les foires** à cause des *ressources fiscales* qu'ils en tiraient ; de nombreux conflits à ce sujet, soit par la concurrence entre seigneurs voisins soit entre seigneurs et habitants, arrivaient ainsi devant la Cour du roi qui s'est très vite assuré le **contrôle des créations** de marchés et de foires dans l'intérêt général.

• Ajoutons parmi les problèmes venus en appel devant le Parlement les conflits concernant les **prix de denrées courantes**, particulièrement dans les villes le pain au moindre coût, et les **conflits entre corporations** à propos des limites des différents métiers. Ainsi pour trancher un conflit entre deux métiers de la draperie, le Parlement avait fait une enquête auprès des corporations d'autres villes avant de rendre son arrêt, un long texte très circonstancié qui constituait en réalité un véritable statut et qui aurait pu servir de modèle dans d'autres conflits de même ordre.

• Enfin parmi les plus importants apparaissent les **problèmes monétaires**. Le Parlement a été sollicité d'intervenir à partir des plaintes par voie judiciaire de *féodaux* et de *populations* à l'encontre de **grands seigneurs** disposant du droit de *battre monnaie* : s'appuyant sur ce droit patrimonial ces seigneurs entendaient manipuler leur monnaie aussi bien pour *émettre* de la *bonne monnaie* que de la *mauvaise*. Sans leur retirer ce droit de battre monnaie le Parlement a alors posé le principe que dans **l'intérêt général** ils ne pourraient exercer leur droit que pour *émettre de la bonne monnaie*, c'est-à-dire de la monnaie forte.

Chapitre 4
L'État et l'institution de la monarchie absolue

L'essentiel

- *À la fin du* XV*e siècle, la royauté a imposé définitivement la souveraineté et la permanence de la couronne, donné réalité et vie à un État, en dotant le royaume de structures administratives notables à cette époque ; la guerre de Cent Ans avait, en outre, renforcé le sentiment national et créé une* ***cohésion nouvelle*** *autour de l'****idée monarchique****.*
- *Les réalités de l'État, désormais, sont assez apparentes pour susciter réflexions,* ***doctrines politiques*** *et* ***théorie institutionnelle*** *; or, l'État est analysé, inévitablement, en étroite liaison avec la monarchie qui en a la charge ce qui aboutira, en France, aux idées de monarchie de droit divin et d'absolutisme. Mais il y a, en quelque sorte, deux aspects à bien distinguer : un aspect* ***théorique*** *et doctrinal ; un aspect* ***pratique*** *faisant apparaître les réalités et les limites de l'absolutisme.*

Section 1 - L'État et le roi

§ 1 - L'État et les théories étatistes

• **État** et **République** : l'influence antique est considérable dans l'utilisation de cette terminologie. Au XVIe siècle, le terme République n'était pas employé pour désigner une forme particulière de gouvernement mais seulement dans le sens de **chose publique** *(res publica)* , que le gouvernement en soit monarchique ou autre. L'État, dérivé du latin *status* et marquant la permanence de la chose publique, était synonyme de République. Ces termes recouvraient l'expression de l'**intérêt public**.

• Une **définition de l'État** est donnée par Jean Bodin *(Les six livres de la République)* : « **L'État est un droit gouvernement de plusieurs ménages et de ce qui leur est commun, avec puissance souveraine** ». L'État a pour but de réaliser la justice dans une société dont l'élément constitutif est la **famille** ; la souveraineté (manifestation juridique de l'État) est « la **puissance absolue** et **perpétuelle** » dont l'État dispose pour maintenir cet équilibre. Des trois formes de gouvernement de l'État (monarchie, aristocratie, démocratie), la **monarchie** est la plus naturelle.

§ 2 - L'insertion de la personne royale dans l'État

• En France, l'État entité abstraite, ne peut être représenté que par le roi qui en a la charge complète : entre l'abstraction pure de l'État et l'action étatique dans la réalité permanente, s'insère une volonté humaine ; le roi est le **seul organe exprimant cette volonté**. Richelieu en arrivera à rapprocher (au point de les confondre) l'État lui-même et la personne du roi, mais en subordonnant cette dernière à l'institution étatique.

• Quant au sens de l'intervention royale dans l'action étatique, il est assez clairement défini par Richelieu dans la première moitié du XVIIe siècle : le but essentiel étant la puissance de l'État, le roi doit être dévoué aux **intérêts de l'État** pour le bien commun ; les intérêts de l'État dépassent tous les autres et le **bien commun** en dépend. L'expression complète de cette intervention humaine au nom de l'État se trouve dans le système de la **raison d'État**, développé à cette époque et présenté comme l'**impératif de l'intérêt national**.

Section 2 - La progression vers l'absolutisme

À la fin de la guerre de Cent Ans au milieu du XVe siècle, les populations se sont regroupées autour du roi et de l'idée monarchique : **sacre, race, patrie**, se fondent dans les mentalités. Un mouvement doctrinaire mettra en forme cette tradition, élaborant une construction juridique : la **monarchie de droit divin**.

§ 1 - La monarchie de droit divin

Aux États généraux de 1614 la vieille tradition du roi très chrétien reparaît et se renforce (le roi est d'une race protégée et bénie par Dieu qui lui réserve ses faveurs ainsi qu'à son peuple) ; d'où l'idée que le pouvoir du roi lui vient **directement de Dieu** et sans intermédiaire. La rencontre des **aspirations populaires** à la sécurité (par la concentration de la puissance) et du **courant gallicaniste** (diminuer l'influence pontificale) aboutit à la supplique adressée au roi par les États généraux de 1614, de proclamer le principe du **pouvoir de droit divin** en tant que **loi fondamentale du royaume**. Le roi en a débattu dans son conseil mais s'en est tenu à un consentement tacite.

§ 2 - Le sens de l'absolutisme

La conjonction du pouvoir de droit divin et de la raison d'État mène, assez directement, à l'absolutisme ; encore faut-il en préciser le sens exact du point de vue théorique.

• Le roi est seul interprète du bien commun et n'est **responsable que devant Dieu** ; la royauté affirma, plus que jamais, que l'autorité royale était **une, impartageable, incommunicable**. L'expression officielle la plus ferme apparaît au cours du Lit de justice tenu par Louis XV (3 mars 1766) au Parlement de Paris et appelé aussi « **séance de la flagellation** » : « C'est en ma personne seule que réside la puissance souveraine, dont le caractère propre est l'esprit de conseil, de justice et de raison. C'est à moi seul qu'appartient le pouvoir législatif sans dépendance et sans partage. L'ordre public tout entier émane de moi... Les intérêts de la nation sont nécessairement unis avec les miens et ne reposent qu'en mes mains... »

• L'absolutisme garde cependant un **caractère légal** au sens littéral du terme (fondé sur la loi par opposition à la tyrannie qui se situe en dehors des lois) : la monarchie absolue **obéit aux lois du royaume** qui s'imposent à elle tant en ce qui concerne la coutume générale du royaume (lois fondamentales) qu'à l'égard des actes du roi en tant que législateur.

Section 3 – L'accroissement de l'État et les réalités de l'absolutisme

Au-delà des doctrines, les réalités, certes plus nuancées, sont difficiles à apprécier : l'État manifeste des tendances incontestables à une emprise croissante sur la vie de la nation mais l'absolutisme rencontre de sérieuses limites.

§ 1 – L'accroissement de l'État et l'emprise sur la nation

• À partir du XVIe siècle, les cadres administratifs se développent et le nombre des **officiers** royaux augmente sensiblement ; une administration par **commissaires** y est superposée au cours du XVIIe siècle, constituant l'instrument efficace de la centralisation surtout à partir de Louis XIV. En regard, les États généraux **ne sont plus réunis** à partir de 1614 ; la tutelle administrative sur les villes est rendue plus rigoureuse.

• La royauté s'efforce de multiplier et développer les **grandes interventions** de l'État dans les domaines les plus divers : en matière religieuse, d'assistance et d'enseignement, en matière économique. Les **moyens de l'État** demeurent cependant **en deçà des ambitions** du pouvoir royal par la faiblesse des moyens d'exécution et de contrôle, par la médiocrité du système financier, par l'éloignement relatif des provinces.

§ 2 – Les résistances à l'absolutisme

• La tradition de la royauté repose sur le **respect des traditions** et des **situations acquises.** Le respect des privilèges en est un témoignage direct : dans l'administration royale, l'innovation procède plutôt par **adjonction** ou **superposition** de cadres nouveaux que par suppression ; l'action est souvent appelée ou provoquée par les **intéressés eux-mêmes** (corps ou communautés s'efforçant d'infléchir l'action royale en leur faveur par des interventions directes à la Cour).

• Les **résistances institutionnelles** : il y a d'une part, dans l'ensemble de l'administration royale, les résistances dues à l'indépendance des **officiers** (titulaires de charges vénales) ; d'autre part, les **États généraux** (dans la seconde moitié du XVIe siècle) et, surtout, les **parlements** ont cherché à jouer un rôle politique modérateur face à la monarchie. Sans doute Louis XIV a dominé les parlements mais ceux-ci ont repris leur **opposition politique**, tout au long du XVIIIe siècle, en la justifiant par des **théories** qui attaquent directement l'absolutisme.

• Toutes ces théories avaient un **but immédiat**, servir les ambitions politiques des parlementaires et défendre leurs privilèges ; mais elles ont aussi mené les parlements à la rébellion ouverte et à l'**opposition à toute réforme.** Elles n'en ont pas moins contribué à répandre une **nouvelle philosophie politique** au XVIIIe siècle.

§ 3 – L'absolutisme et le mouvement de réforme

• Au moment même où la monarchie définissait l'absolutisme avec le plus de netteté (Louis XV, 1766), elle était déjà engagée dans un mouvement de réforme très important :

- par sa **continuité** durant toute la seconde moitié du XVIIIe siècle ;
- par son **ampleur** (la fiscalité, la justice, l'administration et les assemblées locales, les corporations, l'armée, le statut des protestants et des juifs, etc.) ;
- par son **esprit novateur** (uniformité et décentralisation administrative ; libéralisme économique ; développement et protection des droits des individus dans le sens de l'égalité, esprit de raison et de progrès). Cela s'est exprimé jusque dans les préambules de certains édits.

• Mais, si l'esprit est audacieux, l'**action est entravée** de multiples manières :
- Les réformes se veulent **générales**, mais restent **incomplètes**.
- Le maintien de la **tradition des Ordres** ne permet pas d'écarter les résistances intransigeantes des privilégiés ; il en est de même du statut des agents de la royauté.
- Dès lors, les réformes ne sont **jamais appliquées intégralement** telles qu'elles ont été prévues, et sont parfois **abandonnées**, malgré des tentatives renouvelées.
- Les résultats sont à la fois **insuffisants** et pourtant **considérables**.

• Tout cela explique à la fois que la Révolution soit allée si vite (il y avait déjà les idées, les projets, les hommes formés pour les appliquer) mais que la part la plus durable de l'œuvre de la Révolution (et la plus vaste) ait été tirée, en grande partie, des projets de réforme de l'Ancien Régime.

Chapitre 5
La Révolution et les nouveaux principes constitutionnels

L'essentiel

Le XVIII*e siècle a mûri les idées qui renverseront l'ordre monarchique ; un faisceau de principes constitutionnels nouveaux se dégage qui forme une tradition assez stable depuis la Révolution.*
En revanche, l'ère des Constitutions écrites, encore brève dans notre histoire, porte tous les signes de l'instabilité constitutionnelle, posant apparemment la question de la solidité de la nouvelle tradition nationale et étatique.

Section 1 – Le XVIIIe siècle, révélateur des idées nouvelles

§ 1 – La philosophie des Lumières et le mouvement des idées

• La philosophie des Lumières est surtout **critique**, appuyée sur le **rationalisme** et **l'esprit scientiste** ; elle développe :
- la croyance en des **lois naturelles** d'organisation de la société et la croyance au progrès ;
- la critique des institutions **traditionnelles** dans leur ensemble qui, en regard, suscite l'individualisme et les tendances libérales et égalitaires.

• Vers la fin du siècle, la diffusion de ces idées est largement assurée par l'Encyclopédie (d'Alembert et Diderot) tandis qu'apparaissent des tendances **révolutionnaires** (droit du peuple à renverser un despotisme considéré comme tyrannique ; idée d'un transfert de souveraineté).

§ 2 – Les idées nouvelles sur les rapports entre État, Nation, individu

I – La convergence entre État et nation

• Le concept de nation devient plus **individualiste** et **unitaire** ; la nation devient la réalité première et personnifie l'intérêt général : elle doit être maîtresse de ses destinées.

• Le concept d'État devient également plus net, par la distinction entre l'État et la personne des gouvernants ; l'État domine l'ensemble des individus, gouvernants aussi bien que gouvernés ; les notions de **citoyenneté** et de **chose publique**, reçues à nouveau sous l'influence de l'Antiquité, complètent l'ensemble.

• La convergence entre les deux concepts aboutit à une notion nouvelle de la souveraineté : **souveraineté de la nation** (opposition à la souveraineté royale), exprimée par la **souveraineté de la loi**.

II - L'État et l'individu

• Les nouvelles conceptions ont pour conséquence de faire apparaître plus directement l'individu face à l'État, et de poser, plus nettement, la question des **droits individuels**.

• Les remontrances, très célèbres, de la Cour des aides (8 févr. 1771) montrent que ces idées étaient très clarifiées à la fin du XVIIIe siècle : « Dieu ne place la couronne sur la tête des rois que pour procurer aux sujets la sûreté de leur vie, la liberté de leurs personnes et la tranquille propriété de leurs biens, **droits inviolables**… ».

• Ces idées auront un écho dans les Cahiers de doléances de 1789 et seront consacrées dans la Déclaration des droits de l'homme. Le passage des droits individuels aux **libertés individuelles** explique la recherche de l'égalité et de la garantie des libertés.

Section 2 - Des États généraux à la Constituante : la mise en œuvre des nouveaux principes

§ 1 - La représentation nationale et le pouvoir constituant

La représentation nationale apparaît par élimination des Ordres et se fonde sur le tiers état. Les cahiers de doléances des États généraux de 1789 sont en général **moins audacieux** que ceux des réunions de la fin du XVIe siècle ; mais, à travers quelques-uns de ces cahiers, se retrouve l'essentiel de l'**idéologie nouvelle**.

• Les conséquences apparaissent dès les premières réunions : les ordres privilégiés se désagrègent très vite, et aussitôt le tiers état se pénètre de son importance en prétendant **représenter la nation** (17 juin, proclamation de l'Assemblée nationale). La mise en œuvre des nouveaux principes, entamée dès ce moment repose sur deux faits essentiels : l'apparition d'un **pouvoir constituant**, la rédaction de la **Déclaration des droits de l'homme**.

• L'Assemblée issue des États généraux s'attribue le **pouvoir constituant** dans le but d'établir une **Constitution** (écrite et rigide) supérieure aux lois ordinaires. Le point de départ est la proclamation de l'**Assemblée nationale** « **une et indivisible** » (dans laquelle la distinction des ordres est abolie), le passage de la représentation fractionnée à la représentation unitaire qui crée la condition favorable à l'apparition d'un pouvoir constituant fondé sur la souveraineté nationale. La détermination du mandat des représentants de la nation à l'Assemblée est, enfin, l'occasion du passage du mandat impératif traditionnel aux États généraux, au **mandat représentatif**.

§ 2 - La Déclaration des droits de l'homme et du citoyen

La Déclaration des droits n'était pas une nouveauté (idée empruntée à l'Amérique du Nord) mais son caractère universaliste, sa rédaction, et même ses ambiguïtés, ont assuré son succès et en ont fait la charte du monde nouveau.

I - Contenu

La Déclaration paraît à la fois **brève** et **complète** dans son contenu juridique :

• en ce qui concerne les **droits individuels** et les **libertés** : liaisons entre liberté et égalité (très largement comprise : politique, judiciaire, fiscale, religieuse, intellectuelle), entre liberté et propriété ; déclaration très optimiste, d'où il semble ressortir qu'il suffira de rechercher les libertés individuelles et le respect des droits individuels pour parvenir à un système politique et un gouvernement harmonieux ;

• en ce qui concerne les **principes constitutionnels** : à partir du corps social (cité dans le préambule), affirmation de la souveraineté nationale (inaliénable ; refus des corps intermédiaires) et de la souveraineté de la loi (présentée comme la volonté générale en liaison avec la liberté naturelle) ; référence conjointe, dans le même article à la séparation des pouvoirs et à la Constitution.

II - Limites

La Déclaration n'est cependant pas sans **limite**, ni sans **ambiguïté** : elle est surtout préoccupée des intérêts de la partie possédante du tiers état ; il n'est pas question des esclaves à propos de l'égalité civile ; la déclaration est ambiguë sur plusieurs points : à la fois déiste et rationaliste ; les limites de la liberté individuelle (à l'égard des autres individus, à l'égard de l'État) sont à peine ébauchées ; l'art. 6 manifeste une hésitation évidente à propos de la représentation, « la loi est l'expression de la volonté générale, tous les citoyens ont le droit de concourir **personnellement** ou par leurs **représentants** à sa formation ».

§ 3 - La préparation de la première Constitution

• Dès sa formation, l'Assemblée nationale constituante désigne un **comité de Constitution** ; mais, l'engagement pris lors du serment du Jeu de Paume ne sera tenu qu'après un long délai (17 juin 1789-3 sept. 1791) ; en fait, l'Assemblée a voté des **éléments de Constitution en octobre 1789 (19 articles)** concernant le roi, l'assemblée et les ministres, et restera **maîtresse de l'étendue de ses pouvoirs** dans son action permanente.

• **La longueur du délai** de préparation de la Constitution s'explique à la fois : par la **multiplicité des tâches** qu'assume l'Assemblée en dehors du travail constitutionnel ; par des **changements de doctrine** en cours de rédaction suivant l'évolution des rapports avec le roi ; par les tâtonnements dus au manque d'expérience et par l'impuissance à clore le débat.

Section 3 - L'ère des Constitutions écrites et la tradition de l'État

En moins de deux siècles, les textes constitutionnels, au demeurant difficiles à dénombrer, se comptent par dizaines ; cependant il y a une opposition manifeste entre cette **instabilité politique** et **constitutionnelle** et la **solidité** de la **tradition étatique**.

§ 1 - L'instabilité constitutionnelle

• L'instabilité constitutionnelle est le reflet de l'**instabilité politique** durant les trois-quarts du XIXe siècle, chaque changement de régime politique entraînant la rédaction d'un nouveau texte, auquel viennent s'ajouter les modifications intervenues pendant la vie du régime.

• Cependant un faisceau important d'**éléments de stabilité** est également à retenir, quant à la **tradition de l'État**. Les principes introduits en 1789 n'**ont guère varié** depuis le début du XIXe siècle. Au-delà de l'idéologie désormais traditionnelle, la **coutume constitutionnelle**, à travers des méandres complexes, a lentement introduit et consolidé un régime parlementaire ; en outre, l'extension progressive du droit de suffrage (par abaissement du cens) prépare l'instauration du suffrage universel (réservé à la population masculine) par le gouvernement provisoire issu de la Révolution de 1848.

• Enfin, après la réorganisation napoléonienne, les structures de l'**administration** de l'État gardent une grande stabilité à travers les changements de régime.

§ 2 - Une imperfection conceptuelle

Si l'instabilité constitutionnelle est le reflet de l'instabilité politique, elle semble provenir aussi d'une **imperfection conceptuelle** : par **l'abus du concept de Constitution écrite rigide**, conjugué avec les considérations d'**opportunité politique**.

• La conception rigide des Constitutions écrites pousse à la rédaction de **textes très longs**, source de **complexité** et, cependant, inévitablement **incomplets** ; bien que ce concept ne lui laisse que peu de place, la **coutume constitutionnelle** intervient largement et a joué un très grand rôle sous des régimes fort divers (de la première Restauration au Second Empire).

• Les défauts du concept de Constitution rigide sont aggravés par les considérations d'**opportunité politique** : Constitutions en quelque sorte « **sur mesure** », portant la marque des compromis ou des arrière-pensées des rédacteurs ; textes remaniés, et parfois à plusieurs reprises, par le régime qui les a suscités.

• Dès lors, ces textes sont directement **liés au sort d'un régime** et ont suivi la lutte d'influence qui a longuement opposé le législatif et l'exécutif dans l'histoire constitutionnelle depuis la Révolution ; la **brièveté des textes** et la part considérable laissée à la **coutume constitutionnelle** sous la IIIe République tiennent une bonne place dans les causes de la **longévité de la Constitution de 1875**, laquelle apparaît, de ce point de vue, comme un phénomène accidentel (entre la Constitution de 1791 et celle de 1958).

Titre 2
Le système de gouvernement

De la royauté à la Ve République, les régimes successifs ont marqué de leur empreinte le système de gouvernement à travers les ***textes*** *et les* ***usages constitutionnels*** *; cependant, le contraste est grand entre les péripéties d'une histoire constitutionnelle chargée et certains caractères constants du système de gouvernement, dus en particulier à une* ***extrême centralisation*** *: pour l'expliquer, il faut remonter à l'Ancien Régime, et même très haut dans l'histoire de la royauté.*

Chapitre 1
Formation et développement du gouvernement royal au Moyen Âge

L'essentiel

Le développement du gouvernement royal a suivi les étapes de l'accroissement de l'autorité et du domaine du roi, passant d'un simple gouvernement ***domestique****, sous les premiers Capétiens, à des* ***organes plus spécialisés*** *et structurés, à la fin du Moyen Âge ; la transformation décisive intervient au cours du XIIIe siècle.*

Section 1 - La formation du gouvernement dans les deux premiers siècles (XIIe-XIIIe siècle)

§ 1 - Les origines

Il faut chercher les origines du système d'une part dans le gouvernement **domestique** avec une poignée d'officiers domestiques et de chevaliers formant l'**Hôtel** du roi et, d'autre part, dans le système **féodal** avec les vassaux formant la **Cour** du roi à partir des devoirs d'aide et de conseil qu'ils doivent à leur suzerain. Il en résulte un gouvernement **itinérant** (officiers de la couronne, conseillers et chevaliers suivent le roi dans tous ses déplacements à l'intérieur du domaine royal). Enfin la royauté a utilisé un **personnel ecclésiastique** (ou ayant la formation ecclésiastique), le seul ayant alors la culture nécessaire pour des tâches plus spécialisées assurant le développement d'un gouvernement par l'**écriture**.

§ 2 - L'Hôtel ou Maison du roi et la Cour du roi

• L'Hôtel constitue l'entourage du roi (**réunion permanente** de gens hébergés et nourris dans le Palais et suivant tous les déplacements du roi). Il joue un rôle important par la **continuité** de son activité, avec tout un personnel de scribes et de secrétaires, groupés autour de quelques grands officiers.

• La Cour du **seigneur-roi**, organe **féodal**, tend à devenir un organe de **gouvernement** (et un organe **judiciaire**). Elle est composée des grands officiers, de vassaux laïcs et ecclésiastiques. C'est un organe **nombreux, lourd** et **indifférencié** ; le roi convoque sa Cour quand il le juge nécessaire, mais une certaine périodicité devient indispensable avec le nombre et l'importance des affaires. Il est **maître** de la composition de sa Cour, de la convocation et de l'objet de la réunion ; mais, en fait, pour **affermir son autorité** le roi a besoin de l'appui des vassaux qui forment sa Cour, dans les questions politiques importantes et pour assurer le respect de ses décisions.

• Le roi consulte sa Cour sur des affaires **politiques** ou sur le contenu de ses ordonnances ; la Cour aborde des affaires **financières** ; elle est aussi une **juridiction** qui procède à la fois de la mission personnelle de justice du roi à l'égard de tous les sujets et du rôle du suzerain dans la cour féodale.

• L'audience de la Cour du roi ne s'est que **lentement étendue**, au cours du XIIe siècle, en dehors du domaine ; l'influence des ecclésiastiques, des villes, des petits seigneurs (recherchant l'arbitrage royal face aux puissants féodaux) y a contribué. Cela a été **décisif** dans l'affirmation de l'autorité et de la souveraineté de la royauté.

Section 2 - Transformation de la Cour du roi à partir du XIIIe siècle

§ 1 - Extension des tâches et différenciation des organes

• Dès le début du XIIIe siècle, l'extension du domaine et l'accroissement de l'autorité royale, à l'intérieur comme à l'extérieur du royaume, entraînent une augmentation du volume des affaires et un **changement de dimension** de l'action gouvernementale. La technicité nouvelle suscite une **spécialisation** du personnel de l'Hôtel et de la Cour et écarte *de facto* l'élément aristocratique n'ayant pas une formation suffisante.

• La spécialisation (faisant apparaître des fonctions nouvelles) opère des regroupements du personnel consacrés, en droit, par le **fractionnement** de la Cour en organes nouveaux (la **Cour de Parlement**, la **Chambre des comptes**, le **Conseil**). De plus, des membres de la Cour sont envoyés en tournées d'inspection pour contrôler les agents locaux (baillis royaux). Le fractionnement de la Cour en organes spécialisés rend à nouveau nécessaire la recherche d'une large instance de conseil, d'où l'apparition des États généraux.

§ 2 - Le Parlement

I - La formation du Parlement, Cour de justice

L'afflux des **affaires judiciaires** à la Cour dans la seconde moitié du XIIIe siècle appelle de nouvelles méthodes de travail. Les délibérations (qualifiées *parlamenta* dès 1239) sont groupées en séances judiciaires de la Cour, vers le milieu du XIIIe siècle. Les **sessions** judiciaires sont de plus en plus longues. La différenciation est réalisée définitivement à la fin du règne de saint Louis (le Parlement rendra désormais des sentences **en dehors de la présence du roi** qui ne peut plus y faire face et ne viendra plus qu'exceptionnellement tenir sa Cour de justice). Enfin au milieu du XIVe siècle, sous Charles V, les conseillers au Parlement sont recrutés de plus en plus parmi les avocats, donc parmi des juristes de formation essentiellement judiciaire.

II – Les conséquences politiques

• La formation du Parlement symbolise le passage, à travers la procédure civile, d'une justice marquée par la tradition **féodale** de la **curia regis** (où le souverain reçoit son conseil) à une **justice plus étatique** (où les institutions judiciaires se distinguent nettement et se séparent de la personne royale).

• À l'éloignement de la personne royale paraît liée l'action du Parlement en tant que contribution à la formation d'un **État de droit** ou, au moins, à son développement par le biais de la **procédure** (appel).

• Le Parlement, Cour de justice par vocation, mais demeurant partie intégrante de la Cour du roi, prétendra conserver des prérogatives politiques à la faveur de deux séries d'actes sollicités, à l'origine, par la royauté : **arrêt de règlement** à propos d'une affaire ayant montré l'urgente nécessité d'une disposition réglementaire ; **enregistrement des Lettres patentes** contenant les actes législatifs du roi (la **publication**, la conservation et exécution des lettres patentes). Le Parlement en arrivera à prendre des arrêts de règlement en dehors de toute affaire (et de toute sollicitation du procureur du roi), et présentera des **remontrances** sur le contenu des lettres patentes, allant jusqu'au refus d'enregistrer. D'où de **nombreux conflits** entre le Parlement et le roi (premier exemple en 1417). Mais la royauté fait toujours prévaloir son autorité en utilisant les **lettres de jussion** (ordonnant au Parlement de procéder à l'enregistrement) et la procédure du **Lit de Justice** (le roi venant lui-même tenir sa Cour et faire procéder à l'enregistrement en sa présence).

• Ce rôle politique s'accentue durant les époques troublées où la royauté est en infériorité (par ex. sous Charles VI où le Parlement devient l'arbitre entre les princes) et d'une façon générale pendant les régences ; en effet, la spécialisation judiciaire écarte de plus en plus le Parlement des tâches de gouvernement tandis que la volonté de jouer un rôle politique tend à l'orienter vers l'**opposition systématique**.

§ 3 – La Chambre des comptes

La Cour du roi avait aussi à examiner des affaires de nature financière, plus précisément à procéder à l'examen et au contrôle des comptes présentés par les agents royaux chargés de l'administration du domaine (prévôts) et comptables des deniers royaux ; à cette occasion, elle rendait de véritables **sentences** concernant la gestion de ces agents.

• Une spécialisation s'opère également dans le domaine financier au milieu du XIIIe siècle où une partie du personnel, les **gens des comptes**, s'attache au **contentieux financier** auquel des séances particulières sont consacrées. Au début du XIVe siècle, les gens des comptes constituent un organe distinct, la **Chambre des comptes**, et sont également fixés à Paris.

§ 4 – Le Conseil du roi

C'est la partie non spécialisée de la Cour demeurant auprès du roi ; mais c'est désormais l'**organe de gouvernement par excellence**. Le conseil apparaît sous Philippe le

Long, au début du XIVe siècle et poursuit la tradition du gouvernement **itinérant** à la suite du roi.

• Conseil politique essentiellement, sa composition dépend de la **seule volonté du roi** ; à la fin du XVe siècle, tend à se constituer un « **conseil étroit** » ou « **conseil secret** », ou encore « **conseil des grandes matières et affaires** » : premier signe d'une **nouvelle spécialisation** à l'intérieur du conseil (mouvement de spécialisation qui s'achèvera sous Louis XIV).

• La **compétence** du conseil est **celle du roi lui-même**, à la fois politique, administrative (direction de l'administration royale), législative, judiciaire ; sa méthode de travail est entièrement entre les mains du roi qui décide seul.

Chapitre 2
Le gouvernement sous la monarchie absolue

L'essentiel

*À partir de la fin du Moyen Âge, le gouvernement royal devient un **ensemble complexe** d'organes dont le personnel augmente peu à peu. Jusqu'au gouvernement personnel de Louis XIV surtout, les modifications successives de cette organisation sont d'autant plus difficiles à suivre qu'elles obéissent à un mouvement empirique, et coutumier pour une grande part. Les **principes traditionnels**, quant à l'autorité royale, sont fermement maintenus et la tendance générale de ce gouvernement est la **centralisation**.*

Section 1 - Structures du gouvernement et administration centrale

§ 1 - L'organisation gouvernementale

• Le principe demeure, plus que jamais, que le roi, dans la plénitude de son pouvoir, garde **pour lui seul** le **pouvoir de décision.** Les actes du pouvoir central seront toujours établis et expédiés en son nom, mais le volume des affaires réduit – nécessairement – l'intervention personnelle du roi. Cela augmente l'importance (et le pouvoir) des titulaires des hautes charges de l'État et de leurs bureaux.

• La distinction tend à se préciser dans le service du roi entre le service personnel et domestique, et le **service public pour les affaires de l'État**. Le service du roi pour les affaires publiques occupe un nombreux personnel réparti dans les bureaux, articulés autour du chancelier, des secrétaires d'État et de certaines séances du conseil ; ainsi se constitue une administration centrale.

• Le gouvernement comporte alors **deux séries** d'organes. Les titulaires des **hautes charges** sont en même temps les chefs des bureaux ; le **conseil du roi** est décomposé en plusieurs séances spécialisées ayant leur activité et leur rythme propres.

§ 2 - Les chefs des bureaux

I - Le chancelier

• Grand officier de la couronne, **inamovible,** le chancelier a de **multiples fonctions** :
- la **garde du sceau royal** (avec fonction de vérifier les actes en expédition avant apposition du sceau) ;
- **la surintendance du Conseil d'État**, qui fait considérer le chancelier comme **le chef de la justice.**

• Personnage de haut rang et de grand prestige, officier inamovible, le chancelier a connu des **fortunes diverses** : faisant parfois figure de premier ministre au XVIe siècle (Michel de l'Hospital), il a connu aussi la défiance du roi, au XVIIe siècle, au point de se voir retirer les sceaux (alors confiés à un **garde des Sceaux** pris dans l'administration royale et plus docile envers l'autorité royale).

II - Les secrétaires d'État

• Ils proviennent de la **communauté des notaires-secrétaires** du roi (dépendant, au Moyen Âge, de la chancellerie) ; début XVIe siècle, **quatre secrétaires** sont plus spécialement désignés pour recevoir et authentifier la volonté du roi agissant seul ; ils travaillent **directement avec le roi**, traitent certaines affaires sur son ordre. Émancipés de l'autorité du chancelier, ils deviennent **secrétaires d'État** et chefs de bureaux de l'administration centrale.

• Leurs origines expliquent **l'évolution** et les **limites** de leurs pouvoirs. Secrétaires nommés par **lettres de commission** révocables, ils demeurent sous-ordre, et n'ont, en principe, pas de pouvoir de décision. Mais leurs pouvoirs effectifs sont plus larges : dès le XVIe siècle, ils participent à l'ouverture des dépêches et préparent le travail du roi (rapport, projet de réponse) ; ils en arrivent à traiter eux-mêmes certaines affaires. Jusqu'au gouvernement de Louis XIV, ils venaient (avec leur **portefeuille**) délibérer au Conseil des dépêches ; sous ce règne, ils furent **très puissants** (Colbert, Louvois), mais le roi préférait travailler avec chacun d'eux **séparément**.

• Une **division du travail** s'est opérée entre eux, par un partage de la correspondance et des affaires concernées :
- un « **département** » purement **géographique** (milieu du XVIe siècle), chacun d'eux ayant vocation pour un quart du territoire du royaume et la correspondance des pays étrangers limitrophes ;
- un « **département** » **par matière** superposé au début du XVIIe siècle au partage géographique (certaines matières étant confiées exclusivement à l'un des secrétaires d'État). Louis XIV en arrête la répartition (Affaires étrangères ; Guerre ; Marine ; Maison du roi) qui restait cependant à la discrétion du roi (Colbert cumule Marine et Maison du roi).

III - Les chefs de l'administration financière

Les finances royales, fort complexes, avaient gardé les traces de leurs origines féodales (finances ordinaires, finances extraordinaires...) et posaient un problème de direction que la royauté **ne maîtrisait pas.**

• Au début du XVIe siècle, la royauté cherche à établir une direction unique, avec la **Surintendance des finances**. Louis XIV a tenté une gestion personnelle des finances avec la création d'une séance spécialisée du conseil (**Conseil des finances**) puis a donné en 1665 à Colbert une commission de **contrôleur général des finances**.

• Jusqu'à la fin de l'Ancien Régime, le Contrôle général des finances a été une charge importante, associant la direction de l'administration des finances et l'**orientation de l'activité économique.** À la fin de l'Ancien Régime, le contrôleur général des finances tend à prendre une **place prééminente** dans le gouvernement royal (en particulier avec Turgot) ; l'instabilité de la charge est alors à l'image de la crise du régime.

§ 3 – Ministres et ministère

• Certains titulaires de ces hautes charges participant au gouvernement ont porté le titre de **ministres d'État** (appelés par le roi à participer à la séance suprême de son conseil, le Conseil d'État d'en Haut).

• Le terme de **ministère** a parfois été employé pour désigner l'ensemble (secrétaires d'État, contrôleur général des finances, chancelier) ; cette appellation demeurait de pure forme, car tous les pouvoirs restaient en principe entre les mains du roi.

• La fonction ou la charge de **Premier ministre** ou de **Principal ministre** est apparue sous certains rois, sans que jamais la royauté en fasse une institution permanente. Richelieu a exercé la fonction, qui n'a jamais été définie et demeurait surtout question de **circonstances** et de **personnes**.

Section 2 – Le Conseil du roi

§ 1 – Les principes traditionnels et les séances du Conseil

Depuis la fin du Moyen Âge, et après la séparation du Parlement et de la Chambre des comptes, subsiste en quelque sorte le noyau central de l'ancienne cour féodale, attaché à la personne du roi et poursuivant avec le souverain les tâches de gouvernement et de haute administration ; les principes traditionnels demeurent, mais la complexité des tâches oblige à partir du XVIe siècle à une **nouvelle organisation** de cette institution qui prend définitivement le nom de Conseil du roi.

I – Principes

Les principes traditionnels sont respectés :

- le roi gouverne à **grand conseil** et demeure maître de la composition de son conseil ;
- la compétence du Conseil est **générale** et **universelle** comme celle du roi lui-même ;
- le roi est toujours **censé présent** en son conseil mais la **fiction** de la présence continue du souverain **fait seule la puissance** du conseil.

II – Composition

Le **conseil est composé**, outre les ministres et secrétaires d'État que le roi y appelle, de 30 conseillers ordinaires, de conseillers (princes du sang, pairs de France) n'ayant accès de droit qu'aux séances judiciaires, des maîtres des requêtes de l'Hôtel (personnel auxiliaire préparant les dossiers et rapportant).

III – Évolution

La manière de tenir le conseil **évolue constamment** pour répondre à l'accroissement des affaires et aux transformations du royaume. Au cours du XVIe siècle, apparaissent : dès François Ier, une séance restreinte, le **Conseil des affaires** (5 ou 6 personnes) essentiellement politique ; une séance spécialisée dans les affaires de justice : le

Conseil privé ; une séance au personnel nombreux, chargée des affaires courantes et des questions administratives : le **Conseil d'État** ; à partir de 1587, un **Conseil pour les finances**. Au cours du XVIIe siècle, malgré bien des tâtonnements, l'organisation du conseil se précise et prend sa forme définitive sous Louis XIV.

§ 2 - L'organisation des séances du Conseil du roi sous Louis XIV

Louis XIV essaie **d'ordonner** cet organe devenu **très lourd.** Dans les structures qu'il précise, apparaissent deux catégories de séances assez distinctes : les conseils de gouvernement proprement dit, politiques ; les conseils de justice et d'administration.

I - Les conseils de gouvernement

A - Le Conseil d'État

Le Conseil d'État ou **Conseil d'en Haut**, traite des affaires extérieures ou des affaires intérieures les plus importantes. Il est tenu toujours en la présence du roi (dans le plus grand secret et sans procès-verbal), limité à trois ou quatre personnes (secrétaires d'État, chancelier, lorsque le roi les y appelle). Personne n'a accès de droit au Conseil d'en Haut.

B - Le Conseil des dépêches

Il connaît uniquement des affaires intérieures administratives. Plus nombreux que le Conseil d'en Haut et présidé par le roi ou le chancelier (secrétaires d'État, contrôleur général des finances, quelques conseillers) il expédie les dépêches pour les administrateurs locaux et assure l'unité de l'administration entre les départements des secrétaires d'État.

C - Le Conseil royal des finances

Comprenant le contrôleur général des finances et quelques conseillers, il traite de toutes les questions de principe intéressant les finances.

II - Les séances de justice et d'administration

Elles traitent surtout d'affaires contentieuses, groupées dans le « Conseil d'État privé, finances et direction » et composé de conseillers de droit (haute noblesse, chancelier, secrétaires d'État, contrôleur général des finances), de conseillers d'État et de 80 maîtres des requêtes de l'Hôtel. Ce conseil s'articule en trois séances auxquelles le roi ne participe pas :

- Le **Conseil d'État privé** ou **Conseil des parties**, où est exercée la justice retenue du roi (essentiellement les requêtes en cassation, en évocation et en règlement de juges, v. *infra* p. 176).
- Le **Conseil d'État et finances** (administration financière courante) et la **Grande Direction des finances** (contentieux), qui se distinguent du Conseil royal des finances (conseil de gouvernement).

§ 3 - La polysynodie

Nouvelle organisation du conseil, la polysynodie est liée à la **réaction aristocratique** sous la Régence ; Louis XIV avait écarté du gouvernement (et du pouvoir) les princes et la haute aristocratie du royaume tandis que des gens aux origines plus modestes avaient joué un grand rôle dans le gouvernement aux postes de secrétaires d'État. L'aristocratie (sous l'influence du duc de Saint-Simon), estimant avoir un **droit** à participer au gouvernement, fit pression sur le régent et entra dans les conseils à la faveur de cette réforme.

La Déclaration du 15 septembre 1715 prévoyait 7 **séances du Conseil du roi**, à partir d'un classement raisonné des affaires (guerre, marine, finances, commerce, affaires du dedans, affaires étrangères, conseil de conscience) ; le Régent avait préservé l'autorité royale en maintenant, au-dessus de ces 7 séances, la tradition du Conseil à travers un **Conseil de régence**.

Chacun des 7 conseils était présidé par un prince du sang ou un duc, et le système avait pour résultat d'**écarter les secrétaires d'État** : la correspondance allait directement au conseil intéressé qui délibérait puis soumettait un projet de réponse au régent.

Cette méthode de travail était très lente ; le personnel aristocratique, abordant ce rôle **sans préparation**, devait souvent consulter les secrétaires d'État ; le système menaçant le gouvernement de paralysie dut être remanié en 1718, puis **abandonné** en 1722. Le retour à l'ancien système accrut l'influence et l'autorité des secrétaires d'État et des bureaux.

Chapitre 3
L'Évolution des structures du gouvernement depuis la Révolution

L'essentiel

*Cette évolution tient essentiellement au passage de la concentration du pouvoir entre les mains du roi à la **séparation des pouvoirs**. De plus l'exaltation du rôle du législateur à partir de 1789 a pour conséquence un abaissement correspondant de l'exécutif dont la fonction est alors d'assurer l'exécution de la loi. Il en résulte également une distinction plus **rigoureuse** entre gouvernement et administration. Malgré l'expérience de gouvernement révolutionnaire, une part importante de la tradition déjà acquise à la fin de l'Ancien Régime reparaîtra dans la construction progressive du régime parlementaire au cours du XIXe siècle.*

Section 1 – Le gouvernement sous la monarchie constitutionnelle (1789-1792)

§ 1 – L'exécutif royal

• Le pouvoir exécutif laissé au roi est, par définition, **subordonné** au législatif : **simple exécution de la loi.**

• Sans doute, le roi garde des prérogatives importantes en matière de politique étrangère et garde la charge d'assurer la sécurité extérieure (chef des armées) ; pour la guerre, sa décision doit recevoir la ratification du législatif. L'exécutif royal ne dispose pas du pouvoir réglementaire (exercé par l'Assemblée) ; en revanche, il peut utiliser le **droit de veto** à l'égard des décrets votés par le corps législatif.

• Le **Conseil du roi** est autorisé **provisoirement** (décret de l'Assemblée du 20 octobre 1789) à continuer ses fonctions « à l'exception des arrêts du propre mouvement et de ceux portant évocation des affaires au fond ». La loi des 27 avril/25 mai 1791 organisant le Ministère donna au Conseil réunissant les ministres le titre de **Conseil d'État** (marquant la fin du « Conseil du roi »). Le roi demeure le **chef suprême de l'administration** du royaume (Constitution de 1791).

§ 2 – L'intervention du législatif pour l'exécution des lois

Cette intervention va devenir prépondérante :
- à travers l'activité du législatif : conception très détaillée du décret et **empiétements** de compétence du législatif dans le domaine purement administratif ;
- à travers l'activité des **Comités de l'Assemblée** (groupes de députés formés pour enquêter et, de là, inspirer directement les autorités administratives) :

Comité des recherches, Comité de surveillance, Comité diplomatique, Comité des finances, et surtout le Comité des Douze. Ces comités ont des **Bureaux**, prennent des **décisions**, ont un **sceau** ; leur activité **tourne la séparation des pouvoirs** aux dépens de l'exécutif.

§ 3 - La position particulière des ministres

Les ministres d'Ancien Régime sont maintenus mais se trouvent dans une position ambiguë, entre le roi et l'Assemblée.

• Les **départements ministériels** suivent la tradition : guerre, marine, affaires étrangères (secrétaires d'État), contributions publiques (contrôleur général des finances) ; justice (chancelier).

• Les ministres sont **rattachés à l'exécutif** royal, participent au Conseil du roi, sont nommés et révoqués librement par le roi.

• L'Assemblée s'efforce d'atteindre un contrôle plus large : définition des départements ministériels ; opposition à un ministre pour obliger le roi à le renvoyer (on dit que le ministre a perdu la **confiance** de la nation : contrôle politique) ; tentative pour imposer au roi un **ministère homogène** (ministère girondin de 1792). Insensiblement, les ministres passent de l'autorité du roi sous celle de l'Assemblée et une solidarité ministérielle est esquissée.

Section 2 - L'expérience de gouvernement révolutionnaire

Sorte de parenthèse dans la formation de la tradition française, l'expérience révolutionnaire a provoqué le retour à une notion plus large du gouvernement au profit de l'exécutif.

§ 1 - Les organes supérieurs et le gouvernement révolutionnaire

L'élimination de la royauté (10 août 1792) provoque la formation d'un **conseil exécutif provisoire** (6 ministres choisis par l'Assemblée) ; c'est, en fait, un **renforcement** du contrôle de l'Assemblée. Il y a alors deux types d'organes supérieurs chargés du gouvernement révolutionnaire.

I - Le Conseil exécutif provisoire

Il est composé de ministres ayant leur administration propre, leur budget, nommant des agents ; ce conseil prend des décisions (**arrêtés**).

II - La Convention et ses Comités

La Convention deviendra « le **centre unique de l'impulsion du gouvernement** » (loi du 14 frimaire an II) ; mais, divisée, indécise, elle abandonne en fait ses prérogatives à l'action des Comités (de sûreté générale, de salut public, des subsistances, etc.). Le Comité de salut public était en réalité l'essentiel (déjà par la permanence de fait de ses membres qui étaient systématiquement réélus chaque mois) et a dominé l'assemblée, sous la Terreur, pendant une année.

§ 2 - L'exercice du gouvernement révolutionnaire et ses problèmes

• La définition, par la Convention, du **rôle du Comité de salut public** (accélérer l'action administrative confiée au Conseil exécutif provisoire dont le Comité pourra suspendre les arrêtés ; prendre, éventuellement, des mesures d'urgence par arrêtés dont le **Conseil exécutif** aurait à poursuivre l'exécution) fait apparaître deux tendances **presque opposées** :

- tendance au gouvernement **avec action administrative** ;
- tendance au gouvernement pur (en quelque sorte), **sans administration**, développée autour de Robespierre.

• La première tendance l'emportera *in fine*, après la **suppression du Conseil exécutif** en avril 1794 ; après Thermidor, la Convention s'efforce de gouverner par le moyen d'un certain nombre de comités (12) qui « ont une autorité immédiate » (24 août 1794), prennent des arrêtés, dominent les administrations ; ces comités reprennent, en fait, la **tradition ministérielle**, politique et administrative (gouvernement et direction de l'administration centrale), et constituent une première ébauche vers la **reconstruction d'un pouvoir exécutif** face au législatif.

Section 3 - La reconstruction de l'exécutif, du Directoire au gouvernement impérial

Cette période mouvementée du point de vue constitutionnel (de la Constitution de l'an III à la chute de l'Empire) présente une continuité certaine quant à la reconstitution de l'exécutif ; après la fin de l'expérience de gouvernement révolutionnaire, le rétablissement d'un exécutif fort, déjà souhaité par la Convention après le 9 thermidor, a été poussé très loin avec l'installation du régime impérial.

§ 1 - Le renforcement de l'exécutif sous le Directoire

La Constitution de l'an III, préparée par les conventionnels, comporte, de leur part, un véritable renoncement au gouvernement d'assemblée, et recherche, au contraire, **séparation** et **équilibre** entre les pouvoirs à partir d'un **exécutif renforcé**.

I - La nouvelle conception de l'exécutif

Elle repose sur :

- **l'indépendance**, à l'égard du législatif, des 5 Directeurs nommés par lui qui sont seulement tenus de fournir au Corps législatif l'état annuel de la situation financière ;
- l'**exécution des lois**, sans soumission au législatif ; en fait, le Directoire prendra des **arrêtés** et utilisera largement le **pouvoir réglementaire** ;
- de **larges compétences** (armée, diplomatie, etc.) et la direction des administrations centrales et locales.

II - Les organes de l'exécutif

Ils traduisent :

- un héritage de la Révolution par la distinction entre Directoire et Ministères : 6 ministres au-dessous du Directoire ;
- une réalité nouvelle : les ministres ne sont plus sous l'autorité de l'assemblée, mais **exclusivement**, sous l'**autorité des directeurs**.

§ 2 - Le gouvernement sous le Consulat et l'Empire

I - Évolution

La préparation de la Constitution de l'an VIII a marqué une nette **évolution des idées** sur le gouvernement. Siéyès, en analysant les différentes fonctions nécessaires à la vie de la nation et de l'État (constitutionnaire, législative, gouvernementale…) a voulu rompre avec les idées qui s'étaient imposées sous la Convention. En même temps, il cherche à accroître **au profit du gouvernement** les moyens de pénétrer l'activité d'exécution et d'administration ; il multiplie les organes pour mieux les équilibrer. L'action de Bonaparte, consistera à utiliser ces notions nouvelles sur le gouvernement, mais en structurant le gouvernement en un petit nombre d'organes et, finalement, au profit d'**une personne**.

II - Consuls

Le **gouvernement** est confié à trois consuls, mais l'unité de décision est affirmée au profit du **Premier consul** : pouvoir réglementaire pour l'exécution des lois ; nomination des agents et direction suprême des administrations ; conclusion des traités.

À partir de l'an X, s'ajoutent des pouvoirs donnant à nouveau au gouvernement une allure **monarchique** : initiative exclusive et promulgation des lois ; droit de grâce.

III - Autres organes

L'action du gouvernement est renforcée par un ensemble d'organes de **conseil** et d'**exécution** : ministres, conseils.

A - Les ministres

Placés sous la responsabilité du Premier consul choisis essentiellement en fonction de leur savoir-faire, les ministres ont connu une **grande stabilité**.

• Les ministres ne forment pas un corps : rares réunions d'ensemble.

• L'importance des ministres est accrue par le grand développement et la **spécialisation** des administrations qu'ils dirigent.

• À l'intérieur des ministères, les **directions générales** (groupes de bureaux dont les directeurs sont, le plus souvent, des conseillers d'État) représentent un pouvoir important et traduisent l'**extension des interventions de l'État** (par ex. direction de l'Instruction publique au ministère de l'Intérieur).

B - Les Conseils

Le **Conseil d'État**, rouage essentiel ; des conseils plus restreints : **Conseil privé, Grand Conseil** de l'empereur ; des conseils d'administration (un ministre, des directeurs généraux, des séances dépendant de la volonté du souverain).

IV - Conseil d'État

Seul le **Conseil d'État**, directement inspiré de l'Ancien Régime, avait un grand avenir. Dans l'esprit de la Constitution de l'an VIII, il devait **participer** à la décision gouvernementale, mais Bonaparte n'en retiendra que la mise au point des lois proposées par le gouvernement et des tâches administratives et contentieuses. Les réformes de 1806 précisent la **fonction consultative** et, surtout, l'exercice de la **fonction juridictionnelle** (renouant avec la tradition d'Ancien Régime) par la création d'une **commission du contentieux**.

Section 4 - Formation du régime parlementaire et organisation du gouvernement au XIXe siècle

§ 1 - Le gouvernement et le chef de l'État

• Après l'expérience révolutionnaire, Napoléon, en reformant un gouvernement fort s'est rapproché, pour des raisons personnelles, de la **monarchie** : l'influence de l'Ancien Régime est manifeste à travers une réorganisation originale ; certaines traditions reparaissent et demeureront comme un **acquis définitif**.

• En revanche, après lui, un phénomène nouveau annoncé en partie par la Révolution, imprime une certaine orientation au gouvernement avec la **monarchie constitutionnelle.** Le **parlementarisme** qui s'organise lentement au cours du XIXe siècle, a pour conséquences essentielles de susciter : une **collaboration** plus étroite entre les ministres et le législatif ; un **éloignement correspondant** (et progressif) des ministres à l'égard du souverain ou du chef de l'État (phénomène accentué, à la fin du siècle, par les circonstances mêmes de la naissance de la IIIe République).

§ 2 - Le développement de l'institution ministérielle

L'éloignement progressif du souverain, la spécialisation plus grande du Conseil d'État renforcent le rôle des ministres et la cohésion du ministère.

I - Le rôle des ministres

Dans la tradition de l'Ancien Régime, est accentué le dédoublement entre rôle **politique** de gouvernement et rôle **administratif** de gestion d'un département ministériel.

• Cela se traduit par une évolution nouvelle de la **responsabilité ministérielle** dans le système parlementaire : responsabilité **pénale** devant les chambres (et non plus devant le seul souverain) ; responsabilité **politique également** devant les chambres ; contreseing ministériel pour les actes du chef de l'État.

• En revanche, les directeurs généraux s'en écartent et deviennent de grands commis, **chefs de l'administration centrale**, sans responsabilité politique formelle.

II - La cohésion de l'institution ministérielle sous la forme d'un conseil des ministres

• Le conseil des ministres est, désormais, le **seul organe** de gouvernement ; les ministres en font partie **de droit.**

• À l'intérieur du ministère où l'un des ministres prend une position prépondérante (principal ministre, président du conseil) les ministres sont liés par une **tendance politique** ou un même esprit ; des réunions régulières peuvent avoir lieu hors la présence du chef de l'État (**conseils de cabinet**).

• Le conseil, **dans son ensemble**, est **responsable devant l'assemblée** sur la base de son action collective gouvernementale.

§ 3 - L'évolution du Conseil d'État

La dualité des fonctions se confirme et s'accentue.

I - Fonction de collaboration

La fonction de **collaboration à la législation et à l'administration** est plus directement soumise aux contingences politiques : elle est restreinte après 1815 en conséquence de la formation du Conseil des ministres, primordiale sous le Second Empire où le CE est conçu comme **véritable conseil de gouvernement,** à nouveau limitée après 1870 la recherche d'un équilibre se traduisant par l'affirmation définitive du caractère consultatif de l'intervention du CE.

II - Fonction juridictionnelle

La **fonction juridictionnelle** du Conseil d'État en matière administrative se forge peu à peu sous le couvert de la justice retenue et sera **formellement confirmée** par la loi du 24 mai 1872 dans le cadre de la **justice déléguée.**

Titre 3

L'administration et les grands services spécialisés

• La formation, le développement de l'administration et de grands services spécialisés présentent un second aspect de la reconstruction de l'État : l'aspect le plus apparent pour les individus qui ont souvent tendance à identifier l'administration à l'État lui-même. C'est en outre un aspect historique où l'on retrouve les phases et les rythmes déjà rencontrés, avec toutefois cette différence fondamentale que l'administration a suivi une évolution beaucoup plus mesurée, par-delà l'expérience révolutionnaire ; elle a constitué un élément de ***grande stabilité*** *dans l'État à travers les incessants remaniements constitutionnels depuis le début du XIXe siècle.*

• Le développement de l'administration, en France, a obéi à un ***triple mouvement*** *: d'****accroissement*** *(en fonction du territoire, en fonction de l'intervention grandissante de l'État dans la vie de la nation), de* ***spécialisation*** *(les grands services spécialisés à l'intérieur de l'administration) et de* ***centralisation*** *bureaucratique. Seront seuls étudiés ici les services spécialisés de la Justice et des Finances. Ils révèlent en premier lieu le processus original de différenciation par rapport à l'administration générale et, en second lieu, l'étroite liaison avec les problèmes financiers de la royauté, liaison qui apparaît directement dans l'ordre chronologique de formation et de développement de ces services spécialisés.*

Chapitre 1
Le développement de l'administration royale à la fin du Moyen Âge

L'essentiel

L'administration royale s'est développée à partir du système féodal et des maigres structures du petit domaine familial des premiers Capétiens. La royauté sera longtemps tributaire de l' ***empreinte durable de la féodalité*** *sur les mentalités (en particulier parmi ses agents). Le rythme irrégulier des accroissements du domaine royal, la présence de cadres administratifs importants dans les grands fiefs tombant sous l'autorité du roi, ont pour conséquence une* ***action empirique*** *de la royauté, un caractère disparate de l'administration et, en corollaire, un effort de* ***contrôle****.*

Section 1 – Le système primitif et les premiers grands cadres

§ 1 – Le système primitif : les prévôts

Le domaine royal n'a guère progressé pendant plus d'un siècle et demi, et, durant cette période, un système rudimentaire suffisait (système d'administration d'un petit domaine féodal).

• Le prévôt est d'abord un agent domanial, chargé de la perception des droits domaniaux et impositions diverses au nom du roi. Mais le prévôt est aussi un agent unique, c'est-à-dire représentant le roi pour toute l'administration de sa circonscription (prévôté).

• Pour faciliter les comptes et aider le Trésor, la royauté a donné les prévôtés à ferme ; le prévôt est donc un fermier ayant acquis sa charge par adjudication mais dans ce système le roi n'est plus totalement maître du recrutement.

• Le nombre des prévôtés s'est accru avec l'extension du domaine. Mais à partir du XIIIe siècle, d'autres agents apparaissent au-dessus des prévôts dont les pouvoirs déclinent ; ils conserveront seulement une petite juridiction à la fin du Moyen Âge.

§ 2 – Les premiers grands cadres : baillis et sénéchaux

• Pour pallier les insuffisances de la prévôté, une formule originale a été dégagée (selon une méthode, ou plutôt une inspiration, qui se retrouvera dans l'histoire de l'administration royale) : le système des baillis. De plus, dans certains grands fiefs entrant dans son domaine, la royauté a trouvé en place des cadres supérieurs et les a conservés : les sénéchaux. Des uns et des autres, la royauté a fait les premiers grands cadres administratifs locaux du domaine royal, cadres s'insérant entre elle et les prévôts.

• Baillis et sénéchaux ont les **mêmes fonctions** : représentation du roi vis-à-vis des officiers chargés du domaine et aussi vis-à-vis des vassaux du roi ; attributions **très étendues** en matière administrative, militaire, financière (centralisant les revenus des fermes et les autres revenus domaniaux, payant les dépenses locales ; gestion examinée par la Chambre des comptes).

• Grandeur et déclin : leur prestige et leur puissance au XIIIe siècle amène la royauté à poser des règles strictes quant à leur charge (par ex. pas plus de 3 ans dans la même circonscription). À partir du XIVe siècle, leur rôle décline : perte des attributions militaires, financières et même judiciaires (tribunal tenu obligatoirement par un lieutenant). Baillis et sénéchaux seront maintenus, avec un rôle mineur, jusqu'à la Révolution.

Section 2 - Lieutenants généraux et gouverneurs de province

En cas de nécessité (troubles intérieurs, attaque extérieure) le roi dépêchait sur les lieux (en regroupant plusieurs bailliages ou sénéchaussées) un **homme de guerre**, prince du sang ou **haut personnage de la cour**, avec le titre de gouverneur ou de lieutenant général du roi : mission brève, mais avec des pouvoirs étendus.

§ 1 - Les pouvoirs

• Les gouverneurs remplaçaient le roi, là où sa présence physique eût été nécessaire ; leurs **lettres de commission** prescrivaient d'agir comme l'aurait fait le roi lui-même, et conféraient les pouvoirs correspondants.

• Les gouverneurs commandaient des gens de guerre ; ils pouvaient lever des troupes et prendre les mesures fiscales à cette fin, nommer ou destituer les officiers royaux, évoquer des procès devant eux pour les juger, en somme prendre **toute mesure utile** pour **tenir** et **pacifier** une province.

§ 2 - La royauté devant les risques du système

Les gouverneurs et lieutenants généraux étaient de **puissants personnages**, par leur **naissance** et leurs **pouvoirs** : cela était nécessaire dans l'esprit d'une mission extraordinaire mais brève. Avec la permanence de l'institution, les gouverneurs qui étaient des personnages de haut rang étaient tentés de jouer un **rôle politique** important face à la royauté ; le roi s'est alors efforcé, au cours du XIVe siècle, de maintenir les gouverneurs dans des attributions essentiellement **militaires**. La royauté sera amenée à lutter longuement contre ses gouverneurs et, finalement (sous la monarchie absolue), à les réduire à un rôle **honorifique**.

Section 3 – Le contrôle par enquête

§ 1 – Le principe du contrôle

I – Le contrôle des prévôts, baillis et sénéchaux

Les cadres réguliers, disposent de pouvoirs très étendus ; ils doivent, représentant le roi, faire **bonne justice** à **tous les sujets** ; ils ont aussi la charge d'administrer, au nom du roi, pour le **bien commun**. Mais le roi, connaissant l'attachement du peuple et soucieux de ne pas compromettre ce lien, tient avant tout à ce que ses sujets n'aient pas, contre lui, le grief de les abandonner au gré de ses agents : d'où le développement du contrôle sur place.

II – Le développement des enquêtes royales

Au moment de la croisade de 1247, saint Louis (pour tenir le royaume et suivant l'idée chrétienne de **réparation** des « **torts faits** »), avant de partir pour une expédition qui peut lui être fatale, institue des **enquêteurs royaux** envoyés en **tournée d'inspection**, avec mandat de rechercher les **abus** commis par les agents royaux afin d'en assurer la **répression**. À la fin du règne, le choix se porte de préférence sur des **clercs** et **chevaliers** de la Cour plus avertis des questions administratives.

§ 2 – Évolution de l'institution

• Philippe le Bel reprend cette tradition, mais en modifie assez sensiblement l'esprit : les commissaires-enquêteurs sont aussi chargés de poursuivre les **réclamations de la royauté** à l'égard des mauvais payeurs (impositions et taxes) et détenteurs de biens de la couronne, de la levée de subsides, etc.

• Jusqu'à la fin du Moyen Âge, la royauté continuera d'utiliser le système des enquêtes, cependant sans périodicité précise ni règles fixes ; le contrôle par enquête a constitué un complément utile du devoir de conseil et a contribué largement à **rapprocher le roi des sujets**, d'autant que Charles V y a introduit l'idée de **réformation** chère aux populations (création de réformateurs-généraux pour le Languedoc en 1380).

Section 4 – Les agents du roi et les offices

Pour des fonctions supérieures ou pour des missions importantes mais brèves, le roi désignait les personnes choisies par des **Lettres de commission** délimitant leurs compétences et révocables à sa volonté. Mais un autre système s'est développé à la fin du Moyen Âge et s'est étendu à la majorité des agents royaux : le **système des offices**.

§ 1 – La permanence de l'office et l'inamovibilité des officiers

• L'office est une **charge** dans l'administration royale. Les compétences de l'officier sont définies soit par l'**ordonnance** qui a porté création de l'office, soit par la **coutume**.

Quels que soient les changements de titulaires, les mêmes compétences demeurent attachées à l'office.

• L'officier était, en principe, nommé « **pour tant qu'il plaira au roi** » et donc révocable ; mais la royauté ne revenait guère sur les nominations et l'on tendit à confondre absence de sanctions et **situation acquise**. Sous la pression des officiers (dont les plus agissants étaient les parlementaires), l'**inamovibilité** qui s'était instaurée en fait, fut reconnue **en droit**, par ordonnance royale (lettres patentes de 1467).

• L'officier inamovible reçoit alors des **garanties** considérables contre l'autorité royale, l'office ne peut vaquer que : par **résignation volontaire** (démission) ; à la suite de **forfaiture** de l'officier, dûment constatée par sentence judiciaire. Le roi ne pouvait plus déplacer ou révoquer un officier à sa simple volonté.

§ 2 - L'évolution des offices vers la vénalité

I - Les garanties

• L'inamovibilité développa d'autres pratiques plus anciennes dans l'administration royale, les pratiques de **vénalité occulte** (dans l'entourage même du roi : sous Charles V et Charles VI, le chancelier « trafiquait » des offices).

• Le système canonique de la *resignatio in favorem* (démission en faveur d'une personne déterminée) des bénéfices ecclésiastiques, fut transposé dans l'administration royale, avec les réserves qu'il comportait : résignation *in favorem* sous réserve d'approbation par le roi (garantie quant à la compétence du candidat) ; sous réserve de **survivance** du résignant d'au moins 40 jours après la résignation (garantie contre la transmission à titre héréditaire) ; résignation seulement **à titre gratuit**.

II - Généralisation de la vénalité occulte

Malgré l'interdiction de toute promesse ou dation d'argent dans la résignation des offices (par l'ordonnance de Montils-les-Tours, 1453), la vénalité occulte passa très vite dans les mœurs (les nouveaux officiers devaient prêter au Parlement serment d'acquisition gratuite...) ; les **prix des offices** montaient et les ordonnances de 1493 et 1499 n'eurent aucun effet sur la vénalité occulte.

Chapitre 2
L'administration et la centralisation sous la monarchie absolue

L'essentiel

À partir du XVIe siècle, l'évolution de l'administration royale est complexe, résultant de ***deux tendances opposées*** *:*

- *d'une part, le développement de la* ***vénalité des offices****, le respect des traditions et des situations acquises (provoquant un enchevêtrement des organes et une diversité des régimes administratifs) suscitent un alourdissement de l'appareil et des* ***tendances centrifuges*** *;*
- *d'autre part, par réaction et pour faire face au rôle accru de l'État, la royauté, surtout à partir du XVIIe siècle, développe une* ***action centralisatrice*** *et de* ***nouveaux cadres*** *susceptibles de la mettre en œuvre.*

Section 1 – La vénalité des offices

Ne pouvant l'éliminer la royauté se trouve obligée d'admettre la vénalité ; elle la retourne au profit de ses finances et en tire toutes les conséquences dans le statut juridique des offices.

§ 1 – L'évolution vers la patrimonialité

I – Les ventes et cessions d'offices

François Ier crée le **Bureau des parties casuelles**, avec un receveur général, pour vendre les offices nouveaux (créations nombreuses) ou des offices vacants. La royauté ne pouvant plus guère refuser le candidat proposé par l'officier qui cède son office, intervient pour prélever une taxe sur les cessions d'offices (**tiers denier** de la valeur de l'office, Ord. de 1567).

II – L'hérédité des offices

• La cession est autorisée, mais si le cédant meurt dans un délai inférieur à 40 jours après la cession, cette dernière n'est pas valable et l'office revient au Bureau des parties casuelles qui le revendra. Les offices représentant en général un capital important, les officiers cherchent à les conserver dans leur patrimoine familial par transmission héréditaire.

• Un secrétaire du roi (Charles Paulet) a alors présenté un système permettant de concilier les droits du roi et les désirs des officiers : par le paiement d'une prime annuelle (de 1/60 de la valeur de l'office) la résignation pourra avoir lieu à titre héréditaire et le droit de résignation demeurera à la disposition des héritiers comme un élément du patrimoine successoral. Ce système (appelé **la Paulette**) a été proposé aux officiers en 1604 et très largement utilisé par les intéressés.

§ 2 - Le statut juridique des offices patrimoniaux

L'office comportant une charge de l'État, il était difficile d'admettre qu'il tombe **entièrement dans le commerce** ; un problème de conciliation entre l'élément patrimonial et les droits du souverain était directement posé.

• Les juristes, constatant que le candidat est nommé par le roi (lettres de provision), ont soigneusement distingué :

- le **titre**, auquel se rattache directement la **délégation de puissance publique** : le roi, pas plus que l'officier, ne peut en disposer et le titre n'est pas dans le commerce ;
- le **droit de présentation** : par le paiement au roi d'une certaine somme, l'officier acquiert le droit de présenter un successeur qualifié ; seul ce droit (la **finance**) tombe dans le commerce.

• Sur cette analyse juridique, sont fondées les **garanties** tant au profit de la royauté que des officiers : d'une part, le roi garde un droit de contrôle, même s'il ne peut plus choisir véritablement ses officiers, sur les **conditions de capacité**, d'autre part, la royauté s'efforce de maintenir hors de la vénalité les charges les plus élevées (considérées comme des « morceaux de l'État »).

• Les officiers voient préciser les garanties accordées dès la fin du XVe siècle. En appliquant ici les règles de la vente, le roi (vendeur) doit **garantir l'acquéreur contre l'éviction** et **ne peut le destituer** ; inversement, la forfaiture (préalablement constatée par jugement) constitue une inexécution du contrat par l'acquéreur et permet la destitution.

• Les difficultés financières de la royauté, autant que l'enviable position sociale des officiers, ont contribué au développement de la vénalité des offices ; le système a pris une nette tournure fiscale. Ce système a contribué aussi à accroître certaines tendances centrifuges dans l'administration royale jusqu'à la fin de l'Ancien Régime.

Section 2 - Les tendances centrifuges dans l'administration royale

§ 1 - La vénalité des offices et le vieillissement de l'appareil administratif

• Les créations d'offices dépassent de beaucoup les besoins et la royauté avoue avoir agi « **pour la nécessité de ses affaires** (financières) **plus qu'apparence d'utilité publique** » ; tous les cadres anciens sont gagnés par la vénalité des offices et l'administration d'une manière générale dépend d'une grande masse d'officiers.

• L'inflation des charges vénales crée des problèmes : de **rémunération** des officiers (faibles gages, payés irrégulièrement par la royauté ; « épices » en matière judiciaire) ; d'**autorité** (du fait de l'indépendance dont jouissent les officiers inamovibles) ; de **structures** (la royauté, respectueuse des situations acquises, crée sans supprimer les rouages périmés ou inutiles et alourdit encore l'appareil administratif).

§ 2 – Les prétentions politiques de l'aristocratie et des officiers de justice

I – Les rapports entre les gouverneurs et la royauté

• Les gouverneurs tendent à devenir, au début du XVIe siècle, les chefs de l'administration des provinces avec les pouvoirs très étendus qui tiennent à leurs origines.

• Mais la **puissance** et les **ambitions personnelles** de nombreux gouverneurs les opposent à la royauté qui peut redouter une nouvelle féodalité.

• Sans les supprimer, la royauté, au cours du XVIIe siècle surtout réussira à les réduire à un **rôle honorifique** (Louis XIV) : ils sont assistés (contrôlés) par un **lieutenant général** nommé par le roi ; puis, leurs attributions leur sont retirées et démembrées entre les intendants (administration) et les commandants en chef (militaires). Enfin ils sont **retenus à la cour**, avec interdiction de pénétrer dans leur gouvernement sans autorisation royale.

II – Les prétentions des parlementaires

• Dans le domaine législatif ils prétendent exercer un contrôle à partir de l'enregistrement des ordonnances et des remontrances présentées à cette occasion.

• Dans l'administration de leur ressort, les parlements interviennent par voie réglementaire ; ils interviennent aussi dans le maintien de l'ordre. Ils s'efforcent d'agir sur les autres officiers.

§ 3 – L'imprécision et la complexité des compétences et de la géographie administratives

Il n'y a pas de géographie administrative précise : les circonscriptions administratives résultent essentiellement de la **coutume**. La géographie administrative est aussi très complexe par la **superposition** de circonscriptions différentes suivant les services spécialisés. Enfin, le souvenir encore vif des particularités et des **privilèges des pays** ou provinces oblige la royauté à laisser subsister des régimes administratifs particuliers.

Section 3 – Les moyens et la mise en œuvre de la politique de centralisation

Pour mieux maîtriser son administration locale, la royauté a développé une politique centralisatrice au XVIIe siècle, particulièrement sous Louis XIV. Elle a superposé à l'administration des officiers de nouveaux organes à partir du système de la commission ; les intendants ont constitué l'essentiel de cette structure centralisatrice.

§ 1 – L'administration par commissaires

I – Les principes

Le commissaire est un agent du roi, porteur d'une **lettre de commission** lui conférant une délégation pour l'exercice de l'autorité publique au nom du roi, mais pour une affaire définie, avec des **compétences précisées** et pour une **durée limitée**. L'étendue des pouvoirs dépend directement de la lettre de commission ; les officiers ont parfois prétendu vérifier la validité des actes des commissaires au regard de la commission mais la royauté s'est toujours réservé ce contrôle.

II – Le développement du système

La lettre de commission était une vieille pratique de la royauté utilisée pour des **missions extraordinaires** (rétablir l'ordre dans une province), ou pour les **hautes charges** (secrétaires d'État, garde des Sceaux, surintendant des finances, etc.).

III – La souplesse du système

Cette souplesse (facilité de désignation et de révocation ; pouvoir, conféré au commissaire, d'intervenir auprès des officiers) a permis à la royauté de mieux **maîtriser l'administration des officiers** par l'intermédiaire des intendants et des commandants en chef. Les fonctions de certains commissaires ont alors marqué une tendance effective à la permanence (nécessaire au plein accomplissement de l'œuvre d'un secrétaire d'État ou d'un intendant).

§ 2 – La formation d'une administration nouvelle : l'intendance

I – Les origines de l'institution

• **Des maîtres des Requêtes** effectuent des tournées d'inspection qui sont précisées par un édit de 1553 ; le royaume est divisé en six régions d'inspection ; plus tard, inspection sera créée par généralité. De même, dans la seconde moitié du XVIe siècle pour **réorganiser la justice** la royauté crée des missions extraordinaires (sur les pas des armées), à partir d'une lettre de commission conférant le titre d'**Intendant de Justice**.

• À l'époque de Richelieu, une fusion entre les deux types de commissions aboutit à la création d'**un seul cadre d'agents** chargés de l'exécution des ordres du roi dans les provinces et **bien rattachés au Conseil du roi** dont ils provenaient. Ces agents émanant du Conseil y avaient acquis une solide connaissance des affaires administratives et en connaissaient le personnel.

II – Les pouvoirs des intendants

Ces pouvoirs peuvent être analysés à partir de leur titre : « **intendant de justice, police et finances, commissaire départi** (chargé d'une généralité) **pour l'exécution des ordres du roi** ».

• Ils recevaient un « **département** » (assignation territoriale : une **généralité**) dans lequel ils devaient veiller à la bonne exécution des ordres du roi, ou y procéder eux-mêmes en cas de défaillance des organes administratifs. Pour cela, ils relevaient directement du roi et étaient en quelque sorte **auxiliaires du Conseil** sur place ; le roi pouvait aussi les charger directement de certaines affaires avec **pouvoir de décision**.

• Les pouvoirs de justice recouvrent une **compétence juridictionnelle** extraordinaire (par évocation ou arrêt d'attribution ; crimes contre la sûreté de l'État, affaires **administratives** et contentieux relatif aux propres attributions de l'intendant). La **police** recouvre l'administration, au sens large. Les pouvoirs **financiers** étaient importants dans les territoires nouvellement acquis ; le roi donnait volontiers compétence à l'intendant en ce qui concernait les nouveaux impôts.

III – L'administration de l'intendance

Pour remplir d'aussi larges fonctions, les intendants ont créé peu à peu des **services** assez importants. Les intendants avaient autour d'eux non pas des agents du roi mais des commis (nommés et révoqués par eux) dont ils délimitaient eux-mêmes les attributions, c'est-à-dire leur propre administration. Ces commis formaient les bureaux de l'intendance, dirigés par un **secrétaire général**. Les intendants ont installé aussi leurs représentants dans les principales villes de leurs généralités (**départements** ou **arrondissements**) où était placé un **subdélégué** de l'intendant, ayant lui aussi ses bureaux.

§ 3 – La royauté et les agents de la centralisation (intendants et commandants en chef)

• L'action des intendants était la plus apparente et, pendant longtemps, les historiens y ont vu le **symbole de la centralisation** ; sans modifier totalement cette appréciation, les recherches récentes ont montré l'**importance des commandants en chef** agissant au nom du gouverneur, et les rapports particuliers que ces deux types d'agents (intendants et commandants en chef) entretenaient à la fois avec la royauté et entre eux (sous l'impulsion du Conseil du roi). Le commandant en chef a d'abord des attributions **militaires**, mais son action dépasse ce cadre lui permettant d'intervenir dans l'**administration de la province** (ravitaillement, maintien de l'ordre, fortifications et travaux publics, etc.)

• Il y a donc nécessairement un délicat **partage de compétences** entre le commandant en chef et l'intendant, en matière militaire et de maintien de l'ordre (pour lequel l'intendant dispose de la **maréchaussée**) ou de police générale. Le Conseil du roi veille à l'**harmonie** tout en maintenant une certaine **concurrence** entre les deux institutions : le commandant en chef sera appelé, aussi bien que l'intendant, à représenter l'autorité royale auprès du Parlement (enregistrement d'un édit par la force militaire) ou auprès des États particuliers ; le Conseil fait souvent obligation à l'intendant de **consulter** le commandant en chef avant d'agir : il semble que ce soit une **politique délibérée**, la concurrence entre les agents de la centralisation apparaissant comme une sauvegarde efficace de l'autorité royale.

Section 4 – L'œuvre des intendants

§ 1 – Une action très cohérente

• Ils agissent en chefs de l'administration locale, sont les instruments de contrôle et de **tutelle** à l'égard des corps et communautés, particulièrement à l'égard des villes. Étendant constamment leurs interventions, le Conseil du roi en a fait, selon la formule d'un historien moderne, « **des fonctionnaires à empiétements multiples** » ; ils ont eu très souvent des relations difficiles avec les autorités locales.

• Dans leurs relations avec le Conseil, ils se sont fait les **protecteurs des intérêts de leur généralité** auprès de la royauté (au cours du XVIIIe siècle, leur ténacité apparaît tout particulièrement à propos des **dossiers économiques**). Fréquemment déplacés au XVIIe siècle, les intendants seront souvent maintenus dans le même poste pendant une longue période, au cours du XVIIIe siècle.

§ 2 – Une œuvre considérable

• En défendant directement les intérêts de leurs généralités, les intendants ont réalisé une **œuvre considérable** dans les domaines les plus divers, mais leur action est plus spécialement remarquable dans le **domaine économique** (les « intendants éclairés », acquis aux idées physiocratiques) au XVIIIe siècle : l'**urbanisme**, dont témoignent la plupart des grandes villes du royaume, n'en est qu'une façade, certes très belle ; le développement des **voies de communication** (routes et ouvrages d'art), des ports, canaux, etc.

• Ils sont les premiers instruments dans la mise en œuvre de la **politique de Colbert** ; plus tard, ils susciteront la création d'ateliers et manufactures dans leurs généralités, réclamant aide et subventions au Conseil du roi, dans le souci de créer du travail pour les populations. Les intendants ont largement laissé leur empreinte sur les débuts de la **révolution industrielle**.

Chapitre 3
L'administration royale et les pays, villes et communautés d'habitants

L'essentiel

• *Les tendances centralisatrices du pouvoir royal se sont développées, surtout depuis la fin du Moyen Âge, dans les structures et le fonctionnement de l'administration royale elle-même ; ces tendances s'affirment également – et se prolongent en quelque sorte – dans l'action de l'administration royale à travers ses rapports avec les organes représentatifs de* ***collectivités*** *ou de* ***corps locaux*** *défendant leurs intérêts propres.*

• *Le traditionnel respect des usages et des privilèges s'accompagne, dans l'action du pouvoir royal, d'une utilisation des corps et communautés comme* ***organes de transmission****, et d'une intervention qui peut prendre des formes diverses de* ***tutelle administrative****. Il en est ainsi dans les rapports avec les pays (c'est-à-dire les provinces, à travers leurs États particuliers lorsqu'il en existe), avec les villes et avec les communautés d'habitants (paroisses).*

Section 1 – Les rapports avec les États particuliers

§ 1 – Les origines des États particuliers

• Rappelons la lente et difficile extension du domaine royal au Moyen Âge, les efforts des souverains pour reconstruire les bases d'un État et pour unifier tout en respectant apparemment les particularismes locaux. De même, et pour des raisons de haute politique, la royauté a parfois suscité elle-même des réunions d'États des trois ordres dans le **cadre restreint d'une province**.

• Dans les **grands fiefs**, les ducs et les comtes ont eu tendance à imiter le roi en s'entourant d'une cour ou en réunissant des **assemblées des trois ordres** ; lors de la réunion au domaine, le roi conservera ces institutions (Bourgogne, Bretagne, etc.).

• Le roi lui-même, au XIVe siècle, a parfois préféré des **assemblées restreintes** à des réunions des États généraux ; à côté d'assemblées de notables, il a réuni des États généraux, en deux tenues distinctes, l'une pour le Midi (**États de Languedoc**), l'autre pour les pays du nord du royaume. Ces États particuliers sont convoqués par le roi, délibèrent par ordre et peuvent présenter des doléances, par la remise de cahiers, en dehors de l'ordre du jour fixé. À la fin du XVIIIe siècle, des États particuliers existent dans des provinces couvrant à peu près le **tiers du royaume**, et les pays d'États se répartissent ainsi : 4 grandes provinces (Bretagne, Bourgogne, Languedoc, Provence) ; des régions plus petites et de rattachement récent (Navarre, Artois, Hainaut, Corse…).

§ 2 - Le rôle des États particuliers dans l'administration provinciale dans les derniers siècles de l'Ancien Régime

• Ces assemblées ont gardé un **aspect féodal** dans leur composition et leur fonctionnement, et aussi des **privilèges** non négligeables, particulièrement en matière fiscale : exonération de certains impôts royaux et, en contrepartie, vote d'un « **don gratuit** » au roi (contribution dont le montant est fixé par édit royal). Il semble que ce système fiscal ait été **avantageux** pour les populations. Ces assemblées **répartissent** et **lèvent elles-mêmes** cette contribution ; pour cela, elles gardent une administration permanente. Elles ont un budget distinct.

• Elles représentent une **certaine décentralisation** dans l'administration de la province : œuvre d'aménagement et de travaux publics, d'assistance, d'instruction. Cette œuvre **limitée** demeure, toutefois, sous la **tutelle** de l'administration royale représentée par l'intendant.

• Enfin, la royauté tire certains avantages financiers de l'existence d'États particuliers ainsi organisés. Parmi les nombreux expédients financiers, utilisés par la royauté pour améliorer ses finances, figurent les **emprunts forcés** auprès des États provinciaux ; les États, à leur tour, doivent emprunter pour y faire face et la royauté utilise ainsi **le relais de leur crédit** – meilleur que le sien – auprès du public.

Section 2 - Les rapports avec les villes et communautés d'habitants

L'intervention royale à l'égard des affaires municipales a commencé très tôt : déjà les conditions dans lesquelles s'est développé le mouvement d'émancipation urbaine l'appelaient. Cette intervention aboutit, à l'époque de Louis XIV, à la fois à une orientation vers une **uniformisation** des statuts municipaux et à la définition d'une **tutelle administrative** sur les municipalités, l'élément financier tenant un rôle essentiel.

§ 1 - L'intervention royale à la fin du Moyen Âge

• Cette intervention procède de trois causes conjuguées : la politique royale d'**abaissement** de la féodalité qui atteint aussi bien les villes autonomes, seigneuries collectives ; les **dissensions** internes des villes (conflits sociaux) ; enfin, l'**incapacité** fréquente des municipalités à assurer une bonne gestion financière.

• L'intervention royale s'est progressivement accrue et systématisée. En cas de troubles graves le roi ordonne l'intervention des officiers royaux, leur installation dans la ville, et même la **suspension** de la commune ; dans le domaine royal, dès le milieu du XIIIe siècle, saint Louis soumet les finances municipales au **contrôle de la Chambre des comptes**.

• Au XIVe siècle, les juristes favorables à la cause royale considèrent les villes comme dépendant **directement du roi** : la royauté prétend alors « tailler » les bourgeois ou exiger d'eux le service militaire sur intervention directe de ses officiers, sans passer par les officiers municipaux. Enfin les villes autonomes perdent leurs attributs de seigneuries collectives (et certaines reçoivent une **garnison royale**).

§ 2 - Développement de la tutelle administrative sous la monarchie absolue

I - L'intervention royale tend à l'uniformisation des statuts

- par la soumission générale des villes à l'**impôt royal** ou la **suppression de la juridiction civile** urbaine (Ord. de Moulins de 1566) ;
- par l'intervention du pouvoir royal dans la **désignation** des organes municipaux (dès le XVIe siècle, intervention des officiers royaux et des parlements pour orienter les élections) ;
- surtout, à partir de 1692, par l'introduction du système des offices vénaux pour les **charges municipales** (éliminant le système d'élection ou de cooptation) ; presque toutes les villes eurent alors un **maire.**

II - La tutelle administrative est rigoureuse sur la gestion financière

Les finances municipales, depuis la fin du Moyen Âge, reposaient sur deux ordres de ressources : **deniers patrimoniaux** (revenus de leurs biens propres) et **deniers d'octroi** (taxes levées sur les habitants et sur l'entrée des marchandises dans la ville) perçues avec l'autorisation du roi (taxes octroyées). L'édit de déc. 1663 décide la perception des octrois en totalité par les fermiers du roi, une moitié « revenant à toujours » au Trésor royal, l'autre moitié étant remise par les fermiers aux maires et échevins. Obligation est faite aux villes de solliciter l'**autorisation royale** pour procéder à l'**aliénation** de leurs biens immobiliers. Enfin toute la gestion financière des villes est soumise à la tutelle administrative (édit de 1683) : les officiers municipaux doivent **présenter** leurs états comptables aux intendants et **prévoir**, dans la disposition des fonds, les dépenses que l'administration royale leur impose (murailles, voirie, etc.) ; l'intendant peut **modifier le budget municipal** en conséquence.

III - L'organisation administrative est étendue

L'organisation administrative des villes est étendue aux **paroisses** et **communautés d'habitants** dans les campagnes. Les communautés rurales étaient demeurées soumises à leurs seigneurs (sauf à venir devant le juge royal en cas de conflit) et organisées à partir d'assemblées convoquées par le seigneur, des **syndics élus** assurant la gestion. La royauté a suscité une meilleure **périodicité** des assemblées qui pouvaient être tenues en dehors de la présence du seigneur. La Déclaration de 1659 a étendu aux communautés rurales la **tutelle administrative**, comme en matière urbaine.

IV - Une réduction de l'autonomie

Cette tutelle a été appliquée assez vigoureusement et les villes ont subi une **réduction considérable de leur autonomie**. Elle a été toutefois très **bénéfique dans la majorité des cas** car elle a apporté un sens plus net des prévisions et donné une impulsion sensible pour de vastes travaux d'urbanisme. En revanche, pour les ressources financières, les villes **dépendaient désormais directement de l'État**, par le biais des deniers d'octroi. Surtout, de même qu'à l'égard des États particuliers, la royauté a contraint les municipalités à lui consentir des prêts nombreux et lourds ; obligées à leur tour d'emprunter pour s'en acquitter, les villes se sont **lourdement endettées** au cours du XVIIIe siècle.

Chapitre 4
Réformes et évolution de l'administration locale depuis la fin de l'Ancien Régime

L'essentiel

- *Il est souvent question aujourd'hui de l'administration napoléonienne, l'origine du système actuel étant attribuée à l'œuvre révolutionnaire revue et corrigée par le régime impérial ; les structures le suggèrent mais cette vision est quelque peu simpliste.*
- *La Révolution a beaucoup détruit, mais les expériences révolutionnaires n'ont guère eu de résultats durables ; et la réorganisation napoléonienne a repris un fonds important de **traditions de l'Ancien Régime**, en accentuant la **centralisation**.*

Section 1 - Les idées et les tentatives de décentralisation à la fin de l'Ancien Régime

Les idées et les tentatives s'orientent vers un renouvellement par la décentralisation et, pour cela, lient réforme administrative et fiscalité.

§ 1 - Les tentatives de réforme

• La tentative de Necker (1778) aboutit à la création d'une **assemblée provinciale** d'un type nouveau en Berry ; l'expérience est ensuite renouvelée en Haute-Guyenne (1779) et en Bourbonnais (1781). L'expérience, suscitant critiques et résistances des parlements et des intendants, a été de courte durée.

• Un nouveau projet de réforme (à partir du Mémoire de Turgot) est présenté par Calonne à l'Assemblée de notables de 1787 : **municipalités superposées**, fondées sur un système censitaire et ayant essentiellement une fonction de conseil. Le projet est repoussé.

§ 2 - La tentative de Loménie de Brienne

• La tentative est **reprise et réussie** par Loménie de Brienne (édit de juin 1787, posant simplement les principes et suivi de larges textes d'application). La réforme instaure un système d'**assemblées** à plusieurs niveaux : 1) villes et communautés d'habitants, districts, provinces ; représentation **élective mais censitaire** doublée pour le tiers état avec vote par tête ; 2) assemblées dotées, cette fois, de **véritables pouvoirs** d'administration : répartition des impôts ; disposition d'une partie de ces impôts pour la gestion des intérêts locaux, gestion assurée cependant sous la tutelle de l'administration centralisée (intendant).

• Cette réforme tentait de retenir les leçons des précédentes tentatives mais le pouvoir royal était à bout de souffle. À peine mis en place, ce système était à nouveau **abandonné** devant les **violentes résistances des parlements**.

Section 2 - La Révolution et l'administration locale jusqu'au Directoire

La Révolution est tournée contre l'administration royale dans les provinces et les intendants en sont les premières victimes ; le mouvement d'insurrection urbaine de l'été 1789, à travers des gouvernements révolutionnaires municipaux, introduit des tendances centrifuges et fédéralistes. La réorganisation administrative sera fondée : d'une part, sur la volonté de développer le **rôle du citoyen** par le système électif et d'assurer l'égalité et l'uniformité des circonscriptions nouvelles éliminant les provinces ; d'autre part, sur la sauvegarde de l'**unité nationale** malgré les tendances fédéralistes.

§ 1 - La réorganisation administrative sous la Constituante

La vénalité des offices s'efface devant l'exaltation du système électif. En réaction contre les pratiques d'Ancien Régime la définition de nouvelles structures répond au souci d'égalitarisme et d'uniformité, de rigueur des limites administratives, etc.

I - Les circonscriptions

83 **départements** (dimensions déterminées par des raisons de pure commodité administrative selon les possibilités des moyens de transport de l'époque sans autre considération, par exemple économique) ; **districts** (6 à 9 par département) ; **cantons** (quelques municipalités) ; enfin les **municipalités** (une municipalité dans chaque village ou paroisse).

II - Le recrutement

Le recrutement des administrations locales est fondé sur le système **électif** à plusieurs degrés et **censitaire** ; mais les problèmes essentiels apparaissent quant à la nature du mandat des élus. La Constitution de 1791 (titre III, chap. IV, sect. 2, art. 2) précisera que « les administrateurs n'ont aucun pouvoir de représentation ; ils sont des **agents élus à temps** par le peuple pour exercer les fonctions administratives ».

III - Les compétences

Les compétences des administrations locales comportent à la fois l'**administration générale** et la gestion des **intérêts locaux** ; les administrations locales sont placées sous l'autorité suprême du roi.

§ 2 - Les problèmes d'application

Le système est **complexe** et **lourd** et les développements de la Révolution, sous la Législative et la Convention, en accroissent les **difficultés d'application** ; dominés par la question majeure du maintien de l'unité nationale (en l'absence d'administration locale émanant du pouvoir central), ces problèmes sont de deux ordres :

I - Problèmes nés du système électif

Question de la nature du mandat des administrateurs locaux, et **révoltes des administrations locales** contre le pouvoir central (jusqu'à 60 départements plus ou moins atteints en 1793). La Convention en viendra à suspendre les élections, à nommer les administrateurs, à supprimer les procureurs.

II - Problèmes de contrôle

Ils sont dus à l'utilisation à la fois d'**agents permanents** et de **structures révolutionnaires :** nomination d'agents nationaux adressant des rapports au gouvernement révolutionnaire ; intervention des clubs populaires, de comités de surveillance (eux-mêmes pas toujours parfaitement contrôlés) et d'agents du pouvoir central (représentants du peuple en mission, « agents secrets » du Comité de salut public, commissaires du Conseil exécutif) ayant d'ailleurs entre eux de complexes relations de concurrence.

III - Retour vers la centralisation

Dès lors le système **électif** est sérieusement **compromis** dans son application. Le système consistant à confier l'administration générale en totalité à des assemblées est bouleversé. Il en résulte que le gouvernement révolutionnaire, par des moyens particuliers, s'oriente de nouveau vers la **centralisation** pour maintenir l'unité nationale contre les tendances fédéralistes.

Section 3 - Le Directoire et les principes révolutionnaires

La Constitution de l'an III est **très nuancée** ; elle ne comporte pas de remise en cause profonde des principes et des structures révolutionnaires. En fait les aménagements apportés, et surtout l'**esprit** dans lequel la Constitution est **appliquée**, développent des tendances nouvelles conduisant l'administration locale à la fois au **professionnalisme** et à la **centralisation**.

§ 1 - Les aménagements apportés aux principes de l'administration révolutionnaire

I - La composition des assemblées locales

Le principe de l'administration par des assemblées locales n'est pas abandonné apparemment ; mais les dimensions de ces organes sont notablement **réduites** dans un but d'**efficacité**.

II - Le système électif

Le principe de l'élection des administrateurs est également maintenu. Mais, d'une part, la conception du rôle du citoyen évolue et oriente vers le **professionnalisme** à travers le système électif ; d'autre part, entre les élections, le Directoire utilise largement ses pouvoirs pour remplir par **nomination** les sièges vacants d'administrateurs élus.

III - Les compétences des administrations locales

Une **distinction** plus nette entre **affaires locales** et affaires d'**administration générale** rend plus effective l'autorité dans ce dernier domaine.

§ 2 - La hiérarchie des administrations locales et la centralisation

• La hiérarchie des administrations locales, maintenue dans ses lignes essentielles, s'accompagne d'un **renforcement du contrôle par le pouvoir central** : contrôle directement exercé sur les administrations départementales ; toute administration locale doit rendre annuellement compte de sa gestion.

• Le contrôle de la gestion des administrateurs est assorti d'une **sanction** : la **suspension**. Ainsi, l'administration locale peut comporter une proportion importante d'**agents nommés parmi les administrateurs élus, tandis que le contrôle du pouvoir central est développé par une affirmation constante de l'autorité du Directoire**.

• Des **agents permanents** du **pouvoir central**, les **commissaires** du Directoire, sont placés auprès de toutes les administrations locales (du département à la municipalité) ; ce sont des commissaires, donc nommés par le Directoire et **révocables** à sa volonté, pour « surveiller et requérir l'exécution des lois » (Const. de l'an III, art. 191). À travers l'action centralisatrice de ces commissaires, le Directoire renoue ici assez directement avec une tradition de l'Ancien Régime.

Section 4 - L'organisation centralisatrice sous le Consulat et l'Empire

Cette organisation repose sur la grande **loi du 28 pluviôse, an VIII**. Les tendances affirmées dans l'application des textes constitutionnels sous le régime précédent sont accentuées ; mais elles se traduisent désormais par des principes nouveaux, marquant une rupture délibérée avec l'expérience révolutionnaire, et même un retour aux tendances les plus **centralisatrices** de l'Ancien Régime.

§ 1 - Les principes généraux

I - Les circonscriptions

Elles sont **maintenues dans l'ensemble** : département, canton, municipalité ; le district, éliminé sous le Directoire, reparaîtra en 1806, sous la forme de l'arrondissement. Le **département** reste le cadre essentiel du système administratif. L'élément nouveau, essentiel, est la **distinction** entre **administration générale** et **affaires locales** : l'administration générale est confiée à une administration centralisée dominée par un agent unique, le préfet du département, exerçant en même temps la tutelle administrative pour les affaires locales. Les **assemblées** subsistent en apparence, sous la forme de Conseils, aux compétences désormais limitées aux affaires **locales**.

II - Le système municipal

Il retrouve des **formes plus traditionnelles** dans le cadre de l'agglomération d'habitants, avec un **maire** et des **adjoints** (seule la ville de Paris ayant un statut particulier sans maire : situation comparable, là également, à la tradition royale qui évitait de laisser trop de liberté à une municipalité de la capitale du royaume).

§ 2 - L'administration préfectorale dans le département et l'arrondissement

L'administration du département repose sur le **préfet**, assisté d'un **conseil de préfecture**, et sur le **conseil général**.

I - Le préfet

Le **préfet, agent unique**, créé sur le modèle de l'intendant d'Ancien Régime, est nommé par le chef du gouvernement, et **révocable** à sa volonté, entièrement dépendant du pouvoir central avec lequel il est en relation directe.

• Il est « chargé, seul, de l'administration » (loi du 28 pluviôse, an VIII, art. 3) ; son action s'étend en toutes matières administratives et atteint par conséquent les services spécialisés ; il dispose du **pouvoir réglementaire** ; il est à la tête de la **hiérarchie de l'administration** locale et assure le contrôle de l'activité des conseils. Il en est le représentant du gouvernement à la fois du point de vue administratif et du point de vue politique.

• Choisis surtout en fonction de leurs aptitudes ou de leur carrière administrative (et sans exclusive politique), tenus dans une **stricte discipline** par le ministre de l'Intérieur, les préfets ont été les agents actifs de la centralisation, orientés vers un modèle plus rationnel d'administration (à partir d'enquêtes statistiques).

II - Le conseil de préfecture

Le **conseil de préfecture** est chargé d'assister le préfet. Composé de 3 à 5 membres nommés par le gouvernement sur présentation, présidé par le préfet ayant voix prépondérante dans les délibérations il joue un rôle complexe : chargé essentiellement du règlement du contentieux administratif, il a aussi un rôle consultatif pour toute question administrative à l'initiative du préfet.

III - Le conseil général du département

• Il est conçu comme une petite **assemblée représentative** de la population (de 16 à 24 membres nommés pour 3 ans sur présentation à partir de listes de notables établies par le préfet) ; il ne tient qu'une **réunion brève** (session annuelle de 15 jours).

• Sa compétence est essentiellement financière. Il donne des avis sur les besoins du département : sur ce point une certaine collaboration s'est souvent établie avec le préfet. Cette collaboration, comme les rapports préfectoraux avec le gouvernement, montre que le préfet (dans la tradition de l'intendant d'Ancien Régime) est à la fois l'agent de la centralisation et le **défenseur des intérêts locaux** dans son département.

IV – La hiérarchie de l'administration préfectorale

• Le **sous-préfet**, agent unique dans l'arrondissement, est créé sur le modèle préfectoral ; le **conseil d'arrondissement** a également des compétences essentiellement financières.

• En fait, les sous-préfets deviennent assez rapidement des agents de transmission et d'exécution des décisions préfectorales ; de même, le rôle du conseil d'arrondissement est très dépendant de celui du conseil général et très effacé.

§ 3 – L'administration municipale

Progressivement, à partir de la loi de l'an VIII et jusqu'à l'an XII, les agglomérations d'habitants, villes ou villages, retrouvent une organisation municipale qui renoue avec la **tradition d'Ancien Régime**, tout à la fois dans les structures et dans le système de la tutelle administrative. Dans ce système, rompant assez nettement avec les expériences révolutionnaires, chaque commune est dotée d'un maire assisté d'adjoints et d'un conseil municipal.

I – Le maire et les adjoints

• Ils sont **nommés** (mais choisis parmi les membres du conseil municipal) par le chef du gouvernement (pour les villes de plus de 5 000 hab.) ou par le préfet ; ils sont nommés pour 5 ans et renouvelables, et peuvent être suspendus par les mêmes autorités.

• Le maire, ici encore, est un agent **unique** (ses adjoints n'ayant pas de pouvoirs propres mais agissant par délégation) ; il dispose d'un pouvoir réglementaire étendu, particulièrement en matière de police. Le recrutement des maires, réclamant certaines garanties de compétence, a été parfois difficile, surtout dans les campagnes ; dans certaines grandes villes, les relations entre maire et préfet suscitent une **intervention** plus précise du préfet et une **centralisation accrue**.

II – Le conseil municipal

• La composition du conseil municipal demeure, durant cette période, encore très **orientée** par le pouvoir central à travers l'**action du préfet** ; en revanche, les compétences du conseil s'affirment face au maire.

• Les conseillers (de 10 à 30) sont choisis, sur des **listes de confiance**, par le préfet, puis désignés par les citoyens électeurs parmi les cent contribuables les plus imposés du canton.

• Bien que siégeant 15 jours par an en une seule session, le conseil, par ses compétences, joue un rôle important : il propose le budget (arrêté par l'autorité de tutelle) à partir de ressources variées, dispose du patrimoine propre de la commune, gère certains intérêts locaux.

Conclusion :

• La reconstruction de l'administration locale, fondée sur la loi du 28 pluviôse an VIII, a été durable ; aussi éloignée des tentatives de décentralisation des dernières années de l'Ancien Régime que des expériences révolutionnaires, elle est nettement inspirée par certaines **traditions de l'administration royale** et **accroît la centralisation**.

• Les **éléments durables** en sont : l'importance donnée au système de l'agent unique, le retour au système électif pour les conseils, la distinction entre administration générale et administration locale à laquelle seront limités les conseils généraux et conseils municipaux désormais essentiels. Enfin, la tutelle administrative et la manière dont est à nouveau posé le problème des **finances municipales**, constituent une part notable de l'héritage d'Ancien Régime.

• Pour autant l'évolution économique et démographique récente tendrait à remettre en cause un système déjà passablement remanié et de plus en plus complexe alors que depuis le milieu du XXe siècle. des réformes se succèdent dans des perspectives annoncées de décentralisation et de simplification. L'édifice actuel sera-t-il alors remis en cause dans ces fondements ? La difficulté à parvenir à une parfaite cohérence pour l'adapter aux besoins non seulement du présent mais d'un futur prévisible risque fort d'annoncer encore d'inévitables tâtonnements.

Chapitre 5
La justice

L'essentiel

• *La justice peut s'entendre de deux manières : la notion morale qui est généralement considérée comme un fondement du droit ; l'ensemble des institutions judiciaires dont la fonction est de rendre la justice par le respect du droit.* ***Rendre la justice est une des fonctions essentielles de l'État,*** *fonction remplie par un service composé de juridictions tenues par des magistrats. En outre, le principe de séparation des pouvoirs a pour conséquence la distinction du judiciaire face au législatif et, surtout, à l'exécutif.*

• *La justice royale, à l'origine de l'actuel service public, s'est développée en milieu féodo-seigneurial et à l'encontre de ce dernier, ce qui posait la question de la* ***primauté*** *de la justice de l'État. De plus, alors que le roi, détenant le pouvoir souverain, était investi d'une mission personnelle de justice, la Révolution en distinguant les pouvoirs a posé le délicat problème du* ***pouvoir judiciaire****. Enfin en* ***matière administrative****, le passage de la tradition monarchique à la conception d'une justice spécifique distincte de l'exécutif, parallèlement à l'ordre judiciaire, ne s'est opéré que tardivement au cours des XIXe et XXe siècles.*

• *Rendre la justice reste plus que jamais une fonction particulièrement délicate car l'organisation juridictionnelle n'est pas seule en cause. Dans ces juridictions en effet, les juges ont mission de « dire le droit » (****Jurisdictio****), donc de rappeler le contenu de la règle de droit et de l'appliquer par leurs décisions (sentence, jugement, arrêt) aux faits qui leur sont soumis. Or juger est un art car dire le droit est particulièrement délicat dans un système légaliste comme le système français alors que le législateur ne peut pas tout prévoir. Enfin cet art ne peut être abandonné à la totale et libre volonté du juge et suppose en même temps l'établissement de garanties pour les justiciables.*

Section 1 - La primauté de la justice royale

La primauté de la justice royale est assurée et définitivement consolidée à la fin du Moyen Âge. Avec elle, c'est la primauté d'une justice étatique qui est restaurée ; pour en comprendre l'importance, il faut en retracer les perspectives historiques.

§ 1 - Les perspectives historiques

Pour poser le problème, il suffit de rappeler que dans l'Empire romain l'empereur était titulaire du droit de justice et le déléguait à des fonctionnaires. On pouvait donc « en appeler » d'un fonctionnaire inférieur à un fonctionnaire supérieur supposé mieux informé.

• Les invasions ont entraîné la disparition de l'administration impériale romaine et de sa justice, de même que l'oubli de la conception romaine de l'État. La justice, à l'époque franque, repose sur : le tribunal de tradition germanique (le *mallus*, tribunal de droit commun) mais la **vengeance privée** reste un droit pour les parties ; également sur de nombreuses autres juridictions : juridiction personnelle du roi (**tribunal du Palais**), juridictions privées des grands propriétaires fonciers (bénéficiant d'un privilège de justice sur leurs terres), juridictions ecclésiastiques.

• Le développement de la féodalité et du régime seigneurial ne fait qu'augmenter la diffusion des prérogatives de justice considérées comme la première marque de souveraineté ; d'où encore une grande **diversité de juridictions** : seigneuriales, ecclésiastiques, municipales.

• L'extension des juridictions royales dépend directement de **l'accroissement du domaine** de la couronne, et les rois capétiens lutteront pendant plusieurs siècles pour affermir leur autorité et étendre leur domaine.

§ 2 - Organisation et développement de la justice royale au Moyen Âge

I - Fondement de la justice royale

Toute la justice royale repose sur la **mission personnelle** de justice dont le roi est investi (mission explicite dans le serment du sacre). Ce principe fait de la Cour l'organe essentiel où la justice est rendue non seulement au nom du souverain mais le cas échéant par le roi en personne. Sur ce principe est fondée la distinction entre :

- **justice déléguée** (le roi est contraint, matériellement, de déléguer dans ce pouvoir de justice les agents de l'administration qui tiendront une juridiction en son nom par délégation) ;
- **justice retenue** : pour assurer un contrôle et conserver la maîtrise de sa mission personnelle, le roi se réserve de passer outre à la délégation en dessaisissant une juridiction déléguée pour exercer sa propre justice à propos de toute affaire qu'il lui paraît opportun de trancher lui-même (le roi exerce alors la justice en retenant la cause).

II - Organisation de la justice déléguée

• Cette organisation s'est complétée en fonction du développement du domaine royal, faisant apparaître **plusieurs degrés** : les prévôts, les plus anciens (et le plus bas degré) ; les baillis et sénéchaux, au-dessus des prévôts ; le Parlement, cour souveraine installée à Paris (et les parlements apparus peu à peu dans les provinces à partir de la fin du Moyen Âge) qui est l'ultime degré de la justice déléguée. Ce sont les tribunaux ordinaires de droit commun.

• Cette organisation est aussi dominée par un mouvement constant de **spécialisation**. À côté des juridictions ordinaires de droit commun il y a de nombreuses **juridictions** spécialisées (financières, militaires, etc.) avec une spécialisation des **agents** eux-mêmes, juges professionnels (des garanties, quant à la formation et aux connaissances juridiques, seront exigées d'eux). Enfin intervient une spécialisation à travers l'**organisation interne** de certaines juridictions, (en particulier dans les parlements : chambres civiles, chambres criminelles).

III – Principes et réalités

• Le développement des juridictions royales dépend directement du rythme, lent et irrégulier, de **l'extension du domaine royal**. Les **implications politiques** de la fonction judiciaire de la puissance publique apparaissent à travers les difficultés de la royauté à affirmer la primauté de sa justice face au système féodo-seigneurial. La royauté y parviendra : en tirant un grand parti, dans sa cour féodale, de la situation de **suzerain** ; en alliant les principes féodaux et ceux du **droit romain** (à partir du XIIIe siècle) qui assurent la supériorité technique de la justice royale ; en **réduisant** l'influence des juridictions ecclésiastiques et en abaissant systématiquement les juridictions seigneuriales.

• En ce sens les séances judiciaires de la Cour du roi puis le Parlement qui en est le prolongement ont joué dans la seconde moitié du XIIIe siècle un rôle **particulièrement constructif** : à partir des réformes judiciaires de Louis IX la *procédure* a été l'*instrument essentiel* dans l'affirmation de la souveraineté royale et la construction d'un État. Plus spécialement par la généralisation de la procédure d'appel hiérarchique les légistes qui composaient la Cour ont pu imposer une véritable **défense** du « **bien commun** », de l'intérêt général devant lequel devaient s'incliner les intérêts particuliers, à la fois aux puissants féodaux aussi bien qu'aux agents royaux parfois trop zélés ou encore aux corporations. Cette jurisprudence a été très importante en matière économique. Par là elle a tendu constamment vers la construction d'un État de droit.

§ 3 – L'abaissement des autres juridictions

La lutte pour abaisser les autres juridictions (ecclésiastiques, seigneuriales, municipales) a été menée, avec une grande opiniâtreté, surtout par les **agents royaux** :

I – Les formes juridiques utilisées

- les **cas royaux** : cas réservés par le roi à la connaissance de ses propres juridictions ;
- l'**appel** : appel des sentences des juridictions seigneuriales porté devant les juridictions royales mais au plus bas niveau ; il en résultait que les plaideurs pouvaient avoir à franchir de multiples degrés de juridiction d'appel en appel avant que leur cause parvienne au Parlement ;
- la **prévention** : le roi étant débiteur de toute justice dans le royaume, les officiers royaux peuvent alors, en agissant avec diligence, « prévenir » les autres juges, c'est-à-dire se saisir d'affaires qui auraient été de la compétence de ces autres juges, considérés comme négligents ou trop lents, pour juger ces affaires eux-mêmes.

II – La lutte contre les juridictions ecclésiastiques et seigneuriales

• Les juges royaux ont agi avec un zèle particulier à l'égard des **juridictions ecclésiastiques** qui se considéraient comme compétentes pour toute affaire touchant indirectement à la religion, par ex. le mariage, le prêt à intérêt, le serment, etc. La compétence des juridictions ecclésiastiques a été peu à peu réduite, sous l'influence du Parlement à partir d'une forme particulière d'appel, l'**appel comme d'abus**, à l'égard des entreprises considérées comme abusives de la part des officialités (juridictions épiscopales), c'est-à-dire des compétences qu'elles prétendaient s'attribuer.

• Les **juridictions seigneuriales** ont été peu à peu **subordonnées aux juridictions royales** ; cette subordination est acquise au XVIe siècle, et situe, dans l'ensemble, les juridictions seigneuriales au dernier degré de la hiérarchie des juridictions royales.

• Sous Louis XIV, la royauté impose aux seigneurs certaines **règles de fonctionnement** quant à leurs juridictions : faire tenir le tribunal par un praticien, adjoindre un greffe, etc. Beaucoup de seigneurs ne pouvant assumer ces charges nouvelles renonceront à leur juridiction. En revanche, lorsque des juridictions seigneuriales avaient conservé importance et efficacité, la royauté a parfois **coordonné**, en effaçant sa propre juridiction et en accroissant la compétence de la juridiction seigneuriale ; proches des justiciables, surtout dans les campagnes, certaines de ces juridictions ont conservé une grande vitalité jusqu'à la Révolution.

Section 2 – Les problèmes de la justice royale à la fin de l'Ancien Régime

Ces problèmes tiennent pour l'essentiel aux conséquences de la vénalité des offices, à la complication du système juridictionnel à partir du XVIe siècle ; ils susciteront d'importantes tentatives de réforme à la fin du XVIIIe siècle.

§ 1 – Les conséquences de la vénalité des offices dans la fonction judiciaire

I – Problèmes de recrutement et de rémunération

• Le problème de recrutement se pose à un double point de vue : social (recrutement limité par la nécessité d'un apport en capital), administratif (le roi n'étant plus maître du recrutement, la question des capacités professionnelles est directement posée). L'accès aux offices de justice est limité, pour les plus importants conduisant à la noblesse, à quelques **grandes familles** et plus généralement aux bourgeois enrichis. La royauté pose des conditions de capacité pour l'acquisition des offices de judicature (âge, diplômes universitaires) ; les corps d'officiers, soucieux de leur dignité, contribuent efficacement au **contrôle du recrutement**.

• Le problème de rémunération est important : la vénalité des offices (devenue une affaire fiscale) oblige les officiers à investir des sommes parfois considérables, tandis que le roi ne verse que des **gages irréguliers et médiocres** ; une rémunération complémentaire, mais régulière, apparaît avec les **épices** (menus cadeaux devenus au XVIIe siècle une taxation sur les actes de procédure perçue par les officiers et à leur profit).

II - L'indépendance des magistrats et le problème du parquet

L'indépendance des magistrats est quasi complète mais pose un problème particulier pour les **gens du roi** (parquet) qui se distinguent des **juges du siège** (jugeurs) :

• Les origines du parquet remontent au Moyen Âge : le droit médiéval n'admettait pas la **représentation en justice** (« nul en France ne plaide par procureur ») ; mais la représentation s'introduisit au XIIIe siècle d'abord par privilège, et le roi lui-même fit représenter ses intérêts devant ses propres juridictions par des **procureurs**.

• Il y eut alors, auprès de toutes les juridictions royales, des **gens du roi**, installés dans une **enceinte réservée** (le *parquet*), et qui **plaidaient debout** (magistrature debout, par opposition aux jugeurs, magistrature assise ou magistrature du siège) ; la hiérarchie des gens du roi suivait le système juridictionnel (**procureur général** devant le Parlement, **substitut** devant le bailliage ; hiérarchie parallèle d'**avocats** du roi).

• Par eux, la défense des **intérêts du roi** a été étendue à celle de **l'intérêt public en général** (d'où la fonction : **ministère public**) par le respect des ordonnances royales. Mais, pour cela, il faut que les gens du roi reçoivent et exécutent les ordres du roi : le problème de conciliation entre l'indépendance de l'officier et l'autorité royale trouve une solution élégante dans l'adage « **la plume est serve, mais la parole est libre** » (l'officier du parquet est contraint de suivre les instructions royales dans les conclusions écrites, mais retrouve sa liberté dans l'expression orale auprès du tribunal). Cette tradition a largement inspiré le **système actuel**.

§ 2 - La complication croissante du système juridictionnel

I - Complexité et ambiguïté de la justice déléguée

• La concurrence entre les juridictions est considérée comme une émulation utile par la royauté. Mais il y a de multiples degrés dans les juridictions de droit commun ; les limites géographiques des ressorts de compétence n'ont jamais été clairement précisées, etc. Tout cela crée une justice **compliquée, lente** et **chère**.

• À l'échelon parlementaire, l'ambiguïté vient des prétentions politiques des officiers ; ils entendent en effet participer au pouvoir législatif et exercer un pouvoir réglementaire, représenter la nation (en l'absence de réunions des États généraux).

II - Développement important de la justice retenue

Ce développement s'est effectué :

• par la **justice personnelle** du roi (forme la plus ancienne) : tenue dans le cadre de l'Hôtel du roi ;

• par la **justice retenue** exercée par des **commissaires** : pour des affaires particulièrement importantes du point de vue politique ;

• par la justice exercée par le **Conseil d'État privé**, intervention la plus importante par son caractère régulier et permanent, sous les formes : de l'**évocation** (à l'origine également d'un contentieux administratif) ; de la **cassation** (contrôle à partir de l'erreur de droit ; influence régulatrice sur la jurisprudence) ; enfin du **règlement de juges** (tribunal régulateur dans les conflits de compétence entre les juridictions).

La justice retenue intervient pour compenser les défauts de la justice déléguée, mais elle a elle-même l'inconvénient d'accroître la complexité du système ; la dernière forme, à l'intérieur du conseil, la plus élaborée et la plus technique, représente aussi une tradition dont notre système a recueilli l'essentiel.

§ 3 - Les tentatives de réforme à la fin de l'Ancien Régime

I - La réforme du chancelier Maupeou

• Le conflit ayant rebondi entre la royauté et les parlements après le Lit de justice de 1766, la royauté répond aux manœuvres des parlementaires (suspension des activités des Parlements, démission en bloc) par une mesure d'exil (20 janvier 1771). Le chancelier procède alors à une **profonde réforme** de la justice : modification des ressorts et des compétences des parlements (leur retirant les moyens d'opposition politique) ; suppression de juridictions devenues inutiles ; suppression de la vénalité des offices ; gratuité de la justice.

• Cette réforme posait de gros problèmes de mise en œuvre, en particulier pour trouver de nouveaux magistrats. Le système a fonctionné jusqu'à la mort de Louis XV, mais Louis XVI renvoya Maupeou et **rappela les parlementaires** ; l'opposition reprit avec plus de violence.

II - La réforme du garde des Sceaux de Lamoignon

• L'édit du 8 mai 1788 comportait une part politique et une part technique : enregistrement des ordonnances retiré aux parlements ; création de nouvelles juridictions pour décharger les parlements, les **grands bailliages** ; réduction progressive du nombre des degrés de juridiction à deux.

• Mais les parlementaires suscitèrent de violents mouvements d'opposition dans les populations, d'où l'**abandon** de la réforme (application suspendue en août 1788).

Des réformes importantes avaient été tentées, mais la royauté n'avait plus l'autorité nécessaire pour les faire aboutir.

Section 3 - Le système révolutionnaire

Les cahiers de doléances pour les États généraux faisaient le procès de la justice royale (incertaine, lente, onéreuse ; justice retenue ressentie comme un élément d'arbitraire) ; à cela s'ajoutaient les théories distinguant les pouvoirs (depuis Montesquieu) et l'influence des institutions anglaises (en particulier le jury) : d'où la rupture avec les traditions d'Ancien Régime et l'apparition de nouveaux principes.

§ 1 - Le pouvoir judiciaire dans la Constitution de 1791

I - Indépendance et limitation

Ce pouvoir est conçu comme un pouvoir **séparé** et **indépendant**, mais aussi, en réaction contre les prétentions politiques des parlementaires d'Ancien Régime, comme un pouvoir **limité** face au législatif et à l'exécutif. **L'indépendance** du pouvoir judiciaire face à l'exécutif royal est affirmée, ce qui **écarte la justice retenue**. En revanche, le pouvoir judiciaire est **limité avec précision** : plus d'enregistrement des actes législatifs ; pas de pouvoir réglementaire.

II - Le judiciaire, gardien de la loi

• La loi, étant l'affaire exclusive du pouvoir législatif, se voit accorder une valeur parfaite par son origine même, du fait de sa création par une assemblée dépositaire de la souveraineté nationale. Le judiciaire, gardien des libertés et droits individuels, ne peut être que **gardien de la loi** et **non créateur de droit** : cette conception devient quasiment **exclusive de l'idée d'interprétation** de la loi tout au moins par voie de règlement ; les juges ne peuvent citer devant eux les administrateurs à propos des actes de leurs fonctions.

• Il en résulte que cette conception du pouvoir judiciaire s'oriente davantage vers la notion de **fonction** que vers celle de **pouvoir** et posera de délicats problèmes de mise en œuvre.

§ 2 - Le statut des juges et des membres du parquet

I - Élection des juges

C'est une innovation déjà annoncée par les cahiers de doléances, et aussi par l'influence anglaise ; cela pose :

• Un problème de **compétence professionnelle** : en effet sauf pour les juges de paix les conditions d'éligibilité comportent une compétence juridique essentiellement pratique.

• Un problème de **stabilité** et d'**indépendance** : la stabilité est assurée par un **long mandat** (6 ans, avec possibilité de réélection).

II - Le problème du parquet

• Le parquet étant maintenu, l'élection ne paraît pas compatible avec sa mission, d'où le principe de **nomination par l'exécutif royal**.

• Au criminel, on décompose la fonction. Le **commissaire du roi** aura la charge de requérir la peine. Mais il apparaît préférable de confier les poursuites à un magistrat élu : il y aura ainsi, à côté des juges, un **accusateur public**.

III - L'application du système

A - Sous la Terreur

Pour les tribunaux révolutionnaires, l'élection des juges par le peuple est abandonnée pour la **nomination par la Convention**.

B - Sous le Directoire

Le principe électif est théoriquement maintenu, mais :

- le Directoire use largement de la **nomination**, en dehors des élections, pour les postes vacants ;
- il s'arroge le droit de **confirmer les élections** ;
- il nomme les membres du parquet, mais il procède aussi à des destitutions, **écartant l'inamovibilité.**

En fait, l'application du système, particulièrement sous le Directoire, **remet en cause** le **principe de l'élection** et la stabilité des magistrats .

§ 3 - Le système juridictionnel

Les nouveaux principes sont posés essentiellement en réaction contre l'Ancien Régime :

• Recherche du règlement de tous les conflits entre particuliers par tous les **moyens « naturels »** permettant de **réduire** le plus possible l'intervention et donc la tâche des tribunaux judiciaires ordinaires (**arbitrage, justice de paix**, procédure de **conciliation**).

• **Simplification des degrés de juridiction** (déjà entrevue par la royauté en 1788) : la justice de paix est une juridiction d'exception ; les tribunaux de district constituent le premier degré de la justice civile ; le système d'appel ramène à **deux les degrés de juridiction** : appel des jugements des tribunaux de district devant d'autres tribunaux de district (« **appel circulaire** »).

• Au criminel, l'élection des juges est complétée par l'introduction du système du **jury** (influence anglaise).

• Enfin, la justice retenue est écartée. Mais, après une discussion indécise sur la nécessité d'un contrôle de l'interprétation de la loi dans le nouveau système légaliste, la Constituante décide de créer un **Tribunal de cassation** aux compétences soigneusement limitées, mais doté d'un personnel nombreux et recruté par élection à travers l'ensemble des départements.

Section 4 - La tradition renouvelée dans l'ordre judiciaire depuis la Constitution de l'an VIII

Des principes essentiels posés par la Révolution (par ex. la séparation des pouvoirs) sont acquis définitivement et ne seront pas remis en cause après le 18 brumaire ; mais le régime napoléonien retrouve aussi une tradition renouvelée qui s'instaure et qui comporte les fondements de notre système actuel.

§ 1 – Du pouvoir judiciaire à l'autorité judiciaire

La séparation des pouvoirs demeure ; sa mise en œuvre reste délicate.

I – Les textes constitutionnels

Les actes constitutionnels le montrent à travers la terminologie utilisée : « **Des tribunaux** » (Const. an VIII) ; « **Ordre judiciaire** » (Chartes de 1814 et 1830) ; « **pouvoir judiciaire** » (Acte additionnel aux Constitutions de l'Empire et Const. de 1848) ; après le silence des Constitutions de 1852 et 1875, simple titre consacré au Conseil supérieur de la magistrature (Const. de 1946) ; enfin « **autorité judiciaire** » (Const. de 1958).

II – La mise en œuvre

En réalité, dès l'an VIII, le problème n'est plus de définir le pouvoir judiciaire sur le plan théorique, mais de **donner vie et réalité aux principes nouveaux** : la réalité du pouvoir judiciaire (c'est-à-dire son **indépendance effective**) dépendra d'abord de la situation, du statut des hommes qui rempliront les fonctions judiciaires.

§ 2 – La magistrature

À l'époque du Consulat, le système électif a quelque peu perdu de son prestige. Cependant Bonaparte, en une sorte de contrepartie au renforcement de l'exécutif, est soucieux de constituer une magistrature **professionnelle, stable** et **indépendante, garante des libertés individuelles.** Enfin il fait la liaison entre le projet de Code civil et la définition d'un ordre judiciaire réservé aux relations entre les particuliers.

I – Les grands principes

• La **Constitution de l'an VIII** pose les grands principes : système électif pour les juges de paix ; pour les autres juges, recrutement par **nomination** par le Premier Consul à partir de listes de confiance ; les juges de cassation seront désignés par le Sénat.

• Si tous les juges (autres que les juges de paix et les juges de Cassation) sont nommés par le Premier consul, celui-ci ne peut les révoquer (sauf forfaiture ou effacement des listes) donc retour au principe d'**inamovibilité** ; mais l'assise essentielle de l'ancienne inamovibilité a disparu avec la suppression de la vénalité des offices : un difficile problème est désormais posé.

• Enfin le **parquet** (toujours composé de commissaires du gouvernement et de substituts) retrouve ses fonctions traditionnelles, par disparition des accusateurs publics.

II – L'évolution depuis le début du XIXe siècle

• La nomination est une orientation définitive vers le **professionnalisme** et l'administration générale, avec, en conséquence, l'attraction très forte du **fonctionnariat (carrière).** De véritables dynasties de magistrats se reforment, et pour longtemps, dans des familles de notables (Thiers : « on ne peut pas donner à la propriété de **meilleur juge** que la **propriété elle-même** ») : la tradition des rémunérations faibles demeure (fonctions de juge suppléant gratuites jusqu'en 1910), comme sous l'Ancien Régime.

• **La carrière** et l'**inamovibilité** posent les problèmes les plus délicats entre pouvoir exécutif et fonction judiciaire. Les magistrats du parquet ne sont plus inamovibles, mais les magistrats passent éventuellement du siège au parquet et vice-versa : d'où, carrière et rémunération se trouvent, en fait, entre les mains de l'administration ; des **garanties** seront recherchées (en reportant le fardeau des carrières sur le corps judiciaire lui-même) au moyen des **commissions d'avancement**, puis du **tableau d'avancement** (1908).

• Cependant jusqu'au milieu du xxe siècle les changements de régime politique ont été trop souvent accompagnés d'une **suspension temporaire** de l'inamovibilité.

§ 3 - La stabilisation de l'organisation juridictionnelle

I - Nouvel équilibre entre innovations révolutionnaires et tradition d'Ancien Régime

• Quant aux procédures destinées à décharger la justice ordinaire les aménagements vont dans le sens d'une réduction notable, l'expérience ayant été assez nettement décevante ; on en retient essentiellement la **justice de paix** (juridiction d'exception) qui rappelait assez le rôle des justices seigneuriales d'Ancien Régime.

• Les tribunaux **civils** de droit commun trouvent leur équilibre définitif dans le cadre de l'**arrondissement**.

• Le système du **double degré** de juridiction est définitivement maintenu : le système de l'appel circulaire s'est effacé devant celui des **tribunaux d'appel** (reprenant les fonctions des anciens parlements, uniquement dans leur aspect technique d'appel) dont le ressort correspond à trois départements. Le **Tribunal de cassation** est désormais solidement établi et, d'année en année, précise ses méthodes et sa doctrine.

• Enfin, parmi les juridictions d'exception, sont également maintenus les **tribunaux de commerce**, fondés depuis leur origine sur l'élection des juges consulaires par les commerçants eux-mêmes.

II - Retour partiel à la tradition

Dès lors, dans une atmosphère apaisée et délivrée des craintes manifestées dans les débuts de la Révolution, ce nouvel équilibre suscitait le retour à la tradition formelle de l'Ancien Régime : tribunaux d'appel devenant des **cours d'appel** (à l'imitation des cours de Parlement), divisées en chambres (comme les parlements) ; Tribunal de cassation devenant la **Cour de cassation**.

§ 4 - Un perpétuel besoin de réforme

I - Stabilisation relative sous l'Empire

• Si la tradition a été renouvelée avec la fin de l'Ancien Régime et les lois de 1790, la **stabilisation napoléonienne** a été **relative** : la notion de pouvoir judiciaire est restée **fluctuante** ; le statut des magistrats n'a pas toujours résisté aux grands événements politiques (**inamovibilité suspendue** à plusieurs reprises) ; la nouvelle organisation judiciaire a effectivement tenu jusqu'au début du XXe siècle, mais depuis cette époque la carte judiciaire a été maintes fois **remaniée** sans que soit vraiment trouvé un nouvel équilibre.

• La crise de la justice est une fois de plus un **thème de grande actualité**. Une réforme du service public est fréquemment réclamée ; le dernier quart du XXe siècle a vu aboutir un important renouvellement de la **procédure**.

II - Une longue construction étatique

• En réalité ce service public est le résultat toujours **fragile** d'une **lente construction étatique**. C'est une des parties les plus délicates du système juridique : en premier lieu parce qu'il est fondé sur un **idéal** – la **justice** – par définition impossible à atteindre totalement.

• De là, une constante nécessité d'**adaptation** et de **perfectionnement** : la royauté dès le XIVe siècle s'engageait périodiquement dans la « réformation de la justice » ; les régimes suivants ne pouvaient davantage y échapper.

Section 5 - L'organisation tardive d'un ordre juridictionnel administratif

§ 1 - La tradition monarchique de justice retenue

I - Les origines

Le point de départ de l'histoire du contentieux administratif dans notre système actuel remonte à l'époque médiévale et réside dans **la confusion de l'administration et de la juridiction** : l'autorité publique **tranche elle-même le contentieux** né de l'application de ses décisions administratives. D'un côté, les particuliers pouvaient utiliser la voie judiciaire contre ces décisions **(justice déléguée)**. D'un autre côté, devant les prétentions de ses juges, la royauté créa des juridictions spécifiques et se réserva le plus possible ce contentieux dans le cadre de la **justice retenue** (**évocations** à son Conseil).

II - La spécificité du contentieux administratif

Au XVIIIe siècle, face aux réclamations des officiers de justice, les gens du Conseil du roi et les administrateurs justifiaient ce système en partant de la **nature particulière du contentieux administratif** : il s'agit de l'intérêt général et du bien commun ; l'administration ne saurait être paralysée par la lenteur des procédures judiciaires ; les administrateurs sont les mieux qualifiés pour connaître de ce contentieux.

III - Principes de la justice retenue

Malgré le principe de la séparation des pouvoirs la Révolution maintient le **principe de la justice retenue** pour le contentieux administratif : le juge (judiciaire) est écarté au profit de l'administrateur qui est alors **administrateur-juge** ; le **Conseil d'État**, créé en 1790 et formé du roi et de ses ministres, est une instance juridictionnelle, à la fois **juge de droit commun** et **tribunal suprême**.

§ 2 - Le passage de la justice retenue à la justice déléguée au XIXe siècle

• Les réformes du Consulat et de l'Empire n'ont créé en matière administrative qu'une juridiction de justice déléguée aux compétences limitées, le **Conseil de préfecture.** Elles ont en revanche développé le rôle juridictionnel du **Conseil d'État** sous l'autorité de l'Empereur, en justice retenue. Une **Commission du contentieux** est ainsi créée au sein du CE en 1806. les décisions de l'Empereur **suivent systématiquement les avis** du CE sur le contentieux ; les particuliers peuvent saisir le CE en matière contentieuse (« **requête des parties** ») tandis que des **garanties de procédure** sont accordées et que sont institués des **« avocats au Conseil »**.

• Toutefois le Conseil d'État est parti d'une conception restrictive de son rôle juridictionnel dans le cadre de la justice retenue :

- Il consacre la théorie du **ministre-juge**, écarte les recours contre les actes de gouvernement pour ne recevoir que ceux contre les **actes discrétionnaires** ou de **pure administration** ; en revanche, l'action du CE à l'égard des actes d'administration s'est développée considérablement par le moyen du « **recours pour excès de pouvoir** ».
- Les ordonnances de 1831 ont accusé le caractère juridictionnel du Conseil d'État : en y transposant certains **principes de l'ordre judiciaire** (publicité des séances ; oralité des débats ; introduction du ministère public) ; en intervenant en **gardien de la loi** plus encore qu'en représentant de l'exécutif, le ministère public a contribué grandement à la construction prétorienne du **droit administratif**.
- **La loi du 24 mai 1872** a tiré les **conséquences formelles** de cette évolution : elle distingue nettement les attributions du CE liées à l'exécutif ; elle précise définitivement l'appartenance du CE à la **justice déléguée** : désormais, il **statue souverainement** sur les recours en matière contentieuse administrative et sur les demandes d'annulation pour excès de pouvoir formés contre les diverses autorités administratives.

• En 1953, le système juridictionnel a été complété pour faire face à l'encombrement du Conseil d'État : création (décret du 30 septembre 1953) d'un tribunal de droit commun de l'ordre administratif au chef-lieu de région, **le Tribunal administratif**. Cette réforme a déchargé le CE et a comblé une lacune du système napoléonien en créant une juridiction efficace du premier degré en matière administrative. Cette réforme en a inévitablement appelé une autre du fait de l'ampleur du contentieux traité par les tribunaux administratifs : la création récente des **cours administratives d'appel**.

Section 6 - Le sens de la juridiction : l'art de juger

• Le terme « **juridiction** » désigne les **organes** composés de magistrats (déjà vus) mais aussi la **mission de juger** étudiée maintenant et qui est au cœur même de l'œuvre de justice. Cette activité est extrêmement vaste. Seule ici en sera abordée la part la plus étendue et la plus accomplie, la **juridiction contentieuse**, c'est-à-dire le règlement des conflits qui demeure la mission première du juge avec toutes les difficultés inhérentes à sa nature même ; car cette part de la mission de justice ne peut que tendre vers un idéal de perfection mais, par définition, impossible à atteindre totalement.

• D'abord le rôle du juge ne peut se ramener à un simple jeu de déductions logiquement inévitables à partir des termes de la loi et des faits auxquels elle doit être appliquée ; l'utopie révolutionnaire (cf. le « syllogisme du juge », p. 82) en a apporté la preuve et a été dépassée dans la codification du début du XIXe siècle. La loi ne peut pas tout prévoir et une part d'**interprétation** demeure nécessaire, ne serait-ce que pour suivre l'évolution sociale et économique ; l'équité y trouve également une place nécessaire.

• Mais alors il faut éviter les **risques d'arbitraire** de la part du juge comme d'**abus de justiciables** ; l'œuvre de juridiction réclame ainsi tout un jeu de garanties, d'où essentiellement les **règles de procédure** et les limites posées à la nécessaire interprétation de la loi. C'est une perpétuelle recherche d'équilibre et l'évolution historique peut aider à en prendre toute la mesure.

§ 1 – La procédure

La procédure (du latin *procedere*, avancer, progresser) est l'ensemble des règles d'organisation judiciaire, de compétence, d'instruction des procès et d'exécution des décisions de justice d'une manière générale, donc aussi bien en matière administrative qu'en matière civile ou pénale. C'est la **démarche nécessaire** du procès qui garantit une bonne justice à tout justiciable.

I – Procédure et État de droit

• La procédure est à la fois un **guide** pour le juge et une **garantie** pour le justiciable. Si pendant longtemps les juristes l'ont classée en théorie en tant que branche du *droit privé*, en réalité elle entre pour le moins autant dans l'aire du *droit public* dans la mesure où elle est partie intégrante de l'organisation judiciaire déterminée par l'État et constitue un élément important de *l'État de droit*. À ce titre elle a été un instrument essentiel dans le **développement de la justice royale**. Le roi capétien en effet a d'abord été justicier, à partir du serment du sacre, avant même de pouvoir assurer l'efficacité de sa législation et, à partir du milieu du XIIIe siècle, c'est certainement en matière d'organisation judiciaire et de procédure que la royauté a le plus légiféré. À ce moment le Parlement, juridiction suprême, a joué un rôle décisif dans l'affirmation de la **souveraineté royale** et la procédure en a été le moyen. Il a ainsi largement contribué à la construction d'un État de droit à la fois face à la féodalité et face aux éventuels excès de zèle et débordements des agents du roi eux-mêmes.

• Les juristes distinguent très généralement la procédure de type **accusatoire** (publique, orale et contradictoire, reposant sur un système de preuve ayant un caractère légal et formel) et la procédure de type **inquisitoire** (écrite et non contradictoire, secrète et reposant sur l'enquête et l'intime conviction d'un juge professionnel). Notre système actuel de procédure civile à la fois orale et écrite, contradictoire et publique, **mélange les caractères** de l'un et l'autre type de procédure en raison de ses origines lointaines, c'est-à-dire à travers la confrontation au XIIIe siècle entre la procédure accusatoire de l'époque féodale, issue du droit franc, et la procédure inquisitoire des cours ecclésiastiques issue de *l'héritage antique* du droit de Justinien.

• Au XIIIe siècle s'est décidée l'évolution procédurale qui a conduit au système actuel à partir de la politique audacieuse de Louis IX (parce qu'allant à l'encontre des idées du temps), politique d'insertion de la procédure civile dans la législation royale : substitution de l'*enquête*, preuve rationnelle, au duel judiciaire du moins dans le domaine royal en misant sur l'effet d'exemple ; introduction de *l'appel hiérarchique* (de la juridiction inférieure à la juridiction supérieure) qui portait sur la sentence par opposition à *l'appel féodal* qui attaquait le *juge lui-même*.

• L'orientation de la *législation royale postérieure*, au XVIe siècle, a été de tenter d'**améliorer** le déroulement de l'instance et d'en **réduire** le coût. Mais en même temps on s'efforçait de restaurer la procédure orale d'où un alourdissement de la procédure car alors que dans la procédure romano-canonique les Écritures avaient pour but d'instruire le juge, l'**écriture** était limitée à **l'usage des parties** et le juge devait reprendre toute **l'instruction oralement**. Il y avait alors là un débat de fond qui ne fut pas vraiment tranché lors de la rédaction de l'ordonnance de 1667, le Code Louis. Les critiques demeuraient très vives à l'égard de la Justice à travers sa **lenteur** et surtout le **coût de la procédure**, comme le fait par exemple La Fontaine dans ses Fables écrites à la même époque.

II - L'expérience révolutionnaire : supprimer la procédure ?

• Cela explique alors les critiques qui ont poussé à la grande réforme de la Justice sous la Révolution comme on l'a vu. En matière procédurale l'expérience révolutionnaire précisément est *allée très loin*. L'acte constitutionnel du 24 juin 1793 prévoyant une nouvelle organisation de la Justice décidait que des arbitres publics devaient remplacer les juges des tribunaux de district et suivre une procédure très simplifiée. Le décret du 3 Brumaire an II (24 octobre 1793) opérait une **grande simplification** : citations faites par « simple exploit », requêtes remplacées par un « simple mémoire » ; on devait statuer sans aucun frais, instruire et statuer dans les mêmes audiences, exceptionnellement nommer un rapporteur devant se prononcer dans un délai d'un mois ; enfin les juges pouvaient se retirer pour examiner des pièces mais devaient ensuite *délibérer en public, opiner à haute voix* et prononcer le jugement. Les avocats ayant déjà été éliminés, les avoués devenaient *simples **défenseurs officieux*** désormais *seuls auxiliaires de justice* **pour venir en aide aux justiciables**.

• Mais, comme le faisait remarquer le Comité de législation la Convention n'avait *pas entendu abroger* l'ordonnance de 1667. Or d'un côté les juges étaient désorientés d'autant qu'ils étaient très surveillés par les commissaires du pouvoir exécutif tandis que, de leur côté, les défenseurs officieux avaient tôt compris les possibilités offertes par le maintien de l'ordonnance de 1667. La prudence aidant, la **pratique judiciaire** s'y référait et était portée à l'utiliser développant alors la **technique procédurale** que le pouvoir politique avait voulu réduire. L'esprit de la réforme en revanche était si radical que le législateur lui-même s'y est mépris au moment de l'abroger. Un décret du 18 fructidor an VIII (5 septembre 1800) entendait en effet abroger « la loi du 3 Brumaire an II qui **supprime les avoués et la procédure** », ce qui en réalité n'avait pas été fait...

En 1800 l'ordonnance de 1667 était donc rétablie en attendant une nouvelle codification. L'expérience révolutionnaire par ses conséquences extrêmes montre que l'on *ne saurait se passer de procédure* mais qu'il y a aux réformes toujours souhaitées de sa réglementation des frontières difficiles à franchir.

III – La codification de la procédure civile

• La codification de la procédure civile est intervenue en l'an X (1802) et la commission de rédaction a eu d'abord pour tâche de **réviser** l'**ordonnance de 1667**. De plus la matière étant d'une particulière technicité le travail essentiel semble avoir été surtout accompli par la **commission** composée de **magistrats et de praticiens** qui avaient commencé leur carrière auprès des *juridictions d'Ancien Régime*. Enfin en réaction contre la législation de l'an II les codificateurs étaient portés à ne pas négliger les **garanties** voire à les *multiplier*, si bien que le défaut majeur reproché au Code a été d'avoir réintroduit dans le nouveau droit les défauts les plus graves de la justice d'Ancien Régime (abus des délais, des formalités accumulant les risques de nullité) c'est-à-dire une justice lente et coûteuse. Néanmoins, malgré ces défauts le Code était encore *en avance sur son temps* à travers les **grands principes** retenus associant la *tradition ancienne* et un *acquis révolutionnaire* : d'un côté, une procédure d'instance accusatoire, orale et contradictoire ; d'un autre côté, la motivation et la publicité des débats, la libre et intime conviction du juge.

• Quelles que soient les nuances apportées dans les opinions doctrinales sur la valeur de cette nouvelle législation, dès le milieu du XIXe siècle le principe était acquis d'une nécessaire *refonte générale* du Code. Mais sous le Second Empire et la IIIe République, de projet en projet un long travail préparatoire quasiment ininterrompu n'aboutit pas ; la révision du code vieux d'un siècle et demi fut retenue dans l'ensemble de la refonte des codes napoléoniens décidée en 1945 mais la IVe République à bout de souffle ne fit pas aboutir le projet présenté en 1954. La **Ve République** a préféré la voie des **réformes partielles**. En fait dès 1925 une nouvelle stratification législative avait commencé à s'ajouter au Code napoléonien, en particulier à partir de 1935 sous la forme de décrets-lois et cette législation partielle s'était inspirée des différents travaux préparatoires. Enfin une nouvelle étape devait commencer avec le **nouveau code de procédure civile de 1975.**

§ 2 – Le jugement

I – Le jugement en droit

• Si la procédure est un cadre établi pour garantir une bonne justice, aussi bien d'ailleurs dans l'intérêt du juge que de celui du justiciable, de la même manière il est non moins essentiel de **préciser au juge** sur quels **fondements** doivent être construites ses décisions. Or dès l'Antiquité on avait compris que la *rigueur nécessaire* du droit pouvait appeler aussi des *tempéraments* dans un esprit de **justice** au sens d'**équilibre** entre intérêts opposés ; d'où la distinction entre *jugement en droit* et *jugement en équité*, héritage sur lequel vit toujours l'époque actuelle.

• Rappelons en effet que dans le système légaliste en principe le jugement s'appuie sur le droit et doit être motivé, c'est-à-dire comporter la mention des principes et des textes sur lesquels il est fondé, garantie essentielle pour les justiciables. Il en résulte que dès l'époque révolutionnaire où l'on redoutait que le juge puisse substituer sa propre volonté à celle du législateur, émanation de la Nation, était ainsi posée plus particulièrement la question de l'**interprétation** de la loi. En 1804 les art. 4 et 5 du Code civil énonçaient clairement les limites imposées au juge : il n'a pas le droit de prendre des arrêts de règlement dépassant le cas particulier sur lequel il se prononce, le Code *interdisant* ainsi de *poser une règle de droit dans un jugement*. Inversement le juge ne peut pas non plus refuser d'interpréter la loi pour juger une affaire déterminée, ce qui serait contraire à sa mission. En 1804 c'était là l'épilogue d'un long débat qui a été précipité par la conception très légaliste du système juridique depuis la Révolution puisque comme on l'a déjà vu **l'ordonnance de 1667** (art. 7) obligeait les cours à demander au législateur de préciser son intention et d'interpréter lui-même la loi qu'il avait promulguée.

• Il reste que l'application de la loi peut poser au juge de sérieux problèmes d'interprétation car un *principe abstrait*, apparemment satisfaisant pour l'esprit et *posé en droit*, peut se révéler très difficile à mettre en œuvre dans tel ou tel cas d'espèce sauf à aboutir à un **résultat contestable moralement** et **contraire à la notion de justice** ce qui devient en conscience très embarrassant pour le juge. C'est une tradition de faire appel à **l'équité** pour dominer cette sorte de défaillance de la règle de droit.

II - Le jugement en équité

• L'idée de justice qui recouvre symboliquement la fonction judiciaire est au premier chef de ramener et maintenir la paix entre les hommes et l'équité est littéralement la **recherche d'un équilibre** *en dehors de la règle de droit*. Néanmoins dans un système très légaliste l'équité est irritante comme un corps étranger impossible à éliminer. Car juger en équité plutôt que juger en droit peut apparaître comme un idéal dans l'intérêt même des justiciables et il y a là une vieille idée sur la justice qui remonte très haut dans l'histoire. Elle a de solides *assises antiques* et par voie de conséquence elle a été également familière aux glossateurs au XIIIe siècle et aux juges d'Ancien Régime. Mais juger en équité n'est pas non plus sans **danger d'arbitraire** de la part du juge. Précisément les parlements en avaient abusé pour s'écarter le cas échéant de lois qu'ils n'approuvaient pas ; en réaction, la Révolution a fait un partage très net entre le jugement en droit dont la juridiction ordinaire ne pouvait se départir (*syllogisme du juge* et *obligation de motiver* les jugements) et un large recours à l'équité dans les règlements extrajudiciaires et dans la justice de paix.

• Après bien des débats au XIXe siècle, le principe de notre droit actuel reste encore formellement que les jugements ne doivent pas être fondés en équité. Mais le législateur a dû admettre et déterminer des **cas précis** où la légitimité du jugement en équité serait reconnue. Surtout il arrive, en dehors de ces cas, que la loi soit *insuffisante ou obscure*. S'il ne faut pas alors confondre jugement en équité et interprétation de la loi, les *rapports* ne sont cependant pas négligeables entre eux. Or même dans ces cas-là le juge a l'obligation de statuer (art. 4 C. civ.) ce qui le contraindra à **couvrir** la **part d'équité** dans un jugement d'un **raisonnement juridique** soigné et inclus dans le texte du jugement. Le système légaliste tendrait alors éventuellement à pousser le juge à poser d'abord les fondements de son jugement en équité en conscience avant de les recouvrir d'un vêtement juridique. Il ne faut certainement pas procéder ici par une généralisation qui serait abusive quant à la démarche ordinaire du juge tout en rappelant cependant que le système y ouvre la voie dans certains cas.

§ 3 – Les voies de recours

La procédure d'instance comporte des garanties pour les justiciables, mais au-delà sont prévues **d'autres garanties** contre les *erreurs* que pourrait *commettre le juge* : soit par mauvaise analyse des faits dans l'espèce jugée, soit par mauvaise application ou interprétation de la loi, soit par combinaison de ces deux types d'erreurs. Notre système actuel repose sur les procédures d'appel et de cassation.

I – L'appel

• L'énoncé du principe du **double degré de juridiction** est considéré aujourd'hui comme impliquant l'une des garanties essentielles accordées aux justiciables et tenant à sauvegarder les libertés individuelles ; c'est une technique de valeur quasiment universelle. Le justiciable doit pouvoir faire appel d'une décision de justice qui lui est défavorable devant la juridiction supérieure ; mais il ne doit pas avoir pour autant la possibilité de multiplier les procédures d'appel sur une même cause. L'affaire sera à nouveau jugée au fond par la juridiction supérieure tandis que la distinction du fait et du droit permettra encore le recours en cassation à propos de l'application du droit. Le double degré de juridiction est désormais appliqué dans *tous les domaines de la procédure* et pas seulement en matière civile ; mais l'extension aux matières *administrative* et *criminelle* est toute récente dans l'histoire de la Justice française. D'une part, les développements de la juridiction administrative ne datent que du milieu du XXe siècle ; d'autre part la réforme introduisant **l'appel des assises**, en partie d'ailleurs sous la contrainte d'une *harmonisation européenne*, vient à peine d'entrer en vigueur. Cela révèle en réalité toute la *complexité* et les *ambiguïtés* de la question du double degré de juridiction dans notre droit.

• Dans l'histoire de notre système juridique en effet le droit d'appel est fort ancien tandis que sa **limitation** à **un seul degré** est relativement **récente** puisqu'il s'agit d'un acquis révolutionnaire de la grande réforme de 1790. Mais en réalité une l'*évolution lente* et tout en nuances y conduisait déjà sous l'Ancien Régime. L'ancien système juridictionnel était fort complexe où aux degrés de juridiction seigneuriaux pouvaient encore se superposer ceux de la justice royale, soit encore plusieurs degrés d'appel avant de parvenir jusqu'au Parlement, donc au roi. Au XVIe siècle la tendance à la simplification a été suscitée par la volonté des parlements d'assurer un **plus grand contrôle** des décisions des **juridictions inférieures**, par l'engorgement des tribunaux supérieurs, voire par le souci de réduire le coût des recours pour les justiciables. Ainsi on n'appelait plus de la « basse » à la « moyenne justice » mais directement au seigneur « haut justicier ». Par privilège on pouvait en appeler directement au Parlement des décisions de certaines juridictions seigneuriales. Dans la justice royale, d'un côté l'appel des juges inférieurs pouvait être porté « *omisso medio* », directement au

Parlement, dans certaines matières particulièrement en matière criminelle à propos de certaines peines afflictives d'après l'ordonnance de 1670. L'appel avait été écarté pour les condamnations prononcées par certains tribunaux inférieurs au-dessous de 500 livres. Tout cela ne partait pas encore d'un projet d'ensemble et la réforme du garde des Sceaux de Lamoignon en 1788 qui avait prévu la réduction progressive des degrés de juridiction a dû être abandonnée devant l'opposition des parlements.

• Enfin mérite un examen historique particulier le **tout nouvel appel** en **matière criminelle**, introduit en apparence à l'encontre de notre tradition : car selon la loi du 16 septembre 1791 la *décision des jurés* ne pouvait « jamais être soumise à l'appel » et jusqu'à nos jours on considérait que, le **jury étant souverain**, par hypothèse une *procédure d'appel* des décisions de la *Cour d'assises* était *exclue*. Mais derrière cette position de principe en réalité le jury a toujours été dans notre système une *institution controversée* parce qu'ambiguë, à la fois **mythique** et **redoutée** : dès le début du XIXe siècle en effet l'image du jury souverain, garant des libertés individuelles et rempart contre la tyrannie, était désormais indissociable de celle de ce même jury en tant que pièce maîtresse de la justice populaire qui avait été un instrument de la Terreur. Or le législateur n'avait pas fait vraiment confiance au jury déjà dans la loi de 1791 elle-même : si la cour estimait que le jury s'était trompé sur le fond elle pouvait en *modifier la composition* pour obtenir une *autre décision*. Le Code d'instruction criminelle de 1808 ajoutait un **encadrement serré** : composition du jury déterminée par l'administration préfectorale ; larges pouvoirs d'intervention des magistrats de la cour d'assises sur les délibérations et le vote du jury. De plus ce code (art. 352) élargissait encore l'exception prévue par la loi de 1791 : si l'accusé était reconnu coupable et si la cour était convaincue que le jury s'était trompé sur le fond elle pouvait **surseoir au jugement** et renvoyer l'affaire à une autre session avec un *autre jury* constitué de *membres entièrement nouveaux*. Certes cette disposition était éventuellement favorable à l'accusé ; il n'en restait pas moins que la cour pouvait provoquer ainsi un nouvel examen de l'affaire qui ressemblait fort à **l'appel circulaire** de la période révolutionnaire. Sans doute *peu utilisé* ce système devait demeurer en vigueur jusqu'à la réforme de 1941 introduisant le système de l'échevinage dans la cour d'assises. Ainsi le **législateur** avait, dès le début, posé le principe d'absence d'appel à l'égard des décisions du jury souverain mais en organisant aussitôt une procédure à peine déguisée de *remise en cause*, dans certains cas, de ces mêmes décisions sous le contrôle de la cour.

II - La cassation

Le système actuel remonte à une vieille tradition de l'Ancien Régime à partir de la justice retenue. En revanche cette tradition est passée pratiquement sans modification à travers la Révolution.

• Le principe même de la cassation est lié à la **formation du Parlement** de Paris à l'extrême fin du XIIIe siècle. Le roi ne venant plus que rarement tenir lui-même les séances judiciaires de sa Cour, devenues le Parlement, la situation juridique était ambiguë. D'un côté en effet, le Parlement décidait sous le couvert de la *souveraineté du roi*, la fiction de la présence physique de la personne royale aux séances de Parlement étant maintenue ; mais, d'un autre côté, par le serment du sacre le roi promettait *personnellement bonne justice* à chacun de ses sujets. De là des sujets firent appel au roi de décisions du Parlement qui leur étaient défavorables. La royauté en 1278 rappela d'abord que l'on ne pouvait pas en appeler du roi au roi ; cette position était cependant intenable et au XIVe siècle la royauté est intervenue en délivrant aux particuliers des « **lettres de proposition d'erreur** » qui étaient adressées aux officiers du Parlement concernant l'arrêt mis en cause : le roi invitait alors sa Cour à **revoir elle-même** l'affaire et le Parlement ainsi reprenait l'affaire au fond.

• Plus tard, devant la pratique des parlements de juger parfois en équité en dehors des ordonnances ou même des coutumes, le Conseil du roi fut amené à recevoir les plaintes de justiciables lorsque le droit ne paraissait pas avoir été correctement appliqué. C'était le recours en forme de « **pourvoi en cassation** » pour **violation** des ordonnances ou des coutumes : l'arrêt était examiné par une commission de conseillers et cassé s'il y avait eu violation de la loi. Ce système fut précisé dans l'ordonnance de 1667 sur la procédure civile tandis que celui de la proposition d'erreur était supprimé. Le Conseil alors n'examinait pas l'affaire au fond et ne s'attachait qu'au **point de droit**. Si l'arrêt d'un Parlement était cassé l'affaire était renvoyée devant un autre Parlement, *autre Cour souveraine* qui reprenait *l'affaire au fond*. La cassation était devenue une des fonctions essentielles de la justice retenue exercée par une séance importante et nombreuse du **Conseil du roi**, organisée en une juridiction permanente avec son personnel et sa procédure et travaillant hors la présence du roi. Cette procédure fut encore précisée par le règlement du 28 juin 1738.

• La Constituante fut entraînée sur la cassation dans un débat aux rebondissements multiples. Ne voulant pas reprendre le système de la justice retenue mais souhaitant assurer **l'unité de la jurisprudence**, s'interrogeant alors sur le rôle de juges élus pour interpréter la loi alors qu'était prévu le référé législatif ou encore pour contrôler les décisions d'autres juges élus, la Constituante opta pour un système de contrôle s'imposant aux juges mais toutefois sans justice retenue par le roi : ce contrôle était exercé par un tribunal spécialisé, le **Tribunal de Cassation.** La loi du 27 novembre 1790 ne s'éloignait guère de la tradition d'Ancien Régime d'autant que le champ de la cassation était limité à **l'inobservation des formes** et à la **violation de la loi**. De plus en cas de cassation d'un arrêt l'affaire était renvoyée devant une autre juridiction qui reprenait l'affaire au fond. Mais en cas de second arrêt dans le même sens le Tribunal de cassation, « gardien de la loi » selon l'expression de Merlin, devait provoquer un **référé législatif**.

• L'obligation du recours au référé législatif était encore d'une certaine manière une défiance à l'égard du judiciaire inspirée par le principe de séparation des pouvoirs ; mais demeurait alors le problème de l'interprétation de la loi qui était toujours pendant car le *législateur* trop accaparé *ne répondait que rarement* aux demandes de référé législatif. Le Tribunal de cassation s'est alors efforcé *d'éviter le plus possible* le recours au référé et d'**imposer** par là **indirectement** son **autorité** exclusive au corps judiciaire dans l'interprétation de la loi. Le législateur sanctionna le fait accompli par la loi du 27 ventôse an VIII en décidant qu'en cas d'obstination des juridictions ordinaires de renvoi après cassation celles-ci devraient s'incliner après un **arrêt de la Cour de cassation** rendu **toutes chambres réunies**. Une loi de 1837 apporta une solution définitive : après une seconde procédure de cassation, la juridiction de *renvoi* devait *se conformer* à la décision de la Cour de cassation.

III - L'abus des recours

• Ces garanties données aux justiciables par les voies de recours sont *considérables*. Cependant si indispensables que soient toutes les garanties procédurales pour une bonne justice, elles peuvent aussi à tout moment être *dévoyées par l'abus* qui en serait fait dans la pratique par les justiciables. Le système de recours en effet risque d'encourager **l'instinct processif** et l'opiniâtreté abusive des parties. Au Moyen Âge dans les pays de coutumes était apparue l'amende de « fol appel » que devait payer le demandeur en appel qui avait perdu sa cause.

• Mais il n'est pas possible de prémunir totalement le système de recours contre ce danger par des règles propres. De là *l'inquiétude de magistrats contemporains* qui voient monter des flots de recours qui ne tiennent pas seulement à la complexité croissante du droit mais aussi à la mentalité de justiciables ayant tendance à considérer la Justice comme une loterie. De là aussi l'importance d'une sensibilisation du *citoyen* en tant que *justiciable potentiel*, et des *règles de déontologie dans le monde judiciaire*.

§ 4 - Les limites du judiciaire

Notre système judiciaire actuel pose des limites à l'intervention du service public de Justice ; on a déjà vu l'interdiction faite au juge de rendre des arrêts de règlement constituant des empiétements sur le pouvoir législatif. En revanche notre droit admet que des affaires litigieuses puissent être **tranchées**, si telle est la volonté des parties, par des décisions rendues **en dehors de l'ordre judiciaire proprement dit**, c'est-à-dire en dehors des juridictions de l'État.

I - Arbitrage et transaction

Le règlement extrajudiciaire peut intervenir soit par **transaction** soit par **arbitrage**. Dans le principe, l'intérêt des règlements extra-judiciaires est double : un moindre coût pour les parties par rapport au règlement judiciaire ; une diminution de la tâche de la justice étatique toujours surchargée.

• La transaction est un contrat par lequel les parties mettent fin à un litige (III – civ. art. 2044) ; c'est donc un mode de règlement qui intervient directement entre les parties, sans intermédiaire, et qui est fondé sur l'esprit de **concessions réciproques**. La transaction peut intervenir aussi bien pour mettre fin à un litige déjà porté devant un tribunal que pour prévenir une éventuelle action judiciaire.

• Au contraire **l'arbitrage** est un mode **toujours juridictionnel** de règlement d'un litige par une autorité désignée par les parties aux termes d'une convention d'où cette autorité tire son pouvoir de juger. Mais si les procédures d'arbitrage ont été vues avec grande faveur à certaines époques, il s'avère néanmoins impossible de les laisser hors de tout encadrement juridique ce qui ramène à la question de **contrôle** par la justice étatique.

II - L'ancien droit

• La résurgence du droit romain au XIIIe siècle a fait connaître les règles romaines du **compromis** : convention par laquelle les parties convenaient de confier le soin de trancher un litige à un arbitre ; dans le droit romain classique chacune des parties promettait de s'acquitter d'une *poena* dans le cas où elle n'observerait pas la sentence arbitrale car elle n'était pas susceptible d'appel. Le droit de Jutinien permettait de poursuivre en *justice l'exécution* de la sentence arbitrale. Au Moyen Âge le règlement extrajudiciaire était très utilisé aussi bien pour de très petites affaires et dans toutes les couches de la population. On distinguait déjà la **transaction** passée entre les parties *sans intervention d'un tiers* et fondée sur l'*équité*, et l'**arbitrage** dans lequel l'arbitre devait respecter les *règles de procédure* et prononcer une *sentence fondée en droit* ; mais la pratique la plus répandue était celle de l'amiable composition où un *arbitrateur* pouvait rendre sa décision en *équité*. Enfin la sentence n'étant pas exécutoire par elle-même l'exécution supposait donc éventuellement un *recours judiciaire*.

• La pratique de ces règlements extrajudiciaires est demeurée très forte au XVIe siècle. Mais, d'un côté l'arbitrage a été **réglementé** par de nombreuses ordonnances, en particulier en le soumettant définitivement à l'*appel devant les juridictions de l'État* sans possibilité d'y renoncer, avec un contrôle formel sous la forme d'une *homologation* en justice ; d'un autre côté, une idéologie nouvelle en a fait le **mode le plus approprié** de règlement de certaines catégories de litiges, d'où l'arbitrage forcé dans des contestations familiales et entre associés en matière commerciale. Cette idéologie mènera à la radicalisation de l'expérience révolutionnaire en la matière.

III – L'expérience révolutionnaire

Là encore l'**expérience révolutionnaire** a mis en lumière la part d'**utopie** qui risque d'entrer dans la philosophie de l'institution. La Révolution en effet au moment de réorganiser le système judiciaire, a considéré que la *Justice de l'État* ne devait être conçue que comme un *dernier recours* et s'est efforcée de susciter et **développer** les règlements **extra-judiciaires**. La loi du 16 août 1790 posait en principe que « l'arbitrage est le moyen le plus raisonnable de terminer les contestations entre les citoyens ». Le droit des citoyens de recourir à l'arbitrage était confirmé dans les actes constitutionnels à la fois par défiance à l'égard des juristes professionnels et par aspiration à une *justice naturelle* fondée sur la raison et pouvant être rendue par tout citoyen. D'où l'arbitrage était fortement recommandé de manière générale et **imposé** dans certaines matières où il apparaissait en quelque sorte comme la *voie naturelle* : il subsistait en matière commerciale entre associés, était forcé pour les affaires de famille (« tribunaux de famille ») et aussi en matière de biens communaux. Mais pour les *tribunaux de famille* l'échec fut complet dans la mesure où les « amis » qui les composaient étaient en réalité très souvent d'anciens **juristes professionnels** choisis pour la circonstance et qui rendaient ce service moyennant rémunération ; en fait, de simples amis ou des membres de la famille étaient trop suspects aux yeux des autres membres pour pouvoir proposer, en particulier en matière successorale, un règlement acceptable par tous.

IV – La recherche d'un nouvel équilibre

• La recherche d'un nouvel équilibre apparaît après la réaction qui avait eu lieu sous le Directoire non seulement à l'égard de l'arbitrage forcé mais également à l'encontre du **principe même de l'arbitrage**. Déjà les tribunaux de famille avaient été supprimés.

La loi sur l'organisation des tribunaux (21 ventôse an VIII) gardait la trace de ce débat à travers une formule négative : « il n'est point dérogé au droit qu'ont les citoyens de faire juger leurs contestations par des arbitres de leur choix... ». Le Code civil a organisé l'arbitrage en **limitant son domaine** : possible seulement à partir d'un différend déjà né (plus de clause compromissoire) ; arbitrage soumis au contrôle de la justice de l'État (exécution assurée par l'autorité publique par la procédure d'exequatur, appel possible devant les tribunaux de l'ordre judiciaire). L'arbitrage forcé entre associés était maintenu dans le Code de commerce mais fut abrogé par la loi du 17 juillet 1856. Non seulement il ne demeurait rien de l'expérience révolutionnaire mais la tradition de l'Ancien Régime en sortait également très diminuée.

• Cependant si l'arbitrage n'était plus d'un emploi courant pour de petits litiges, il n'en gardait pas moins une importance qui ne s'est pas démentie pour les affaires engageant de **gros intérêts**, commerciaux et financiers. Enfin dans le Nouveau Code de procédure le législateur permet aux parties de « dispenser le juge de statuer en droit sous réserve de l'appel si elles n'y ont pas spécialement renoncé » ; de même elles peuvent « lier le juge par les qualifications et les points de droit auxquels elles entendent limiter le débat ». Cela revient à donner au **magistrat** les pouvoirs d'un **amiable compositeur** si les parties le décident, sorte de regain de faveur pour la technique de l'arbitrage ou de l'amiable composition. Ce serait un épisode dans un ample *mouvement de flux et de reflux* qui tient en somme à la nature même d'une institution qui se situe par définition à la lisière du système judiciaire.

Conclusion :

• En cherchant à préciser les fondements de la justice contemporaine l'historien découvre une longue transformation qui met le système actuel assez loin de celui d'Ancien Régime. D'une part, l'importance des techniques conservées, constituant un fonds très ancien, n'est pas négligeable ; mais, d'autre part, les réorganisations successives depuis la Révolution ont apporté une certaine progression à travers des simplifications et des garanties nouvelles.

• Cela n'empêche pas que le système actuel paraisse encore une fois vieilli et en proie à des tendances contradictoires. L'extension constante du droit et des interventions judiciaires entraînent technicité et complexité génératrices de lenteur, de fragilité, de charge financière. Ces garanties risquent alors d'être dévoyées et perçues par les justiciables comme des défauts insupportables, d'où l'aspiration au renouvellement.

• Sans doute est-il dans la nature même du service public de Justice de poursuivre une éternelle quête d'absolu. Aucun système ne saurait y échapper ni apporter une réponse définitive, même si la valeur des hommes qui lui insufflent la vie peut en atténuer les insuffisances. L'historien reconnaît, comme un élément familier, ce mouvement cyclique qui de nos jours encore appelle la Justice à entrer dans la voie que l'on appelait dans les siècles passés la « réformation ».

Chapitre 6
Les finances

L'essentiel

*Les finances posent un double problème de **ressources** et de **gestion**, à la fois **politique** et **technique** ; à ce double point de vue les finances royales sont **demeurées défectueuses** : les fondements des finances d'un État moderne n'ont jamais été fermement établis, la gestion (conservant les traces des pratiques féodales) n'a jamais été rigoureuse ; dans les trois derniers siècles particulièrement, l'Ancien Régime a grandement souffert du **désordre financier** et de **l'absence de budget**. Les nouveaux principes constitutionnels introduits par la Révolution auront des conséquences directes sur les fondements des finances de l'État ; la gestion financière y gagnera, au cours du XIXe siècle, en **précision** et en **rigueur**.*

Section 1 – Les finances sous l'Ancien Régime

La royauté est partie des **finances féodales**, correspondant aux besoins d'une petite collectivité en économie domaniale ; la nécessité s'est imposée peu à peu de trouver les ressources exigées par la vie de l'État et de développer une administration financière ; mais la royauté est demeurée prisonnière des **traditions**, des **mœurs** et de la **conception même de sa souveraineté**.

§ 1 – Les administrations financières au Moyen Âge

I – Les finances ordinaires (ou domaniales) et les premiers principes de gestion

• De l'avènement de la dynastie capétienne au milieu du XIVe siècle, la royauté est entièrement tributaire du système féodal : **imposition et ressources domaniales** (droits fonciers, droits de justice, péages, etc.).

• L'administration chargée des finances domaniales (ordinaires) est le **Trésor** ; confiée aux Templiers (banquiers) puis gérée par des officiers royaux les **trésoriers de France** installés au Louvre.

• Cette administration nouvelle suscite les **premiers principes** de **gestion** : distinction entre les administrateurs (**4 trésoriers**), et le comptable (**changeur** du Trésor) ; établissement de documents financiers généraux ; distinction entre administration et contentieux (trésoriers sur le **fait des finances** et trésoriers sur le **fait de justice**) ; assignation des dépenses sur le Trésor.

II - Les finances extraordinaires et le fondement de l'imposition

• Le roi cherche les ressources extraordinaires (dont il a un grand besoin) dans le cadre féodal : une **aide** apportée par **toute la population** et réclamée aux **États généraux** qui apportent leur **consentement**. La variété et la fréquence de cette aide, le renouvellement par le roi durant la guerre de Cent Ans sans le consentement des États généraux, assurent le passage, **de fait**, à une imposition **générale** et **permanente** mais le **principe du consentement** des États généraux demeurera.

• Les finances extraordinaires reposent désormais sur une masse de **ressources importantes** à partir de l'imposition directe (**taille**) et indirecte (**aides, gabelle, traites**) ; en 1460, elles représentent 35 fois le volume des finances ordinaires : ce sont les véritables ressources de la royauté et de l'État.

• Les États généraux avaient accordé les aides en mettant sur pied leur **propre administration** pour la répartition et la levée, administration permanente en dehors des sessions des États ; le roi s'immisce dans cette administration et la fait passer tout entière sous son autorité (**généralités, élections**), se trouvant alors à la tête de **deux administrations financières parallèles** : d'où des problèmes de **liaison** et de **contrôle**.

III - Désordre et déséquilibre des finances

• L'existence de deux caisses séparées pour chacun des groupes de ressources, l'**absence de budget** et l'habitude de la royauté de puiser dans le Trésor **sans référence** aux états par estimation, les malversations (malgré la procédure rigoureuse de la Chambre des comptes), maintiennent le désordre permanent des finances royales.

• La **crise latente** de **trésorerie** incite la royauté à utiliser des **expédients** de toute sorte : emprunts, anticipations ou engagements de revenus, mutations monétaires, etc. ; la dette flottante devient extrêmement élevée à la fin de la guerre de Cent Ans.

§ 2 - Les finances royales sous la monarchie absolue

I - Les ressources et le droit royal d'imposer

La distinction entre l'ordinaire et l'extraordinaire sera toujours maintenue (le roi percevant les revenus du domaine sans en référer à ses sujets, tandis que l'imposition réclame en principe le consentement des États généraux).

• La royauté s'efforce d'**élargir** les **ressources domaniales** (en y introduisant des impositions indirectes : monopole du tabac, droit d'insinuation des donations, droit de contrôle et du papier timbré, centième denier sur les mutations immobilières).

• À partir de Louis XIV la royauté ne respecte plus le principe du consentement par les États généraux et **accroît**, **de sa propre autorité**, l'imposition dans le cadre des finances extraordinaires ; à la **taille** (impôt de répartition) s'ajoutent la **capitation** (impôt de quotité) et les **dixièmes** et **vingtièmes** (impôts cédulaires à partir d'une déclaration de l'ensemble des ressources du contribuable) ; c'est une technique nouvelle, plus égalitaire en principe mais viciée par la **résurgence des privilèges**.

• Le principe du consentement des États généraux sera rappelé à la royauté en 1787, et provoquera la réunion des États de 1789.

II - L'administration des finances

• **Tentatives d'unification** des administrations financières, à la fois pour les organes centraux (le contrôleur général des finances, sous Louis XIV) et pour les organes locaux (intendants de généralités compétents pour tous les impôts nouveaux au XVIIe siècle).

• Mais la **complexité** et la **médiocrité** du **système de perception** demeurent : deux systèmes employés concurremment (**régie, ferme**). Par la régie, les agents royaux assurent directement la perception. Par la ferme (les **cinq grosses fermes**, puis la **ferme générale**), le gouvernement royal évite les incertitudes de la perception, mais le système est **très onéreux** pour le Trésor royal et pour les sujets ; en revanche l'administration des fermiers généraux, organisation privée, est **solide** et **efficace**.

III - Les tares des finances royales et la crise financière

• **Mauvais système fiscal** : charge fiscale, sinon excessive, du moins **très mal répartie** du fait des privilèges ;

• **Mauvaise gestion** : pas de prévision, absence de budget, confusion entre les dépenses propres de la royauté et les dépenses de l'État ; médiocrité du système de perception et malversations, etc.

• D'où le recours aux « **affaires extraordinaires** » et expédients multiples (emprunts, rentes, vente excessive d'offices, anticipations sur les revenus, etc.) accru encore par l'**absence de banque d'État** (échec du système de Law). Guettée par la banqueroute, la royauté en arrive à des **mesures extrêmes** : suspension des gages des officiers, réduction massive des rentes, emprunts forcés, etc.

Section 2 - Les principes révolutionnaires et les finances publiques

La quasi-immobilité et les tares du système financier d'Ancien Régime avaient suscité des idées nouvelles et des projets depuis la fin du XVIIe siècle sur le consentement à l'impôt et la réforme fiscale et aussi sur le rôle des représentants de la nation ou sur la gestion. La Constituante pourra bâtir un système nouveau, à partir de ces idées mais sur une base plus rigoureuse : celle des principes révolutionnaires et de la **souveraineté nationale**. En revanche, l'ambition des projets se heurtera, surtout à partir de 1792, aux difficultés d'application provoquées par la guerre.

§ 1 - La Révolution et la réforme fiscale

I - Les nouvelles bases du système fiscal

La Constituante tire les conséquences des principes révolutionnaires ; d'où : principe de l'**impôt consenti**, à partir de la **souveraineté nationale** ; **égalité** devant l'impôt, abolition des privilèges ; impôt compris comme une **contribution aux charges de l'État**, en fonction des ressources de chaque citoyen (conception qui est aussi une garantie de la propriété).

II - La réforme fiscale (fin 1790-début 1791)

• Recherche de la justice fiscale par la modulation de l'imposition directe à travers : la **contribution foncière** (impôt réel sur la valeur objective des biens, et impôt de répartition) ; la **contribution mobilière** (appuyée sur la valeur locative ; combinant taxe de base, cote mobilière et surtaxation forfaitaire ; impôt de répartition) ; les **patentes** concernant tous les commerçants et artisans (imposition et recensement après la disparition des corporations ; impôt de quotité).

• La **Convention**, prise entre des tendances diverses et la difficulté de créer un système nouveau, maintient la fiscalité ordinaire et ajoute l'**imposition révolutionnaire** (emprunt forcé sur les citoyens riches). Le Directoire reviendra au système fiscal de 1791 (rencontrant des difficultés dans l'établissement de la contribution foncière faute de cadastre) ; il ajoute, sous l'influence anglaise, un impôt direct sur les signes extérieurs de richesse (la contribution des portes et fenêtres), mais entame aussi le retour à une **fiscalité indirecte** dans la tradition de l'Ancien Régime.

§ 2 - La gestion et la recherche de l'équilibre des finances publiques

Toujours en conséquence des principes révolutionnaires et de la souveraineté nationale, les interventions de l'Assemblée constituante aboutissent à poser des principes budgétaires clairs, à remanier les administrations financières, à rechercher l'équilibre des finances publiques ; mais, si les principes posés constituent un apport considérable, les guerres et le trouble de la vie économique en rendent l'application très aléatoire jusqu'au Consulat.

I - Les principes budgétaires posés par la Constituante

- la fixation des recettes et dépenses par l'Assemblée ;
- la périodicité des autorisations (annualité) ;
- le contrôle de l'exécution par le législatif.

II - Le remaniement des administrations financières

• Les administrations *fiscales* : l'administration des impôts directs est confiée aux administrations locales, la ferme générale est supprimée, mais deux **régies** sont créées : **douanes, timbre et enregistrement** ; sous le Directoire apparaît une tentative de retour à une administration professionnelle avec la création des « **Agences des contributions directes** ».

• L'Assemblée crée un **Comité de trésorerie nationale** (30 mars 1791), qui présentera des états mensuels des recettes et dépenses ; ce comité n'appartenant pas au Ministère, est placé sous la surveillance de l'Assemblée. Mais sous le Directoire, l'importance nouvelle de l'exécutif entraîne une rivalité directe réduisant le contrôle du législatif.

III - Les difficultés d'application et l'équilibre budgétaire

• Les résultats du remaniement des administrations financières sont incertains (médiocrité du système utilisant l'administration locale ; insuffisance des documents pour l'assiette de l'impôt, etc.) ; il est quasiment impossible en période troublée de faire des prévisions même sur une année et les votes de l'Assemblée n'ont pas de périodicité précise.

• Le système des **assignats** (fondé sur la mise à la disposition de la nation des biens de l'Église et des émigrés), adopté assez tôt et poussé jusqu'à la ruine sous le Directoire, constitue un moyen original de **financement des charges publiques** (et particulièrement de la guerre), mais tend aussi à masquer les vrais problèmes d'équilibre budgétaire.

Section 3 - Tentatives de réorganisation et d'assainissement sous le Consulat et l'Empire

Une réorganisation administrative rapide, le retour de la confiance publique, des créations opportunes d'institutions d'encadrement de la vie économique, ont permis sous le Consulat, le rétablissement d'une politique financière cohérente et de l'équilibre budgétaire ; mais cette politique a cependant été remise en cause par les difficultés de l'Empire.

§ 1 - Aménagement de la fiscalité et réorganisation administrative

I - La fiscalité

Le système **d'imposition directe** est conservé, mais soutenu par les mesures administratives pour en améliorer le rendement (établissement du cadastre pour la contribution foncière) ; en revanche, sous l'Empire, la **fiscalité indirecte retrouve les usages d'Ancien Régime et s'étend** (accroissement des droits sur les boissons, impôt sur le sel, monopole du tabac).

II - Les administrations fiscales

Les agences de contributions directes sont remplacées par les **directions départementales ; l'administration fonctionnarisée** (remplaçant le système des soumissions) apparaît aussitôt très efficace. En revanche, la tentative d'unification des administrations des contributions indirectes échoue ; à côté des douanes et de l'enregistrement la « **Régie des droits réunis** » doit se limiter aux impôts indirects nouveaux.

§ 2 - Le perfectionnement du système budgétaire et de l'administration financière

I - Les principes budgétaires

À partir de la Constitution de l'an VIII : loi annuelle déterminant recettes et dépenses ; exécution assurée par le gouvernement ; ministères ne pouvant dépasser les limites fixées aux différents crédits.

II - L'administration financière

Elle distingue le **Trésor** avec une organisation départementale unifiée ; les règles de la comptabilité en partie double y sont introduites (à l'imitation des méthodes commerciales que le grand commerce avait commencé à utiliser dès le Moyen Âge...) ; la commission de comptabilité sera remplacée sous l'Empire par la **Cour des comptes** : haute juridiction (venant immédiatement après la Cour de cassation) qui n'a compétence que pour contrôler l'activité des comptables et non celle des ordonnateurs (donc du gouvernement).

III - Les moyens de trésorerie

Ils ont été **développés** (cautionnements des fonctionnaires ou officiers ministériels ; obligations et soumissions des receveurs généraux sur les recettes à venir) selon des techniques apparentées à celles de l'Ancien Régime.

§ 3 - L'écart entre les principes et l'application

I - Pratiques laxistes

Pratiques **très laxistes** à partir des **principes budgétaires** : il n'y a pas de rigueur chronologique dans les votes des assemblées, le gouvernement effectue de sa seule autorité des transferts de crédits, estimant que la représentation nationale n'a pas à intervenir tant que la charge fiscale n'est pas augmentée ; une réserve globale est laissée à la discrétion du chef de l'État ; des ressources apparaissent et sont utilisées hors budget (par ex. avec le Trésor de l'armée et le Domaine de l'extraordinaire), etc.

II - Crises de trésorerie

La **trésorerie** devait être assurée par les divers moyens déjà indiqués et avec l'aide de la Banque de France (banque privée à sa création), sans recours à l'emprunt considéré par Napoléon comme un expédient ruineux pour les générations futures. Les crises de trésorerie sous l'Empire (1805-1806 et à partir de 1812) suscitent la mainmise partielle de l'État sur la Banque de France et des emprunts auprès des banques, des fournisseurs de l'État, etc.

§ 4 - Les bases d'un nouveau système

De la Révolution à l'Empire avaient ainsi été posées les **bases du système de finances publiques** qui sera conservé durant tout le XIXe siècle. À travers l'application du système fiscal organisé par la Constituante d'autres innovations s'annonceront cependant, dans le sens de la **progressivité de l'impôt** (orientation vers la redistribution des richesses pour une plus complète équité sociale) ; les **aménagements budgétaires** seront poursuivis dans la même direction vers la recherche de l'annualité rigoureuse et de l'équilibre, tandis que le **recours à l'emprunt** interviendra plus largement dans le système de financement.

Index alphabétique

D

E

M

N

O

P

Q – R

S

Mémentos Dalloz

Série droit public – Science politique

- *Administration de l'État*, F. Chauvin
- *Administration régionale, départementale et municipale*, J. Moreau
- *Contentieux administratif*, G. Peiser
- *Droit administratif des biens*, G. Peiser
- *Droit administratif général*, G. Peiser
- *Droit constitutionnel et institutions politiques*, J. P. Jacqué
- *Droit des contrats publics*, F. Lichère
- *Droit européen*, J.-C. Gautron
- *Droit fiscal*, C. de Lauzainghein, M.-H. Stauble-de Lauzainghein
- *Droit de la fonction publique*, G. Peiser
- *Droit international public*, D. Ruzié, G. Teboul
- *Droit public*, L. Dubouis, G. Peiser
- *Droit public économique*, D. Linotte, A. Graboy-Grobesco
- *Droit de la santé publique*, D. Truchet
- *Droit de l'Union européenne*, L. Coutron
- *Droit de l'urbanisme*, J. Morand-Deviller
- *Finances locales*, R. Muzellec, M. Conan
- *Finances publiques*, J. Buisson
- *Histoire du droit*, J. Hilaire
- *Histoire des idées politiques de l'Antiquité à la fin du XVIIIe siècle*, D. G. Lavroff
- *Histoire des idées politiques depuis le XIXe siècle*, D. G. Lavroff
- *Histoire des institutions publiques de la France*, P. Villard, L.-A. Barrière
- *Institutions internationales*, J. Charpentier, B. Sierpinski
- *Introduction à la science politique*, J. Baudouin
- *Relations internationales*, M. Gounelle

Série droit privé

- *Criminologie et science pénitentiaire*, J. Larguier
- *Droit des assurances*, H. Groutel
- *Droit bancaire*, F. Dekeuwer-Défossez, S. Moreil
- *Droit civil général*, P. Bihr
- *Droit civil. Les biens*, P. Courbe, M. Latina
- *Droit civil. Les contrats spéciaux*, B. Bourdelois
- *Droit civil. Les obligations*, G. Légier, L. Tranchant
- *Droit civil. Les personnes, la famille, les incapacités*, P. Courbe, F. Jault-Seseke
- *Droit civil. Régimes matrimoniaux, libéralités, successions*, F. Lucet, B. Vareille
- *Droit civil. Sûretés, publicité foncière*, V. Brémond, M.-N. Jobard-Bachellier
- *Droit commercial. Notions générales*, J.-P. Le Gall, C. Ruellan
- *Droit du commerce international*, H. Kenfack
- *Droit de la construction*, C. Saint-Alary-Houin, R. Saint-Alary
- *Droit des entreprises en difficulté*, P.-M. Le Corre
- *Droit fiscal des entreprises commerciales*, J.-P. Le Gall
- *Droit international privé*, J. Derruppé, J.-P. Laborde
- *Droit pénal des affaires*, G. Giudicelli-Delage
- *Droit pénal général*, J. Larguier, P. Conte, P. Maistre du Chambon
- *Droit pénal spécial*, J. Larguier, P. Conte, S. Fournier
- *Droit de la propriété industrielle*, L. Marino
- *Droit rural*, J. Audier
- *Droit de la sécurité sociale*, X. Prétot
- *Droit des sociétés*, A. Constantin
- *Droit du travail. Volume I. Rapports collectifs*, J.-M. Verdier, A. Cœuret, M.-A. Souriac
- *Droit du travail. Volume II. Rapports individuels*, J.-M. Verdier, A. Cœuret, M.-A. Souriac
- *Grands systèmes de droit étrangers*, M. Fromont
- *Institutions juridictionnelles*, J.-J. Taisne
- *Introduction générale au droit*, P. Courbe, J.-S. Bergé
- *Procédure civile. Droit judiciaire privé*, J. Larguier, P. Conte, C. Blanchard
- *Procédure pénale*, J. Larguier, P. Conte
- *Propriété littéraire et artistique*, P. Sirinelli

Photocomposition :

NORD COMPO
multimédia

712999 - OSB - A 60 g - NC (HCN)
Achevé d'imprimer en août 2013 sur les presses de l'Imprimerie CHIRAT
42540 Saint-Just-la-Pendue
Dépôt légal septembre 2013 - N° 201308.0079

Imprimé en France